Microsoft®

CW01677657

Efektywne zarządzanie czasem

Jak wykorzystać Microsoft® Outlook® do zorganizowania pracy i życia osobistego

Lothar Seiwert
Holger Woeltje

przekład Marek Włodarz

APN Promise, Warszawa 2012

Efektywne zarządzanie czasem. Jak wykorzystać Microsoft® Outlook® do zorganizowania pracy i życia osobistego

Authorized Polish translation of English edition of
Effective Time Management. Using Microsoft® Outlook® to Organize Your Work and Personal Life ISBN: 978-0-7356-6004-5

APN PROMISE SA, biuro: ul. Kryniczna 2, 03-934 Warszawa
tel. +48 22 35 51 600, fax +48 22 35 51 699
e-mail: mspress@promise.pl

ISBN: 978-83-7541-092-1

Przekład: Marek Włodarz
Korekta: Ewa Swędrowska
Skład i łamanie: MAWart Marek Włodarz

Spis treści

Podziękowania ix

Wprowadzenie. x

Rozdział 1 **Jak nie utonąć w zalewie maili** 1

To nie maile są winne, ale sposób, w jaki je obsługujemy 4

Nie pozwalaj się rozpraszać. 4

Zmień swój wzorzec odpowiadania 8

Utrzymać porządek w skrzynce pocztowej. 11

Blok przetwarzania poczty. 12

Odpowiednie klasyfikowanie wiadomości. 13

Tworzenie i korzystanie z własnej struktury folderów. 20

Oznaczanie wiadomości, które nadal wymagają pracy. 23

Nie przesadzaj z alarmami: funkcje przypomnień w Outlook 2007 i 2010. 24

Trzymanie wszystkich elementów oznaczonych do przetworzenia w jednym widoku 27

Niech Outlook sam wstępnie posortuje skrzynkę odbiorczą. 29

Pomyśl przed komunikowaniem się. 31

Łatwiejsze rozumienie tekstu: dostosowanie do adresatów. . . 31

Krótkie, precyzyjne i jednoznaczne sformułowania. 31

Dobry temat to połowa sukcesu. 32

Teraz twój ruch. 33

Rozdział 2 **Jak efektywnie określać priorytety zadań** 35

Jak kierować takim krajem jak USA, mając tylko 24 godziny na dobę – ustal priorytety!. 37

Skupić się na najważniejszym (zasada Pareto) 38

Zdecyduj, co jest najważniejsze – macierz Eisenhowera do zgrubnego ustalenia priorytetów 39

Zapisuj swoje plany . . . 41
Elastyczne i efektywne planowanie przy użyciu listy zadań . . . 43
Zadania kontra terminy . . . 43
Zadania w programie Outlook . . . 44
Edytor tekstowy w Outlook 2010/Outlook 2007 . . . 48
Definiowanie własnych widoków . . . 51
Czyszczenie widoków przy użyciu filtrów . . . 53
Dostrajanie priorytetów metodą 25000 dolarów . . . 54
Lista zadań do wykonania – wyświetlanie maili i zadań z wielu folderów w tym samym czasie . . . 58
Teraz twój ruch . . . 59

Rozdział 3 **Jak uzyskać więcej czasu na rzeczy istotne przy użyciu planu tygodniowego** . . . 61

Co jest naprawdę ważne – i dlaczego cały czas nie jest zrobione? . . . 62
Wykorzystanie kategorii do łączenia zadań . . . 64
Uzyskiwanie perspektywy dzięki kategoriom . . . 64
Śledzenie najważniejszych kategorii przy użyciu kolorów . . . 69
Filtrowanie i grupowanie przy użyciu kategorii . . . 78
Zasada Kiesel – zdobądź więcej czasu na to, co istotne . . . 86
Utrzymuj swoje życie w równowadze . . . 86
Wspólne planowanie życia profesjonalnego i prywatnego . . . 87
Regularnie zajmuj się tym, co naprawdę się liczy . . . 90
Planowanie tygodnia w programie Outlook . . . 92
Przygotowywanie listy zadań na tydzień . . . 93
Wspólne i wyważone planowanie zadań i terminów . . . 96
Spotkanie z samym sobą . . . 98
Teraz twój ruch . . . 103

Rozdział 4 **Jak sprawić, aby plan dnia zadziałał w prawdziwym świecie** . . . 105

Podstawy udanego planowania dnia . . . 108
Łączenie podobnych zadań w bloki . . . 109

Dla zaawansowanych użytkowników: Wykorzystanie funkcji dziennika do półautomatycznego protokołowania czasu . . . 113
Krzywa wydajności i krzywa zakłóceń . . . 115
Skupienie się na ważnych zadaniach bez przerw . . . 116
Porządek musi być . . . 118
Ukrywanie zadań przeznaczonych do budowania bloków w widoku tygodnia/dnia . . . 118
Oznaczanie kolorem zadań przeznaczonych na dziś i jutro . . . 120
Lepszy przegląd dzięki korzystaniu z list terminów . . . 123
Dostrajanie dziennego planowania . . . 127
Planowanie czekających zadań przy użyciu metody 25000 dolarów . . . 127
Kilka innych elementów skutecznego planowania dnia . . . 130
Więcej spotkań z samym sobą . . . 131
Zwróć uwagę na margines czasowy . . . 132
Wykorzystanie paska zadań do utrzymania nadchodzących terminów i zadań na widoku . . . 132
Dostosowywanie Paska zadań do wykonania . . . 134
Teraz twój ruch . . . 135

Rozdział 5 **Jak planować zebrania, aby były wygodne, efektywne i przyjemne** . . . 137

Problem: Zbyt wiele niedogodnych zebrań i niewystarczające przygotowania . . . 139
Wezwania na spotkania w Outlook – podstawowe reguły i wskazówki . . . 141
Znaleźć wolny czas i przygotować odpowiedzi . . . 141
Utrzymać widoczność: nakładki kalendarza . . . 147
Oszczędnie używaj wezwań na spotkania . . . 153
Optymalizacja kalendarza w celu ułatwienia tworzenia spotkań . . . 158
Efektywne przygotowywanie zebrań . . . 163
Podnoszenie wydajności dzięki przygotowaniom i mądremu prowadzeniu zebrania . . . 164

Wykorzystanie obszaru roboczego spotkania 165
Teraz twój ruch.. 171

Rozdział 6 **Jak wykorzystać OneNote do zapisywania celów, pomysłów i przechowywania notatek** 173

Dlaczego ważne dokumenty i notatki ciągle się gubią?........ 175
Wreszcie miejsce i system dla wszystkich notatek............. 176
Korzystanie ze strukturalnego systemu przy planowaniu.... 176
Nadal używasz papieru, choć masz laptopa?.............. 178
Poznaj zalety OneNote.................................. 179
Podstawy notowania w OneNote........................... 180
Skorzystaj ze struktury cyfrowego notesu................ 181
Korzystanie z sekcji, notesów i stron 183
Wypełnianie stron 185
Korzystanie z piór, markerów i kolorów.................. 187
Protokoły zebrań w OneNote............................. 191
Wykorzystanie konspektu podczas przygotowań 192
Utrzymywanie dalszych działań i ważnych informacji na widoku... 195
Łączenie informacji: wykorzystanie tandemu Outlook-OneNote 199
Tworzenie szablonów stron i list kontrolnych............. 204
Pomysły i cele zawsze na widoku......................... 205
„Drukowanie" – eksportowanie danych z dowolnego programu 206
Czytanie między wierszami – OCR obrazów............... 208
Wybieranie celów dla siebie – nie tylko dla swoich zysków.. 210
Tworzenie planu nadrzędnego 214
Teraz twój ruch.. 215

Rozdział 7 **Jak wynieść prawdziwą korzyść z lektury tej książki** ..217

Opanuj swój czas... 219
Kolejne kroki.. 221
Przetestuj bieżącą wersję Office za darmo 223

Weź odpowiedzialność – zrób to teraz! 223
Zarządzanie czasem to samodyscyplina 224
Zbuduj swój osobisty plan działania 224
Znajdź towarzysza podróży 225
Zacznij zaraz i trzymaj się tego! 226

Dodatek **Zalecane lektury** 227

Indeks 231

Podziękowania

POWINNIŚMY ZŁOŻYĆ PODZIĘKOWANIA tak wielu osobom, które przyczyniły się do powstania tej książki, że niemożliwe jest spisanie kompletnej listy. Co powiedziawszy, są jednak tacy, których naprawdę musimy wymienić ze względu na ich szczególny wpływ.

Zacznijmy od ***Christiana Obermayra***, byłego menedżera produktu od Microsoft Office: osiem lat temu rozpoczął pracę nad niemieckim wydaniem tej książki, dostarczając wiele dodatkowych wskazówek i starannie przeglądał i poprawiał każde kolejne wydanie aż do dziś.

Dziękujemy też ***Achimowi Bergowi*** i ***Juergenowi Gallmannowi***, byłym szefom Microsoft Germany, którzy napisali przedmowy do różnych wydań niemieckich.

Podziękowania należą się też ***Nespresso*** za doskonałą kawę, która pozwoliła nam utrzymać się na nogach podczas niektórych ciężkich sesji redakcyjnych, dla ludzi z ***Lufthansy*** i ***Deutsche Bahn***, dzięki którym nasze podróże były łatwiejsze, a także dla wszystkich z ***Apple***, ***Amazon***, ***Lenovo***, ***Microsoft*** i ***Research in Motion (RIM)***, którzy stworzyli wspaniałe rozwiązania techniczne, oprogramowanie i zadziwiające gadżety pomagające zachować produktywność w podróży i utrzymać kontakt z naszymi rodzinami, przyjaciółmi i partnerami biznesowymi, bez względu na to, gdzie się znaleźliśmy.

Ogromne dzięki dla wszystkich ***uczestników*** naszych warsztatów, wykładów i seminariów, którzy zastosowali to, czego ich uczyliśmy. Tych, którym mieliśmy zaszczyt towarzyszyć w ich drodze do osiągnięcia własnych celów, pokonywać przeszkody i sprawiać, że dzień pracy staje się lżejszy. Nie da się powiedzieć, jak wielką pomocą dla nas były ich pytania i wątpliwości. Dzięki nim mogliśmy ulepszyć nasze metody i nauczanie w ciągle zmieniającym się świecie.

Na koniec wreszcie wielkie dzięki dla Ciebie, drogi ***Czytelniku***, za pomoc w sukcesie tej książki. Mamy nadzieję, że się ci spodoba i że skorzystasz wiele ze wskazówek, sposobów i strategii, które znajdziesz na kolejnych stronach. Teraz Twoja kolej, aby ją przeczytać, przemyśleć dogłębnie, zastosować ją w swojej pracy i życiu osobistym i wdrożyć techniki jedna po drugiej, aby osiągnąć naprawdę wielkie rezultaty!

– ***Lothar Seiwert*** i ***Holger Woeltje***, wrzesień 2011

Wprowadzenie

ZBYT WIELE MAILI, pilnych deadline'ów i stresujących zebrań doprowadza cię do szału? Czas ciągle przecieka ci między palcami? Czasami czujesz się tak, jakbyś nic ważnego nie zrobił przez cały dzień, bo wszystkie te pilne, drobne przeszkadzajki zajmowały cię tak bardzo, że nawet nie udało ci się zacząć pracować nad tym, co naprawdę ma znaczenie?

Nie musi tak być. W dzisiejszym nowoczesnym świecie, z jego złożonością, przeładowaniem informacjami i zbyt wieloma źródłami zakłóceń, Microsoft Outlook może pomóc ci skupić się i uporządkować sprawy, oddzielić ziarno od plew. Jeśli jednak nikt nie pokazał ci, jak używać programu Outlook w naprawdę produktywny sposób, może on wręcz sprawiać więcej trudności: przypominacze, które wyskakują na środku ekranu i wytrącają z równowagi, gdy próbujesz skoncentrować się na czymś innym, dokuczliwe alerty ogłaszające nadejście nowych maili czy lista zadań z 357 przeterminowanymi, czerwonymi wpisami – bez wątpienia Outlook wprowadza cię w kiepski nastrój, gdy tylko na niego spojrzysz! Wreszcie nadszedł czas, aby to zmienić. Zaprezentujemy sprawdzony system zarządzania czasem wykorzystujący Outlook. Pomoże skupić się na tym, co jest najważniejsze i znaleźć więcej czasu na rzeczy ważne, wymagając tylko zainwestowania odrobiny czasu każdego dnia na planowanie.

Autorzy tej książki to dwaj doświadczeni eksperci zarządzania czasem z Niemiec, najpotężniejszej narodowej gospodarki Europy. Pomagają menedżerom na całym świecie stać się bardziej skutecznymi i pokażą, jak i ty możesz usystematyzować i uporządkować swoje codzienne życie. Jak zmienić się z reaktywnego na proaktywnego, stosując rygorystyczne planowanie zadań i plany tygodniowe. A także jak utworzyć plany dzienne, które nadal będą działać, nawet gdy wydarzy się coś nieoczekiwanego.

Książka pokazuje na wielu praktycznych przykładach, jak Outlook może pomóc we wdrożeniu efektywnego systemu zarządzania czasem tego rodzaju. Outlook oferuje wiele praktycznych funkcji, które pozwalają zachować perspektywę i oszczędzić wiele czasu w zapracowanym dniu – pod warunkiem że będą używane rozważnie i że zdefiniujesz właściwe priorytety. Od ciebie zależy, czy wykorzystasz to już teraz – wystarczy poświęcić pół godziny dziennie na przeczytanie, zrozumienie i zastosowanie tej wiedzy w następnych kilku tygodniach, a korzyści zaczniesz dostrzegać wcześniej, niż mógłbyś sobie wyobrazić!

Dla kogo jest ta książka

W skrócie – dla wszystkich użytkowników programu Outlook, którzy chcą ulepszyć swoje umiejętności zarządzania czasem i wykorzystać Outlook w łatwiejszy, szybszy i bardziej produktywny sposób do porządkowania swoich maili, zadań i terminów. Nie próbujemy nawet pokazać wszystkich dostępnych funkcji programu – tylko te, które są potrzebne do osiągnięcia tego celu tak szybko i prosto, jak to możliwe.

Nadal potrzeba będzie trochę pracy, aby osiągnąć cel, ale pominęliśmy takie rzeczy, jak zarządzanie wpisami kontaktowymi lub zmienianie podpisu. Nie zajmujemy się też funkcjami dla jajogłowych, takimi jak wstążka projektowania, Projektant formularzy lub konfigurowanie serwerów Microsoft Exchange – tych skomplikowanych narzędzi używają programiści i administratorzy, ale większość użytkowników Outlook nigdy nie będzie ich potrzebować do niczego. W zamian zajmiemy się takimi zaawansowanymi funkcjami, jak dostosowywanie widoków, filtrowanie wpisów lub dodawanie własnych pól, ale te elementy są łatwe do nauczenia i pomogą skupić się na określonych projektach i zadaniach, którymi musisz zająć się każdego dnia.

Założenia

Aby zrozumieć i móc korzystać z tej książki, powinieneś już znać Microsoft Outlook na poziomie podstawowym. Jeśli używałeś go przez kilka tygodni, to zapewne wystarczy. Powinieneś również znać system operacyjny swojego komputera (Windows XP, Windows Vista lub Windows 7) na podstawowym poziomie, wiedzieć jak otwierać menu, zamykać okna dialogowe (i odróżniać kliknięcie OK od Anuluj) i rozpoznawać aktywne elementy interfejsu (na przykład „klikalne" przyciski). Jeśli jesteś zupełnym nowicjuszem, jeśli chodzi o komputery, Windows lub Microsoft Outlook i nigdy nie używałeś ich dotychczas, powinieneś najpierw sięgnąć po inną książkę dla początkujących, aby zapoznać się z tym otoczeniem.

Jeśli jednak używałeś już programu Outlook przez kilka tygodni, wiesz jak wpisać termin do kalendarza i potrafisz napisać, wysłać i odpowiedzieć na mail, możemy wyruszyć. Ponieważ wielu użytkowników nigdy nie korzystało z zadań lub przestało ich używać, gdyż brakowało im sensownego systemu stosowania, zagadnienie to omówimy od samych podstaw.

Nawet jeśli jesteś bardzo doświadczonym użytkownikiem programu Outlook lub profesjonalnym programistą, który korzysta z niego od lat i zna każdy przycisk i polecenie na pamięć, możesz skorzystać z lektury tej książki, gdyż przedstawia ona system organizowania pracy w bardziej efektywny sposób. Może się też okazać, że odkryjesz nowe sposoby wykorzystania tych funkcji, które już znasz, a które są stosowane w implementowaniu tego systemu.

Powtórzmy, to *nie* jest techniczny podręcznik programu Outlook, wyjaśniający każdą dostępną funkcję, *ale* przewodnik po zarządzaniu czasem dla każdego, kto dysponuje przynajmniej podstawową wiedzą o tym programie. Pokażemy najlepsze i sprawdzone strategie i taktyki zarządzania czasem, pozwalające lepiej uporządkować pracę i życie prywatne, skoncentrować się na celach i najważniejszych zadaniach, aby osiągać to, co jest najbardziej istotne dla ciebie.

Mniej więcej połowa książki dotyczy zarządzania czasem, zaś druga tego, jak wykorzystać Microsoft Office Outlook 2003, Outlook 2007 lub Outlook 2010 do zastosowania tego, czego właśnie się nauczyłeś. Tak więc, to nie jest podręcznik do programu Outlook, ale przy okazji możesz nauczyć się z niego wielu bardzo przydatnych rzeczy, takich jak wyłączanie rozpraszających alertów o nowych mailach, kolorowanie terminów w kalendarzu, filtrowanie widoków, aby szybko przełączać się pomiędzy zadaniami wyznaczonymi na dziś, wszystkimi zadaniami z określonego projektu bez względu na ich termin lub wyświetlić zaplanowane terminy pogrupowane według lokalizacji.

Układ tej książki

W rozdziale 1, „Jak nie utonąć w zalewie maili", pokażemy, jak uniknąć ciągłego rozpraszania przez nowe wiadomości, jak poprawić styl pisania maili, uporządkować skrzynkę odbiorczą i przetwarzać wiadomości w bardziej wydajny sposób, a także jak je dzielić na kategorie. Zajmiemy się też tym, jak zapewnić, że ważne wiadomości zostaną załatwione na czas i pokażemy, jak śledzić rzeczy, których nie da się zrobić od razu, ale którymi trzeba będzie się zająć w ciągu nadchodzących dni lub tygodni.

Rozdział 2, „Jak efektywnie określać priorytety zadań", przedstawia sposoby definiowania priorytetów, ustalania, co jest najważniejsze, i wykorzystania listy zadań w prawdziwie efektywny sposób do śledzenia wszystkiego, co musi być zrobione. Pokażemy też, jak użyć filtrów do skoncentrowania się na określonych sprawach, na przykład wyświetlenie tylko 14 zadań przeznaczonych na dziś zamiast wszystkich 921 na kilka najbliższych miesięcy.

W rozdziale 3, „Jak uzyskać więcej czasu na rzeczy istotne przy użyciu planu tygodniowego", znajdziesz system, który pomaga lepiej zrównoważyć różne obszary życia poprzez regularne rezerwowanie czasu dla rodziny, samego siebie, swojego zdrowia, strategicznych decyzji i najbardziej wartościowych projektów, nawet gdy mnóstwo pilnych spraw pojawia się na drodze. Pokażemy, jak korzystać z kategorii, grupować widoki zadań na podstawie tematyki i wykorzystać planowanie tygodniowe w programie Outlook, by zdobyć więcej czasu na to, co najważniejsze, gdy już ustalisz, co to jest (i dlatego powinieneś najpierw przeczytać rozdział 2).

Rozdział 4, „Jak sprawić, aby plan dnia zadziałał w prawdziwym świecie", pomaga zaplanować dzień przy użyciu programu Outlook i uwzględnić w nim plany tygodniowe, jak również priorytety ustalone w rozdziałach 2 i 3. Pokażemy też, jak wyświetlić zaplanowane terminy według miejsc, a nie według daty (na przykład po to, by ustalić, kiedy następnym razem będziesz w Wiedniu lub w Paryżu), jak automatycznie wyróżniać innym kolorem zadania spełniające określone kryteria i jak przygotować codzienny plan, aby nadal działał, gdy zdarzy się coś nieoczekiwanego.

Rozdział 5, „Jak planować zebrania, aby były wygodne, efektywne i przyjemne", zajmuje się ulepszeniem kultury zebrań: jak organizować bardziej efektywne spotkania, jak znaleźć odpowiedni termin przy użyciu Outlook i przygotować własny kalendarz, aby inni mogli łatwiej znaleźć wygodną porę, a także jak Microsoft SharePoint może pomóc w uniknięciu duplikowania się lub korzystania z nieaktualnych dokumentów i szybko odnajdywać właściwe.

Rozdział 6, „Jak wykorzystać OneNote do zapisywania celów, pomysłów i przechowywania notatek", stanowi wprowadzenie do Microsoft OneNote, będącego doskonałym uzupełnieniem programu Outlook do tworzenia notatek, protokołów z zebrań, zapisywania celów, małych projektów i wielkich idei. Pokażemy, jak korzystać z OneNote, zachować kontrolę nad notatkami, ustalać cele, łączyć poszczególne kroki prowadzące do celu z zadaniami Outlook i dołączać wiadomości lub inne dokumenty, aby móc sporządzać dodatkowe, bardziej szczegółowe notatki.

Rozdział 7, „Jak wynieść prawdziwą korzyść z lektury tej książki", pokazuje, jak skutecznie wdrożyć to wszystko, czego nauczyłeś się w poprzednich rozdziałach i jak utworzyć plan działania, dzięki któremu, kosztem kilku minut każdego dnia czy pół godziny w tygodniu, będziesz mógł osiągnąć pierwsze widoczne rezultaty już po krótkim czasie, a znaczącą poprawę w ciągu paru miesięcy.

Zalecamy czytanie tej książki w ustalonej kolejności, rozdział po rozdziale. Gdy będziesz miał już pełny obraz i zrozumienie, jak działa system przedstawiony w tej książce, możesz zawsze użyć indeksu na końcu książki, aby szybko odwołać się do określonej funkcji lub koncepcji. Można również zacząć od rozdziału 2, 5 lub 6. Zawsze można zmienić kolejność i cofnąć się później, pod warunkiem jednak, że rozdziały 2, 3 i 4 przeczytasz kolejno, a rozdział 7 dopiero po przeczytaniu wszystkich pozostałych.

Dodatkowe lekcje wideo online

Dostępny jest również uzupełniający kurs wideo w sieci:

- Daje wyczerpujący przegląd technik i metod pokazanych w książce.
- Pokazuje dodatkowe wskazówki i techniki.
- Prezentuje implementację systemu przedstawionego w książce w pełnokolorowych ekranach programu Outlook.

Lekcje są bezpłatne dla wszystkich czytelników tej książki. Aby uzyskać dostęp do uzupełniającego kursu wideo, przejdź do

www.technoproductivity.com/outlook-2007 (wideo dla Outlook 2007; większość elementów pokazanych działa również w Outlook 2003)

lub

www.technoproductivity.com/outlook-2010 (wideo dla Outlook 2010)*

Pomoc i informacje zwrotne

Poniższe podrozdziały zawierają informacje na temat erraty, pomocy dotyczącej książki i informacji zwrotnych.

Errata i wsparcie

Dołożyliśmy wszelkich starań, aby zagwarantować dokładność tej książki i towarzyszącej zawartości online. Zauważone błędy, które zostaną zgłoszone po opublikowaniu tej książki, będą zamieszczone w naszej witrynie Microsoft Press wydawnictwa O'Reilly:

http://go.microsoft.com/FWLink/?Linkid=227512

Jeśli znajdziesz błąd, który nie jest jeszcze zgłoszony, możesz go przesłać do nas przy użyciu tej samej strony.

Dodatkową pomoc dotyczącą książki można uzyskać pisząc do Microsoft Press Book Support na adres *mspinput@microsoft.com*.

Prosimy zauważyć, że powyższe adresy nie oferują pomocy technicznej dotyczącej oprogramowania Microsoft.

* Lekcje wideo dostępne są tylko w językach angielskim i niemieckim (przyp. tłum.).

ROZDZIAŁ 1

Jak nie utonąć w zalewie maili

W tym rozdziale pokażemy, jak:

- Wyłączyć powiadamianie o nowych wiadomościach.
- Utworzyć wpis o spotkaniu lub zadaniu na bazie maila.
- Utworzyć nowy wpis kontaktu dla nadawcy wiadomości.
- Tworzyć zadania i spotkania na podstawie indywidualnych części dłuższego maila.
- Wstawiać wiele wiadomości do istniejących zadań lub spotkań.
- Skonfigurować nowe foldery.
- Utworzyć własne foldery wyszukiwania.

„Znowu spam...!"

PRZECIĘTNY PRACOWNIK BIUROWY musi dziś przeznaczyć około dwóch godzin dziennie na obsługę poczty elektronicznej. Pomimo niezaprzeczalnych zalet, jakie niesie z sobą ta forma komunikacji, wielu z nas coraz częściej postrzega ją jako potwora, który pożera nasz czas i nerwy, prowadząc do zagubienia, nieporozumień, stresu i jeszcze setki innych problemów. Znaczną część czasu pracy spędzamy w środowisku Microsoft Outlook i to jest wystarczający powód, aby poświęcić pierwszy rozdział taktyce i metodom radzenia sobie z problemami dotyczącymi poczty. Pokażemy tu, jak Outlook może nam pomóc i podzielimy się wskazówkami i sztuczkami, dzięki którym można będzie łatwiej sobie poradzić z pocztą elektroniczną.

Robin jak co dzień sprawdza pocztę...

Robin Wood miał nadzieję, że skończy pracę nad miesięcznym raportem dla swojego menedżera już ponad godzinę temu, ale... no właśnie, znowu wyskoczyło to okienko: „Masz wiadomość!" – po raz kolejny i kolejny. Za każdym razem wraz z nim pojawia się myśl „To może być coś ważnego", ale jak dotąd nic takiego nie było – przynajmniej dzisiaj. „Skoro jednak już otworzyłem tę wiadomość, mogę na nią od razu odpowiedzieć". Łatwiej jednak pomyśleć, niż zrobić. Kwadrans później Robin odnajduje się znowu na początku swojego raportu, usiłując sobie przypomnieć, co ostatnio robił i w którym miejscu, zanim mógł znowu skupić się na tych wszystkich liczbach...

Chwilę później pojawił się kolejny mail. „Dość tego". Poprzedniego dnia wszyscy pracownicy otrzymali bardzo atrakcyjną ofertę smartfonów, którego mogliby również używać prywatnie. Od tego momentu Robin otrzymał już 18 maili, w których ktoś wysyłał zamówienie lub zapytanie nie tylko do nadawcy oryginalnej wiadomości, ale po prostu klikał „Odpowiedz wszystkim", tym samym wrzucając bezsensowne śmieci do skrzynki każdego z pracowników. „OK, to ciekawe, kto zamawia ten telefon lub jakie padają pytania – mimo tego, że sam mam ten model od trzech tygodni i nie muszę się zastanawiać, czy chcę go, czy nie...". W rezultacie czytał każdy taki mail, zanim go skasował.

Tuż przed lunchem Robin skończył wreszcie swój raport. Jednak zanim skierował się do wyjścia, rzucił okiem na ostatnie wiadomości. Na samym szczycie widniała wiadomość od szefowej jego zespołu. Przypominała uprzejmie, że już dwa tygodnie poprosiła go o przejrzenie dokumentu dotyczącego przygotowań do targów. Czasu zostało już niewiele... Ups... – albo zupełnie o tym zapomniał, a może w ogóle nie zauważył? Po przewinięciu 310 maili znalazł ten, o który chodziło: prośba o przejrzenie dokumentu sprzed dwóch tygodni, ale wiadomość znikła w jego zatłoczonej skrzynce. No cóż, będzie musiał się tym zająć zaraz po lunchu, nawet jeśli będą inne pilne sprawy...

Najbardziej rozpowszechnione i zarazem najgorsze problemy dotyczące poczty elektronicznej (a ściślej, jak bardzo obsługa poczty utrudnia wykonywanie innych zadań i obowiązkw) wynikają z następujących przyczyn:

- **Nieustanne przerywanie pracy** Chcesz natychmiast zareagować na właśnie otrzymaną wiadomość. Może to wynikać z ciekawości albo z tego, że z radością przyjmiesz każdą okazję oderwania się od czegoś tak nudnego, jak sprawdzanie niekończących się kolumn cyfr. A może po prostu czujesz potrzebę zachowania się „w porządku" wobec każdego. Szybka odpowiedź to lepsza odpowiedź, prawda?
- **Wysyłanie śmieciowych wiadomości do innych** Jak często otrzymujesz wiadomości, które w minimalnym stopniu dotyczą twojej pracy lub w ogóle nie mają z nią nic wspólnego, na które nie potrzebujesz lub nie potrafisz

odpowiedzieć? Jak często sam dopisujesz trzy zbędne osoby w wierszu adresatów tylko dlatego, że *może* oni też są zainteresowani? Łatwo sprawdzić, że co jakiś czas wywołuje to istny „maraton odpowiedzi".

- **Niejasne sformułowania** Niektóre zagadnienia mogą być jasne i zrozumiałe dla nadawcy, ale nie muszą być tak oczywiste dla odbiorcy i nie staną się takie, gdy wpiszesz je w treści maila. Na przykład: „Czy nie byłoby dobrze, gdybyśmy mogli zintegrować funkcję XYZ – ale to może być zbyt złożone". Czy to jest koncepcja, pytanie o to, czy coś jest możliwe, komentarz skierowany niebezpośrednio do osoby odpowiedzialnej za odrzucenie tego pomysłu, czy też sugestia, aby to właśnie odrzucić? A może próba nacisku, by jednak tę funkcję dodać? Trudno rozstrzygnąć...
- **Czynnik emocjonalny** W porównaniu z innymi formami komunikacji, mail wydaje się być niemal „zaprogramowany" na brak zrozumienia. Nie ma tu tonu głosu ani „mowy ciała" rozmówcy i wszystko, co otrzymujesz, to stosunkowo długi monolog bez możliwości natychmiastowego wyrażenia wątpliwości lub wskazania problemów. Czy zdarzyło ci się spędzić dwie godziny na pisaniu złośliwej odpowiedzi na mail, co z kolei doprowadziło do eskalacji? Zapewne też każdemu przytrafiło się to, że zrezygnował z wysyłania oburzonego maila po tym, jak pisał go przez godzinę.
- **Odpowiadanie bez przemyślenia** Często przełączamy się w tryb odpowiedzi przed przeczytaniem całości – po prostu dlatego, że wydaje się nam, że tak będzie szybciej. Jednak później okazuje się, że musimy dokładniej przeanalizować problem albo że zbyt szybka odpowiedź wywołuje dyskusję nie na temat. Można tak również sprowokować liczne dodatkowe zapytania i nadmiarową pracę, gdyż nasz pośpiech sprawił, że zapomnieliśmy dołączyć istotne informacje.
- **Niewystarczające uporządkowanie własnych danych** Zapomniałeś kiedyś odpowiedzieć na ważną wiadomość? W krytycznym momencie okazało się, że nie jesteś w stanie zlokalizować najważniejszego maila? Są ludzie, którzy w swojej skrzynce potrafią mieć ponad tysiąc wiadomości. Choć mechanizmy wyszukiwania i doskonała pamięć („Czy to nie Lisa Miller wysłała pytanie o projekt XY kilka tygodni temu?") mogą im pomóc w 90% przypadków, pozostałe 10% otwartych pytań i czekających na rozwiązanie problemów pozostaje pogrzebane pod górą śmieci.

Zacznij to zmieniać!

Oto działania, które pomogą poradzić sobie z codziennym zalewem maili:

- Nie pozwalaj sobie na rozpraszanie. Odpowiadaj świadomie, po dokładnym przemyśleniu odpowiedzi, zamiast natychmiastowego reagowania na każdy mail.
- Wysyłaj wiadomości tylko do tych odbiorców, którzy naprawdę ich potrzebują.
- Pisz w sposób dopasowany do odbiorcy. Upewnij się, że zawarty w mailu przekaz jest jednoznaczny i zrozumiały.
- Stwórz sobie system przetwarzania przychodzącej poczty. Przygotuj sobie działania do wykonania, aby móc je zastosować, gdy zajdzie potrzeba. Musisz wiedzieć, gdzie szukać zapisanych informacji, aby móc je znajdować szybko i efektywnie. Przy odrobinie praktyki, po kilku tygodniach korzystania z systemu nie będziesz już zapominać o żadnych istotnych sprawach.
- Wykorzystaj ten system do utrzymania porządku w skrzynce pocztowej. W głównym folderze nie powinno być więcej niż 30 wiadomości – nad tyloma da się zapanować. Inne powinny być albo przeniesione do folderów tematycznych, albo usunięte (być może po wcześniejszym zarchiwizowaniu).

W dalszej części rozdziału zaprezentujemy sprawdzone od lat techniki i metody osiągnięcia tych celów i pokażemy, jak funkcje programu Outlook mogą w tym pomóc.

To nie maile są winne, ale sposób, w jaki je obsługujemy

Teraz, gdy już nazwaliśmy problemy przeszkadzające nam w efektywnej pracy, spróbujmy znaleźć ich przyczyny. Jaki jest nasz udział w tych problemach? Czy to my je powodujemy lub sprawiamy, że stają się jeszcze gorsze? Jeśli nie możemy im zapobiec lub wyeliminować ich, musimy je zaakceptować i zmienić nasz sposób postępowania.

Nie pozwalaj się rozpraszać

Zacznij od zakłóceń. Czy naprawdę musisz sprawdzać pocztę nieustannie i odpowiadać w tej samej chwili, a nie po spokojnym ukończeniu innych zadań? A może to właśnie jest niewłaściwe i osłabiające zachowanie? A może to podświadoma chęć wykręcenia się od właśnie wykonywanej pracy? Co najgorszego może się wydarzyć, jeśli po prostu zignorujesz pocztę przez najbliższe dwie godziny? Zazwyczaj odpowiedź na to ostatnie pytanie brzmi „Nic”. Z drugiej strony: być może potrzebujesz tych dwóch godzin, aby wreszcie ukończyć ten miesięczny raport – i pozbyć się tego nieznośnego ucisku na żołądku.

Co jednak, jeśli szef potrzebuje odpowiedzi już teraz, a otrzyma ją dopiero za dwie godziny? No cóż, jeśli nie będziesz *zawsze* odpowiadać na każdego maila w ciągu trzech minut (a któż dałby radę tak robić *stale*?), menedżer będzie mógł ocenić, czy problem może trochę zaczekać, a jeśli nie, po prostu zadzwoni, aby uzyskać odpowiedź od razu.

„Edukowanie" naciskających

W nagłych przypadkach telefon jest zawsze lepszym wyborem: natychmiastowy dialog, który pozwala obu stronom na bezpośrednią wymianę zdań, zamiast serii wymienianych „monologów" z pauzami i oczekiwaniem na kolejną odpowiedź. O ile twoja praca nie polega na szybkim udzielaniu odpowiedzi przez komunikator lub mail, jak w przypadku pomocy technicznej lub działu obsługi klienta, absurdem byłoby oczekiwać natychmiastowych odpowiedzi na maile. Dlatego też, jeśli ktoś naciska lub skarży się na brak reakcji, poproś go (grzecznie), aby następnym razem zadzwonił, gdy sprawa jest pilna. Można tu użyć argumentu, że telefon pozwoli pytającemu także ustalić, czy jesteś w ogóle dostępny w tym momencie.

Uwaga Firma, w której pracujesz, może mieć określone zasady dotyczące ram czasowych, w których należy odpowiedzieć na wiadomości mailowe. Możesz też sam określić takie ramy i zadbać o to, aby Twoi korespondenci je znali, jednak wówczas musisz zawsze zmieścić się w tym czasie. Warto pamiętać o następujących zasadach:

- Włącz powiadomienie „poza biurem", jeśli bierzesz kilka dni wolnego lub nie będziesz w stanie udzielić odpowiedzi w obiecanym terminie.
- Przemyśl wszystkie ewentualności. Najlepszym wyjściem jest przyznanie komuś (na przykład koledze lub asystentowi) dostępu do skrzynki pocztowej na wypadek nagłej choroby. Przynajmniej niektóre osoby z listy kontaktów powinny o tym wiedzieć, szczególnie wtedy, gdy możesz oczekiwać od nich wiadomości poufnych.

Wyłącz powiadomienia o nowych mailach

Funkcja powiadamiania o nowych wiadomościach nie daje prawie nic, poza wytrącaniem z rytmu i rozpraszaniem. Co gorsza, może ona „zmotywować" do przerwania i odłożenia ważnego, choć nieprzyjemnego zadania, jeśli akurat robisz coś takiego. Nawet jeśli odpowiedź na pytanie „w międzyczasie" zajmie tylko dwie czy trzy minuty, znacznie spowolni wykonywanie zadań, które wymagają pełnej koncentracji przez dłuższy czas. Na każdą przerwę trwającą więcej niż kilka sekund przypada kilka minut, które trzeba poświęcić na ponowną koncentrację i powrót do pracy z tą samą szybkością co poprzednio.

Jeśli oczekujesz na pilną i ważną wiadomość o najwyższym priorytecie, na przykład dlatego, że jest niezbędna do kontynuowania pracy, możesz poprosić nadawcę, aby powiadomił cię o jej wysłaniu, na przykład telefonicznie lub SMS-em. To znacznie lepsze rozwiązanie, niż pozwalanie sobie na wytrącanie z rytmu pracy przez każdy newsletter lub spam przez następnych pięć godzin albo na sprawdzanie skrzynki co dwie minuty w nadziei, że „ta" wiadomość przyszła. Niemal zawsze znajdziesz w skrzynce inną nową wiadomość – nieistotną, ale wystarczającą, by rozproszyć. Możesz też ustalić z nadawcą termin, kiedy wiadomość ma nadejść – w ten sposób nie będziesz musiał tego sprawdzać wcześniej.

Wyłączanie wizualnych i akustycznych powiadomień o nowych wiadomościach

1. Microsoft Outlook 2010: Kliknij **Opcje** na karcie **Plik**, aby wyświetlić okno dialogowe **Opcje programu Outlook**, przedstawione na rysunku 1-1.

   Microsoft Outlook 2007/Outlook 2003: Wybierz polecenie **Opcje** w menu **Narzędzia**.

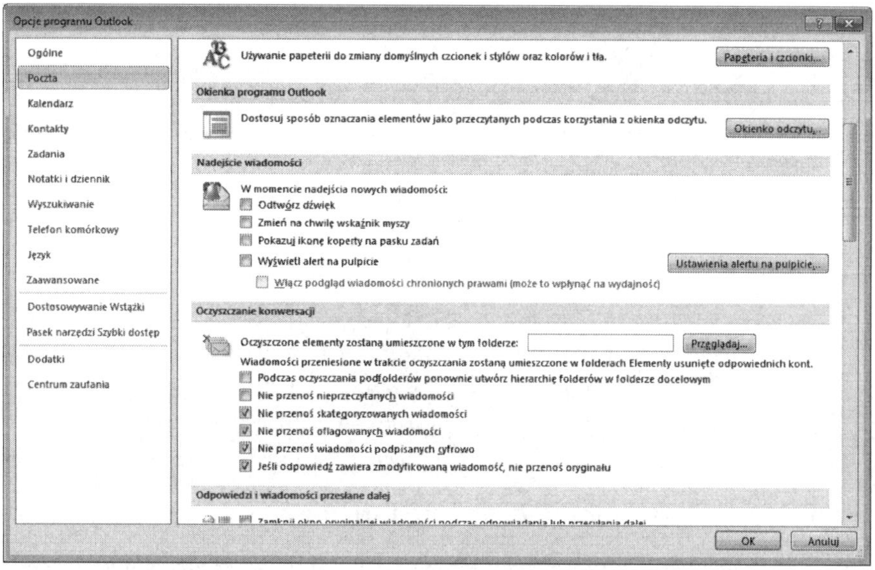

Rysunek 1-1 Nie pozwól się rozpraszać – wyłącz powiadomienia o nowych wiadomościach.

2. Outlook 2010: W lewym panelu okna dialogowego kliknij **Poczta**.

   Outlook 2007/Outlook 2003: Na zakładce **Preferencje** kliknij **Opcje e-mail**.

3. Outlook 2010: Wyczyść wszystkie pola wyboru w panelu **Nadejście wiadomości**.

Outlook 2007/Outlook 2003: W oknie dialogowym **Opcje e-mail** kliknij **Zaawansowane opcje e-mail**. Wyczyść wszystkie pola wyboru w panelu **Gdy do Skrzynki odbiorczej przychodzą nowe elementy** (lub przynajmniej wyczyść opcje **Wyświetlaj alert nowej poczty na pulpicie** oraz **Odtwarzaj dźwięk**).

4. Zamknij wszystkie okna dialogowe klikając **OK**.

Wyłączanie automatycznego pobierania nowych wiadomości

Gdy chcesz spokojnie zająć się wszystkimi wiadomościami, które już znajdują się w naszej skrzynce pocztowej, lepiej byłoby, żeby nie pojawiały się nowe – przynajmniej wtedy, gdy nie wywołasz ich świadomie poleceniem Wyślij/Pobierz. W takiej sytuacji możesz uniknąć automatycznego otrzymywania nowych maili.

- W Outlook 2010: Kliknij **Grupy Wyślij/Odbierz** w grupie **Wysyłanie i odbieranie** na karcie **Wysyłanie/odbieranie**, po czym wybierz **Wyłącz zaplanowane wysyłanie/odbieranie**.

W wersjach Outlook 2007/Outlook 2003 wykonaj następujące działania:

1. W menu **Narzędzia** kliknij **Opcje**.
2. Na zakładce **Ustawienia poczty** (lub **Ustawienia poczty e-mail**) kliknij przycisk **Wyślij/Odbierz**, po czym w sekcji **Ustawienia dla grupy „Wszystkie konta"** oraz w sekcji **Gdy program Outlook jest w trybie offline** wyczyść pole wyboru **Zaplanuj automatyczne wysyłanie/odbieranie co**. Jeśli zdefiniowałeś kilka grup, musisz wykonać ten krok dla każdej grupy.
3. Zamknij wszystkie okna dialogowe klikając **OK**.

Blokowe przetwarzanie wiadomości

Zastanów się, jak często naprawdę musisz sprawdzać swoją skrzynkę pocztową. Większość ludzi intuicyjnie robi to o wiele zbyt często. Czy nie wystarczyłoby poświęcić na to jedną godzinę dwa razy dziennie, ewentualnie trzy razy dziennie po 40 minut lub cztery razy po pół godziny? (Więcej informacji na temat korzyści z grupowania zadań do wykonania w ustalone bloki zawiera rozdział 4, „Jak sprawić, aby plan dnia zadziałał w prawdziwym świecie").

Utworzenie bloków jest szczególnie pomocne przy przetwarzaniu wiadomości pocztowych. Na mało ważne wiadomości można odpowiedzieć szybko lub usunąć je od razu. „Jeszcze dziesięć wiadomości po tej. W porządku, mam jeszcze inne rzeczy na biurku, ale ta akurat nie jest ważna. Zatem załatwmy to szybko i miejmy z głowy" (w dalszej części rozdziału powiemy więcej o koncepcji UJDO w odniesieniu do przetwarzania poczty).

Czym jest blok?

W kontekście zarządzania czasem *blok* jest określonym przedziałem czasu, zdefiniowanym z góry do zbiorczej realizacji wielu małych zadań – na przykład możemy zaplanować, że wszystkimi przychodzącymi mailami lub odpowiedziami na telefony zajmiemy się pomiędzy 13:00 a 14:00. W ten sposób unikamy ciągłego przerywania dłuższych zadań, aby napisać odpowiedź, oddzwonić do kogoś, a chwilę później kolejny mail lub telefon... Co ważniejsze, w ten sposób można skupić się na dużych i ważnych pracach, zamiast ciągle myśleć „No tak, mam do wykonania dziewięć telefonów" – na ten cel przeznaczona jest już cała godzinę i wtedy będzie można się tym zająć.

Zmień swój wzorzec odpowiadania

Ta kolejna wskazówka może początkowo zabrać trochę czasu, ale inwestycja ta zwróci się z nadmiarem w przyszłości. Zanim odpowiesz na mail, zatrzymaj się na trzy sekundy i wsłuchaj się w siebie. Oceń swój stan emocjonalny, aby ustalić, czy jesteś w stanie odpowiedzieć neutralnie i profesjonalnie. Jeśli jesteś zły, zirytowany, wystraszony, bardzo zdenerwowany lub zaskoczony, odczekaj, zanim zaczniesz odpowiadać, o ile jest to w ogóle możliwe. Zapytaj siebie samego: „Dlaczego to pytanie trafiło do mojej skrzynki? Kto je wysłał? Co się stanie, jeśli wyślę teraz tylko krótkie potwierdzenie odbioru? Wreszcie – czy mail jest właściwym medium dla odpowiedzi?".

W większości przypadków twoja odpowiedź będzie wyglądała bardzo podobnie jak wcześniej – choć może nieco bardziej rozważnie. Jednak raz na jakiś czas możesz odkryć, że te pytania prowadzą do znaczących usprawnień. Bywa, że zamiast mailowego maratonu ciągnącego się godzinami i obejmującego dziesiątki wymienianych maili, wystarczy dwuminutowa rozmowa przez telefon.

Jeśli chcesz zadzwonić do nadawcy (lub odbiorcy) maila, ale ten nie dołączył do wiadomości sygnatury z numerem telefonu, nie musisz sięgać do książki telefonicznej, aby znaleźć potrzebne informacje. Wystarczy kliknąć prawym przyciskiem myszy adres tej osoby w oknie podglądu (lub otwartej wiadomości) – bez względu na to, w którym polu się znajduje. Jeśli twój folder Kontakty zawiera dane tej osoby, zostaną wyświetlone w menu podręcznym, jak na rysunku 1-2 (zależnie od używanej wersji programu Outlook i ustawień systemu konieczne może być wcześniejsze kliknięcie opcji Wizytówka lub Wyszukaj w kontaktach programu Outlook).

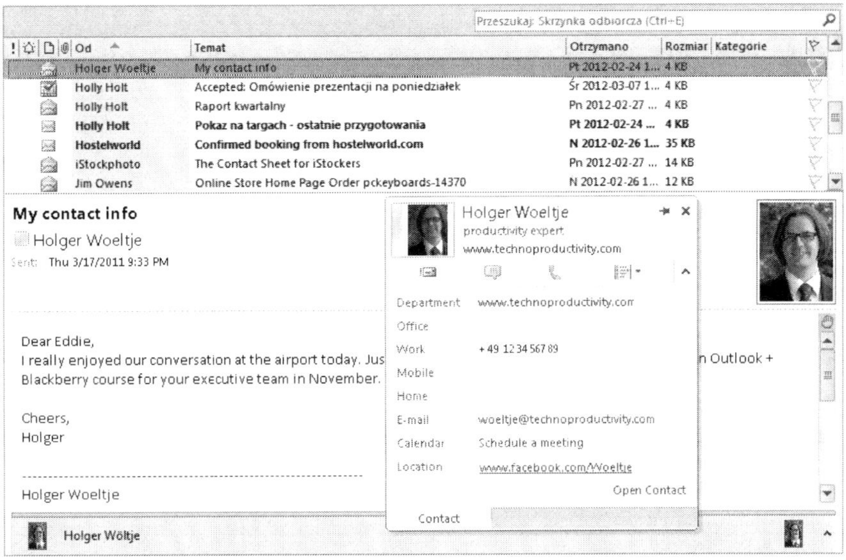

RYSUNEK 1-2 W menu skrótowym można wybrać wizytówkę lub numer telefonu albo otworzyć wszystkie zapisane dane kontaktu.

Wyświetlanie informacji bieżącego nadawcy jednym kliknięciem: Social Connector w Outlook 2010

Program Outlook 2010 wyświetla bieżące informacje o nadawcy lub odbiorcy aktywnej wiadomości bezpośrednio pod tą wiadomością w tak zwanym panelu Social Connector (patrz rysunek 1-3), tak więc nie musimy ich szukać. W wersjach Outlook 2003 i 2007 taki widok nie jest dostępny wprost, ale firma Microsoft udostępnia darmowe rozszerzenie Outlook Social Connector, umożliwiające dodanie takiej funkcjonalności do starszych wersji programu.

Jeśli oglądasz wiadomość pocztową w panelu odczytu lub (po podwójnym kliknięciu) w jej własnym oknie, Outlook wyświetli miniaturę fotografii nadawcy w lewym dolnym rogu panelu, oczywiście przy założeniu, że zdjęcie to istnieje w naszej bazie danych kontaktów (w innym wypadku pojawi się pusta ikona sylwetki), jak na rysunku 1-2 pokazanym wcześniej. W prawym narożniku wyświetlane są miniatury innych odbiorców tej wiadomości ze strzałką w górę obok każdej z nich. Jeśli wskażesz myszą jedną z tych miniatur (nie klikając!), Outlook wyświetli nazwisko tej osoby oraz dodatkowe informacje (o ile są zawarte w naszej bazie kontaktów), takie jak stanowisko, nazwa firmy, telefon służbowy i tak dalej. Kliknięcie strzałki w górę lub zdjęcia pozwala zobaczyć powiększoną wersję Social Connector.

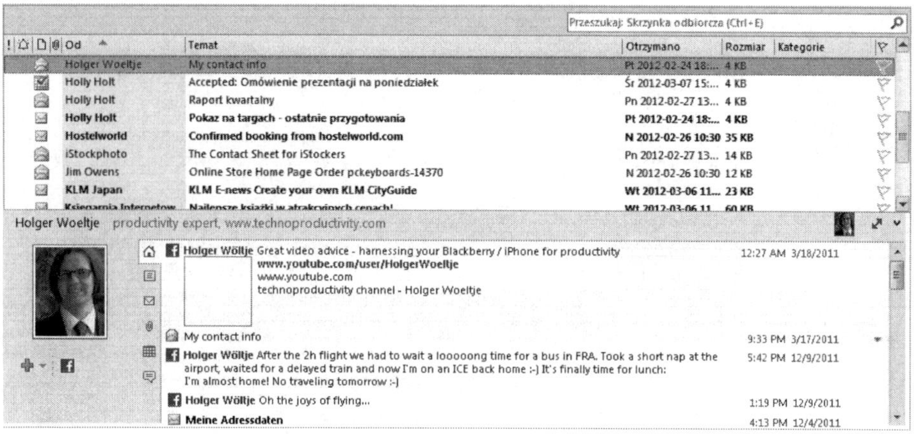

RYSUNEK 1-3 Bieżące informacje są zawsze pod ręką przy korzystaniu z narzędzia Social Connector w Outlook 2010.

Po kliknięciu miniatury zdjęcia lub nazwiska osoby można wyszukać dostępne informacje i wyświetlić je obok zdjęcia. Na przykład Outlook może znaleźć nadchodzące zaplanowane spotkania tej osoby, wiadomości od niej otrzymane albo tylko załączniki zawarte w tych wiadomościach. Kliknięcie odpowiedniego elementu powoduje jego otwarcie.

Możesz tu również zobaczyć strumienie RSS oraz aktualizacje statusu w sieciach społecznościowych tej osoby i dodać ją do własnej sieci, używając poleceń dostępnych poniżej fotografii. Można na przykład znaleźć kandydata na nowego klienta poprzez LinkedIn, dodać go do swoich kontaktów LinkedIn, a następnie zaimportować jego dane (firmę, adres pocztowy, numer telefonu) do bazy kontaktów Outlook. Jeśli partner biznesowy korzysta z wpisów stanu w sieci społecznościowej, można również zobaczyć, kto stał się rodzicem albo kto jest aktualnie na wakacjach lub w podróży służbowej w innej strefie czasowej i dostępny będzie tylko wieczorami. Naturalnie działa to tylko wówczas, gdy wszystkie zaangażowane strony udostępniają tego typu (osobiste) informacje publicznie i zamierzają nadal utrzymywać swoje strony w sieciach społecznościowych. Co naprawdę chcielibyśmy wiedzieć o każdej osobie z naszej książki kontaktów? Trzeba zachować ostrożność, bo w przeciwnym razie nigdy nie tylko nie uda nam się ukończyć pracy z powodu tych wszystkich powiadomień z Facebooka czy Twittera, które będziemy dostawać, ani też nie będziemy mogli oderwać się od komputera w czasie (rzekomo) wolnym…

Unikanie niepotrzebnych wiadomości dzięki funkcjom zespołowym programów Outlook i SharePoint

Zamiast prowadzenia całej komunikacji za pośrednictwem maila, pomocne może być umieszczanie w centralnej lokalizacji zaplanowanych dokumentów (takich jak raport o stanie zaawansowania projektu, plany spotkań czy podsumowania narad) w ustalonym czasie. Można to zrobić na przykład przy użyciu witryny Microsoft SharePoint w intranecie organizacji.

Więcej informacji na temat funkcji pracy zespołowej programów Outlook i SharePoint zawiera rozdział 5, „Jak planować zebrania, aby były wygodne, efektywne i przyjemne".

Gdy kolega przysyła mail z pytaniem o numer telefonu jakiejś osoby, najprostsze i najszybsze wydawałoby się natychmiastowe wysłanie odpowiedzi z żądanym numerem. Niekoniecznie jednak jest to najlepsze rozwiązanie.

Jeśli często zauważasz taką sytuację, należałoby zastanowić się, dlaczego tak jest. Może w firmie brakuje scentralizowanego zarządzania danymi adresowymi. Jeśli utworzysz i będziesz utrzymywać centralny folder kontaktowy lub listę adresową, na przykład w witrynie SharePoint zespołu, w ostatecznym rachunku oszczędzisz czas i unikniesz ciągłego przerywania pracy.

Utrzymać porządek w skrzynce pocztowej

Pierwszym krokiem na drodze do pustej – a przynajmniej uporządkowanej – skrzynki pocztowej jest zaplanowanie bloku czasowego na zajmowanie się mailami, co już samo pozwoli na bardziej produktywną pracę. Drugim krokiem jest utrzymanie konsekwencji i dyscypliny w systematycznym opracowywaniu maili wewnątrz tego bloku.

Minimalna liczba wiadomości oczekujących na przetworzenie, które pozostają (mogą zostać) w skrzynce na koniec bloku lub dnia pracy, może się zmieniać. Zależnie od typu biznesu, naszej pozycji w firmie i panujących w niej obyczajów, 20 wiadomości może być świetnym wynikiem. W innym środowisku można domagać się, aby nie została żadna wiadomość, która nie została jeszcze opracowana. W każdym jednak przypadku, dopóki w skrzynce jest nie więcej niż 20 do 30 wiadomości, możemy nad nimi zapanować i szybko odnaleźć tę, która jest akurat potrzebna. Warto też zauważyć, że będziemy po prostu czuli się lepiej i spokojniej bez „góry danych" w postaci 2584 wiadomości, wywołujących poczucie winy i bezsilności – jak znaleźć cokolwiek w takiej masie?

Blok przetwarzania poczty

Warto przypomnieć starą zasadę pozwalającą zredukować stertę papierów zalegającą na biurku: „Każdy papier bierz do ręki tylko raz". Jest to również dobra wskazówka w przypadku poczty elektronicznej. Większość wiadomości wymaga tylko jednego przeczytania i jakiejś reakcji; tylko nieliczne będą wymagały dwóch lub trzech kroków. Przystępując do przetwarzania wiadomości należy przejść po kolei przez wszystkie maile w skrzynce i ocenić je, by zaliczyć je do jednej z następujących kategorii (Usuń, Już działaj, Odłóż – w skrócie UJDO):

- **Usuń** Możliwość skasowania przychodzących wiadomości daje największe oszczędności. Usunąć należy tak wiele, jak się tylko da i tak szybko, jak to możliwe. Pierwsze pytanie, które trzeba sobie postawić, brzmi: „Czy mogę bez wahania usunąć ten mail?". Często wystarczy jedno spojrzenie na nadawcę i temat, aby podjąć decyzję.
- **Już działaj** Ważnymi i pilnymi wiadomościami trzeba zająć się natychmiast po rozpoczęciu bloku pocztowego. To samo dotyczy drobnych spraw, z których każda zajmuje tylko parę minut. Jeśli odłożysz je na później, mogą się zacząć spiętrzać i po dwóch dniach będą wymagać już więcej niż jednej godziny. Ustalanie terminu zakończenia, specjalne zadanie polegające na zajęciu się drobiazgami lub ciągłe dokładanie do listy „małych spraw do załatwienia" w sumie pochłonie więcej czasu, niż przetworzenie ich od razu. Nie musisz przecież w tym celu przerywać innych zadań – bieżące zadanie to zajmowanie się pocztą i to właśnie robisz. Dlatego zajmij się nimi od razu i miej to z głowy – o kolejny krok zbliżysz się do celu, którym jest (prawie) pusta skrzynka pocztowa.
- **Odłóż na później** Jeśli wydaje się, że zajęcie się wiadomością wymaga więcej niż pięciu minut, a jednocześnie nie jest to sprawa nie cierpiąca zwłoki, możesz przenieść ją do specjalnie przygotowanego miejsca w strukturze folderów poczty – folderu spraw do załatwienia. Jednocześnie musisz pamiętać, że folder ten w zasadzie *powinien* być pusty. Jeśli coś w nim jest, sprawą tą powinieneś zająć się w najbliższym momencie, gdy tylko będziesz miał na to czas. Tym, jak przygotować sobie taki folder, aby można było bez problemów i szukania odnaleźć odłożoną wiadomość, zajmiemy się w podrozdziale „Tworzenie i korzystanie z własnej struktury folderów" w dalszej części tego rozdziału.

WAŻNE W skutecznym radzeniu sobie z zalewem maili najlepszym przyjacielem i sojusznikiem jest klawisz Delete. Zauważyli to także producenci smartfonów, takich jak BlackBerry.

Możesz też użyć czterech poziomów priorytetów diagramu Eisenhowera (patrz rozdział 2, „Jak efektywnie określać priorytety zadań") w odniesieniu do wiadomości, którymi nie zamierzasz zajmować się od razu. W takim przypadku trzeba utworzyć trzy foldery dla trzech kategorii (kwadrant czwarty lub D oznacza natychmiastowe usunięcie i to właśnie trzeba zrobić). Folderami tymi trzeba następnie zająć się we wstępnie ustalonym terminie albo na koniec bloku pocztowego, jeśli uda się wcześniej obsłużyć nowe wiadomości. Aby nie zapomnieć o bardzo ważnych i pilnych wiadomościach (kwadrant 1/A diagramu), którymi nie można zająć się już teraz, można na przykład utworzyć w kalendarzu umówione spotkanie z samym sobą, przy okazji rezerwując niezbędny czas.

Jeśli nie jesteś pewien, czy możesz od razu skasować wiadomość:

- Zapytaj samego siebie, czy wymaga ona odpowiedzi, dalszego działania czy po prostu odpowiedzi (i czy to jest *naprawdę* konieczne).
- Jeśli nie: zapytaj samego siebie, czy będziesz potrzebował tej wiadomości w przyszłości, na przykład w celu sprawdzenia informacji w niej zawartych, i czy będziesz w stanie odszukać ją ponownie przy użyciu jakiegoś sensownego kryterium wyszukiwania.
- Jeśli nie: usuń wiadomość.

Ostrzeżenie Sprawdź zasady firmowe dotyczące archiwizowania i przechowywania wiadomości pocztowych. Być może nie jesteś uprawniony do trwałego usuwania niektórych (w przypadku ekstremalnym – wszystkich) wiadomości, które należałoby usunąć zgodnie ze wskazówkami zawartymi w tej książce. W takiej sytuacji możesz jednak zawsze utworzyć nowy folder i wrzucać do niego wiadomości, które w innej sytuacji powinny być usunięte. To, czy folder ten nazwiesz „Kompostownik", „Śmietnik" czy jeszcze inaczej, jest tylko kwestią upodobań.

Odpowiednie klasyfikowanie wiadomości

Utrzymanie porządku w skrzynce pocztowej stanie się łatwiejsze, gdy każdą z nich zaliczysz do jednej z trzech ogólnych kategorii:

- Wymagane dalsze działanie jest oczywiste albo wiadomość zawiera informacje dotyczące konkretnego zdarzenia (spotkania, umówionego terminu): taką wiadomość należy przekonwertować na zadanie lub termin.
- Wiadomość wymaga odpowiedzi w określonym terminie w przyszłości lub dalszych działań, które nie są jeszcze dobrze zdefiniowane: zapisz wiadomość w strukturze folderów i oflaguj ją do późniejszego przetworzenia (patrz „Ustawianie flag dla wiadomości, nad którymi jeszcze trzeba popracować" w dalszej części rozdziału).

- Nie jest wymagana odpowiedź ani żadne działanie, ale chcesz zachować wiadomość, aby móc do niej powrócić w przyszłości: zapisz wiadomość w odpowiednim miejscu struktury folderów.

Konwertowanie wiadomości na zadania lub spotkania

Niekiedy wiadomość pocztowa nie jest niczym innym jak *zadaniem* (lub wieloma zadaniami), które musimy wykonać. Inne reprezentują *terminy* (można tu uwzględnić także potwierdzenia rezerwacji lotów czy hoteli) lub dodatkowe informacje dotyczące tych terminów (takie jak porządek dzienny spotkania lub wskazówki dojazdu). Jeśli sam wysyłasz takie wiadomości, bardziej praktyczne będzie wykorzystanie zaproszeń na zebranie (konfigurowanie i aktualizowanie terminów stanowi tematykę rozdziału 5) lub użycie funkcji programu Outlook umożliwiających przypisywanie zadań innym osobom. Jeśli zrobimy to w ten sposób, odbiorca będzie musiał wykonać tylko jedno kliknięcie, aby zapisać wiadomość w swojej liście zadań lub kalendarzu.

Ostrzeżenie Zachowaj ostrożność przy korzystaniu z funkcji przypisywania zadań innym osobom: tworzenie i delegowanie zadania w Outlook może się wydawać aroganckie, szczególnie w odniesieniu do równorzędnych kolegów lub menedżerów w innych działach firmy (nie wspominając o osobach z innych firm lub klientach). Jeśli nie masz pewności, jak delegowanie zadania (na przykład wysłania pewnych danych) zostanie odebrane, lepszym pomysłem będzie napisanie zwykłego maila.

Jeśli otrzymasz taką informację jako zwykły mail, możesz przekonwertować ją na zadanie lub termin, dzięki czemu łatwo będzie ją odnaleźć, gdy będzie potrzebna.

Tworzenie terminu lub zadania z wiadomości pocztowej

1. Prawym przyciskiem myszy kliknij wiadomość w skrzynce odbiorczej i przytrzymaj przycisk.
2. Przeciągnij wiadomość do przycisku grupy **Zadania** lub **Kalendarz** w dolnej części panelu nawigacji, po czym zwolnij przycisk myszy.
3. Wybierz odpowiednie działanie z menu podręcznego, które się pojawi, na przykład **Przenieś tutaj jako zadanie z załącznikiem** (patrz rysunek 1-4) – spowoduje to automatyczne usunięcie oryginalnej wiadomości ze skrzynki odbiorczej.

   Zalecane jest kopiowanie lub przenoszenie wiadomości jako zadań (terminów) z załącznikiem (zamiast opcji „kopiuj jako tekst"). Skopiowanie wiadomości jako zadanie z tekstem wstawia całą zawartość maila (łącznie z nagłówkami) do notatki zadania. Wstawienie maila jako załącznika do zadania ma tę wadę, że nie można od razu odczytać oryginalnej wiadomości – trzeba podwójnie kliknąć jej ikonę. Jednak w ten sposób możemy dołączyć do zadania kilka różnych wiadomości, reprezentowanych w sposób skoncentrowany. Oryginalna wiadomość jest zachowana w całości, wraz z ilustracjami i załącznikami (które zostałyby usunięte, gdyby skopiować ją jako tekst). Co więcej, po podwójnym kliknięciu takiego załącznika dostępne stają się standardowe funkcje pocztowe, takie jak **Odpowiedz**, **Prześlij dalej** lub **Odpowiedz wszystkim** – tak jak po otwarciu wiadomości w skrzynce pocztowej. Można to porównać do umieszczenia wiadomości w teczce zadań do wykonania i nadania jej terminu realizacji, określenia priorytetu i ustawienia przypomnienia w razie potrzeby. Będzie się ona odtąd pojawiała w naszych zadaniach. Więcej informacji na ten temat zawierają kolejne rozdziały książki.

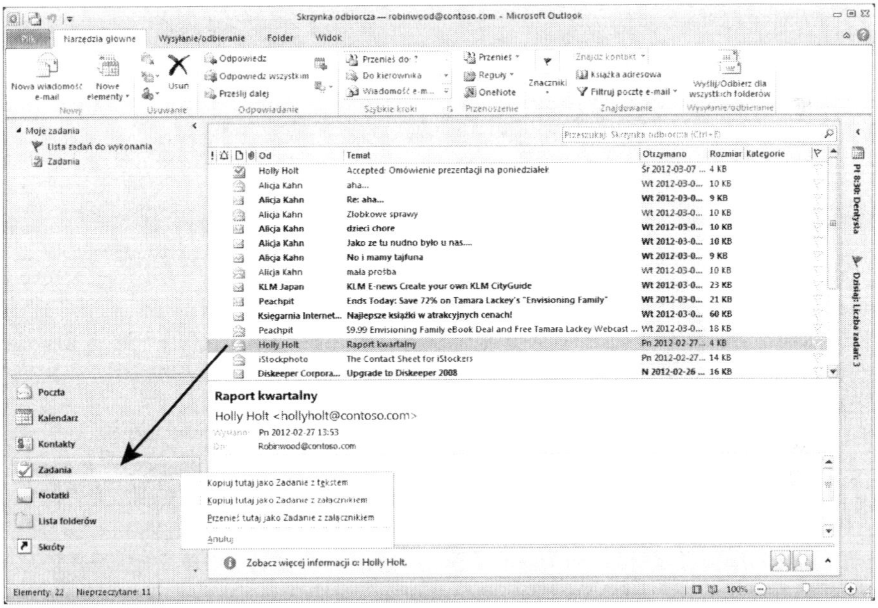

Rysunek 1-4 Przenoszenie wiadomości metodą przeciągania do listy zadań

4. Outlook otworzy formularz nowego zadania (terminu), automatycznie wykorzystując temat maila jako nazwę. Uzupełnij wpis, dodając datę realizacji i przypomnienie (jeśli potrzebne).
5. Zapisz i zamknij nowe zadanie (termin).

Szybkie tworzenie nowego kontaktu dla nadawcy wiadomości

1. Trzymając wciśnięty lewy przycisk myszy, przeciągnij całą wiadomość do przycisku grupy **Kontakty** w dolnej części panelu nawigacji (w tym wypadku będziesz chciał skopiować tekst). Outlook utworzy nowy kontakt, automatycznie

wykorzystując adres oraz nazwisko nadawcy z wiadomości. W polu notatki pojawi się treść oryginalnego maila. Dalsze postępowanie pozwoli uzupełnić dane kontaktowe przy założeniu, że wiadomość zawierała stopkę z danymi biznesowymi nadawcy.

2. Zaznacz cały tekst wiadomości oprócz stopki.
3. Naciśnij Delete, aby skasować tekst, tak by została sama stopka.
4. Zaznacz nazwę firmy (podwójnym kliknięciem, jeśli jest to pojedyncze słowo, potrójnym, by zaznaczyć cały wiersz, albo po prostu kliknij na początku nazwy i pociągnij myszą aż do jej końca).
5. Przeciągnij zaznaczony tekst do pola tekstowego **Firma**.
6. Powtórz kroki 4 i 5 dla innych przydatnych informacji, takich jak numery telefonów.
7. Po przeniesieniu danych (i usunięciu niewykorzystanych informacji) zapisz i zamknij nowy kontakt, klikając przycisk **Zapisz i zamknij**.

Warto utworzyć wpis w kontaktach programu Outlook dla każdej osoby, która może być istotna. Po nabraniu wprawy proces tworzenia nowego kontaktu z wiadomości zawierającej stopkę adresową zajmuje kilkanaście sekund. Z faktu utworzenia kontaktu wynika kilka korzyści:

- Jeśli numer telefonu lub adres email kontaktu ulegnie zmianie, można łatwo zaktualizować dane w tylko jednym miejscu.
- Nie trzeba przeszukiwać dziesiątków lub setek wiadomości, jeśli nadawca w kolejnych mailach nie dołącza już danych zamieszczonych w pierwszej wiadomości (często do odpowiedzi używany jest inny szablon wiadomości).
- Dane kontaktowe można sobie wydrukować, tworząc podręczną „książkę telefoniczną", bądź przekopiować je do pamięci telefonu, jeśli spodziewamy się, że mogą być potrzebne na przykład podczas podróży.
- Kontakty można udostępnić kolegom z pracy, umieszczając je w publicznym lub udostępnionym folderze.

Tworzenie zadań lub terminów z indywidualnych fragmentów dłuższej wiadomości pocztowej

Jeśli pojedyncza wiadomość zawiera wiele akapitów, z których każdy oznacza inne zadanie lub termin, możesz przekształcić ją na odpowiednią serię zadań/terminów w następujący sposób:

1. Zaznacz odpowiednią część wiadomości.
2. Zwolnij przycisk myszy, wskaż zaznaczony tekst i kliknij ponownie.

3. Przeciągnij wybrany fragment do odpowiedniego przycisku grupy w panelu nawigacyjnym – **Zadania** lub **Kalendarz** – i tam zwolnij przycisk myszy. Outlook otworzy nowy formularz terminu/zadania, wstawiając zaznaczony tekst do pola notatki nowego wpisu.
4. Dodaj odpowiedni wiersz tematu i uzupełniające informacje w razie potrzeby.
5. Zapisz i zamknij nowe zadanie/termin.

Wstawianie wielu wiadomości pocztowych do istniejącego zadania lub terminu

Oprócz tworzenia nowych zadań lub terminów z wiadomości pocztowych, można również dodawać wiadomości (pojedynczo lub po kilka) do już utworzonych terminów, zadań czy kontaktów. Można chcieć to zrobić na przykład z wiadomością zawierającą instrukcje dostępu do planowanej telekonferencji oraz dwiema innymi, w których znajdują się nowe dokumenty do przedyskutowania na tej konferencji.

1. Otwórz wpis, podwójnie klikając termin w kalendarzu.
2. Outlook 2010/Outlook 2007: w formularzu terminu zaznacz kartę **Wstawianie**, po czym w grupie **Dołączanie** kliknij polecenie **Element programu Outlook** (patrz rysunek 1-5).

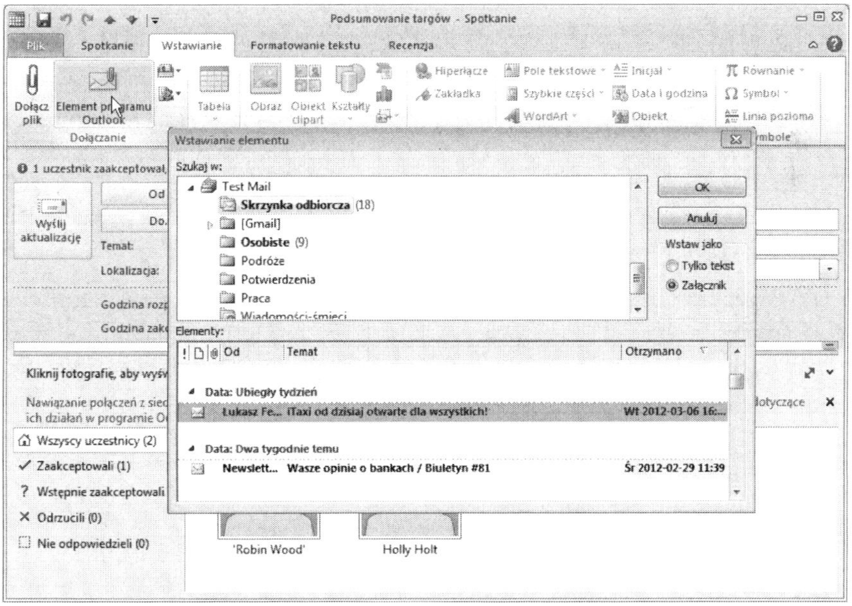

RYSUNEK 1-5 Wstawianie wiadomości pocztowych do terminu lub zadania, aby umieścić informacje w miejscu, którego dotyczą.

Outlook 2003: w menu **Wstaw** kliknij polecenie **Element**.

3. W oknie dialogowym **Wstawianie elementu** wybierz odpowiedni folder w polu **Szukaj w**, po czym zaznacz odpowiednią wiadomość w polu **Elementy**.
4. Kliknij **OK**, aby wstawić wiadomość.
5. Zapisz i zamknij zmieniony termin.

Ustawianie flag dla wiadomości, nad którymi jeszcze trzeba popracować

1. Prawym przyciskiem myszy kliknij kolumnę z flagą (**stan flagi**).
2. Użyj menu podręcznego, aby przypisać flagę monitującą.

Działanie to automatycznie konwertuje wiadomość w zadanie umieszczone na Liście zadań do wykonania (patrz rozdział 2). Przy użyciu menu podręcznego dostępnego w tej liście po kliknięciu flagi prawym przyciskiem myszy można również wybrać termin monitu (dziś, jutro i tak dalej), oznaczyć jako ukończone, dodać przypomnienie („alarm", który w wersji Outlook 2010 i 2007 jest wyświetlany również wtedy, gdy przeniesiesz wiadomość ze skrzynki pocztowej do innego folderu), a także usunąć flagę.

Polecenie **Ustaw szybkie kliknięcie** dostępne w menu podręcznym dla flag umożliwia zdefiniowanie funkcji, która jest wykonywana po pojedynczym kliknięciu kolumny flag (na przykład ustawienie flagi z terminem Jutro). Po ustawieniu tej opcji wystarczy tylko jedno kliknięcie, aby oznaczyć wiadomość jako zadanie do wykonania następnego dnia. Kolejne kliknięcie oznacza wiadomość (a tym samym zadanie) jako ukończone. Flagi te przenoszą się również do systemów smartfonów, takich jak BlackBerry OS 5, gdy wykonamy synchronizację skrzynek pocztowych. Analogicznie, flagi ustawione w systemie smartfonu będą widoczne w programie Outlook.

Metoda ta ma następujące zalety w porównaniu z przeciąganiem wiadomości na przycisk Zadania (co opisaliśmy wcześniej):

- Po przełączeniu się do zadań Outlook pokazuje oryginalną wiadomość bezpośrednio w liście zadań do wykonania. Jeśli zaznaczymy ją jako zakończoną w dowolnym folderze poczty, również zadanie na liście do wykonania zostanie tak oznaczone – i odwrotnie, oznakowanie zadania na liście powoduje analogiczne oznaczenie wiadomości w skrzynce pocztowej (lub innym folderze, jeśli została tam przeniesiona). Wreszcie usunięcie maila z listy do wykonania powoduje usunięcie go z innej lokalizacji.
- Bez żadnych dodatkowych zabiegów można sortować lub filtrować listę zadań po polu Ikona (patrz rozdział 2), aby wyświetlić wiadomości pocztowe zawsze na końcu listy lub w ogóle usunąć je z widoku albo odwrotnie, pokazać tylko wiadomości, a nie „zwyczajne" zadania.

Metoda przeciągania i upuszczania w celu przekonwertowania wiadomości na zadanie, dostępna również w starszych wersjach programu Outlook, ma jednak przynajmniej trzy zasadnicze zalety:

- Jeśli chcesz usunąć wiadomość ze skrzynki pocztowej, aby uniknąć jej przepełniania, ale jednocześnie istnieje potrzeba odpowiedzenia na tę wiadomość w późniejszym czasie, będzie ona nadal dostępna jako załącznik do zadania (przy metodzie używającej flag zadanie jest usuwane w momencie kasowania oryginalnego maila; jeśli jednak skopiujemy lub przeniesiemy wiadomość do zadania, staje się ona kopią niezależną od oryginału).
- Można trzymać wszystkie elementy, którymi będzie trzeba się zająć później, w jednej lokalizacji: folderze zadań. Gdy po kilku miesiącach będzie znowu trzeba zajrzeć do wiadomości o założeniach projektu lub zaktualizować slajdy w prezentacji albo zamówić nowy kartridż do drukarki, wszystko będzie nadal leżało w folderze zadań. Oznaczenie wiadomości flagą powoduje, że staje się ona innym źródłem danych, które nie jest wyświetlane w pewnych widokach programu Outlook. Zależnie od tego, który panel jest wyświetlony, może to prowadzić do nieporozumień. Pominiemy tu detale techniczne, gdyż zależą one od wersji programu i dość trudno je wyjaśnić. W skrócie: podejście „przeciągnij i upuść" działa lepiej, jeśli zachodzi potrzeba intensywnej pracy nad wiadomościami wymagającymi dalszych działań, a zwłaszcza wtedy, gdy potrzebne będzie modyfikowanie wiersza tematu lub uzupełnianie informacji w polu notatek.
- Przy metodzie przeciągania i upuszczania można w razie potrzeby dodać rozbudowany komentarz i objaśnienie, a także dołączyć do zadania kolejne wiadomości lub inne załączniki bez modyfikowania oryginalnej wiadomości (co może być przydatne na przykład przy delegowaniu zadania do innej osoby).

Podsumowując, wybór metody postępowania – starej i sprawdzonej techniki przeciągania i upuszczania lub nowszej funkcjonalności flag – zależy od preferencji użytkownika, ale także od tego, jak złożone jest zadanie wynikające z danej wiadomości. Czy kiedykolwiek potrzebujesz zmieniać wiersz tematu oflagowanych jako zadania, czy też są one zawsze tak jednoznaczne, że nie jest to potrzebne? Jak wiele maili traktujesz jako zadania i czy chcesz móc wyświetlać je oddzielnie w różnych widokach? Czy korzystasz ze smartfonu, takiego jak BlackBerry z wersją systemu OS 5 lub wyższą, w której można również korzystać z flag i synchronizować je z Outlookiem?

Tworzenie i korzystanie z własnej struktury folderów

Potrzeba mniej więcej dwóch godzin na zaprojektowanie i utworzenie zrozumiałej struktury folderów dla wiadomości i rozłożenie zapisanych maili w odpowiednich lokalizacjach. Doświadczenie uczy, że nie powinno się używać więcej niż siedmiu głównych folderów (jako uzupełnienia dla domyślnych folderów, takich jak *Skrzynka odbiorcza*, *Wersje robocze* i tak dalej). W każdym z tych głównych folderów można utworzyć podfoldery. Należy przy tym zadbać, aby na każdym kolejnym poziomie zagnieżdżenia liczba folderów nie przekraczała rozsądnego poziomu (ponownie pojawia się tu liczba siedem), dzięki czemu można będzie szybko i sprawnie orientować się w położeniu w hierarchii.

Konfiguracja najlepiej pasująca do konkretnych potrzeb zależy od typu wykonywanej pracy, ale także od sposobu myślenia – umysł każdej osoby pracuje nieco inaczej. Na przykład ktoś zarządzający pięcioma dużymi projektami zechce utworzyć jeden folder dla każdego z nich, a następnie uporządkować wiadomości według tematów. Inni użytkownicy będą preferować uporządkowanie według dat, rozdzielając wiadomości na takie foldery, jak *Zakończone*, *Odpowiedzieć przed wieczorem*, *Wykonać w tym tygodniu*, *Czeka na odpowiedź* i tym podobne. Można też stworzyć kombinację takich rozwiązań. W niektórych przypadkach może być dobrym pomysłem, aby wszyscy członkowie zespołu używali tej samej struktury folderów. Nie istnieje żadna sztywna reguła, którą dałoby się zastosować w każdej sytuacji. Należy wybrać taki wariant, który najlepiej sprawdzi się w konkretnym przypadku.

Spróbuj znaleźć taką strukturę, która będzie najlepsza. Warto zastanowić się nad tym wspólnie z kolegą, który ma podobny styl pracy – dwie głowy razem często dają w efekcie lepsze pomysły. Możesz też poprosić kogoś, komu już udało się skutecznie zaprowadzić porządek w swojej skrzynce pocztowej, aby podzielił się swoimi doświadczeniami i dał wskazówki.

Poniższa lista przedstawia przykładowe kryteria, których możesz użyć do budowy struktury folderów:

- Osoby/kontakty (dzielenie wiadomości na podstawie nadawcy/odbiorcy lub osoby, której dotyczy mail)
- Tematyka/obszary umiejętności
- Projekty/produktu
- Priorytet (patrz rozdział 2)
- Lokalizacja (kraje, miasta, siedziby firmy, fabryki)
- Terminy realizacji (do zrobienia dziś, w tym tygodniu, w tym miesiącu)

Przyzwyczajenie się do nowej struktury może początkowo zająć nieco dodatkowego czasu. Jeśli po trzech, najwyżej pięciu tygodniach struktura ta nadal będzie się wydawała niejasna lub niewygodna i nadal trudno będzie właściwie sklasyfikować lub wyszukać wiadomość, powinieneś ją zrewidować, biorąc pod uwagę zdobyte doświadczenie.

Konfigurowanie nowych folderów

1. W liście folderów kliknij prawym przyciskiem myszy folder, który ma być nadrzędny dla tworzonego folderu (na przykład nazwę konta pocztowego lub **Foldery osobiste**) i w menu podręcznym wybierz **Nowy folder**. Alternatywnie możesz nacisnąć kombinację klawiszy Ctrl+Shift+E i wskazać miejsce, w którym ma zostać wstawiony nowy folder.
2. W oknie dialogowym **Tworzenie nowego folderu** wpisz odpowiednią (opisową) nazwę w polu **Nazwa**.
3. W razie potrzeby zmień wybór na liście **Folder zawiera** na **Elementy typu Poczta** (domyślny wybór będzie inny, jeśli okno dialogowe otworzymy w widoku innym niż poczty).
4. Zamknij okno dialogowe klikając **OK**, aby utworzyć folder.

WSKAZÓWKA Outlook automatycznie sortuje foldery w kolejności alfabetycznej. Aby umieścić folder na szczycie listy, można zacząć jego nazwę od @ lub cyfry. Nazwa zaczynająca się od litery *z* lub znaku ~ (tyldy) pozwoli umieścić folder na końcu listy.

Przenoszenie wiadomości do właściwego folderu

1. Kliknij wiadomość, którą chcesz przenieść.
2. Przeciągnij wiadomość myszą do folderu docelowego, po czym zwolnij przycisk myszy.

Aby skopiować (nie przenieść) wiadomość, kliknij wiadomość prawym przyciskiem myszy i wybierz odpowiednie polecenie z menu podręcznego. Możesz także przytrzymać klawisz Shift lub Ctrl, aby zaznaczyć kilka wiadomości jednocześnie, po czym przenieść (skopiować) je jednym ruchem. Możliwe jest również przeniesienie całego folderu wraz ze strukturą folderów podrzędnych (a nie tylko wiadomości) – wystarczy zaznaczyć go i przeciągnąć do innego folderu lub do najwyższego poziomu (folderów osobistych lub skrzynki Microsoft Exchange).

Ulubione – szybki dostęp do najważniejszych folderów

Folder *Ulubione* umożliwia szybki dostęp do najczęściej używanych folderów, bez konieczności „przeklikiwania" się za każdym razem przez całą hierarchię (patrz rysunek 1-6). Wystarczy przeciągnąć folder do sekcji *Ulubione* w panelu nawigacyjnym. Ponieważ jednak w tej sekcji nie widać poziomów folderów nadrzędnych, nabiera sensu dodanie jakiegoś rodzaju identyfikatorów do nazw folderów – na początku lub na końcu nazwy, na przykład *Dane techniczne (produkt D)*. Podobnie jak każdy inny folder, *Ulubione* można otworzyć kliknięciem. Może też służyć jako cel podczas przenoszenia wiadomości metodą przeciągania i upuszczania.

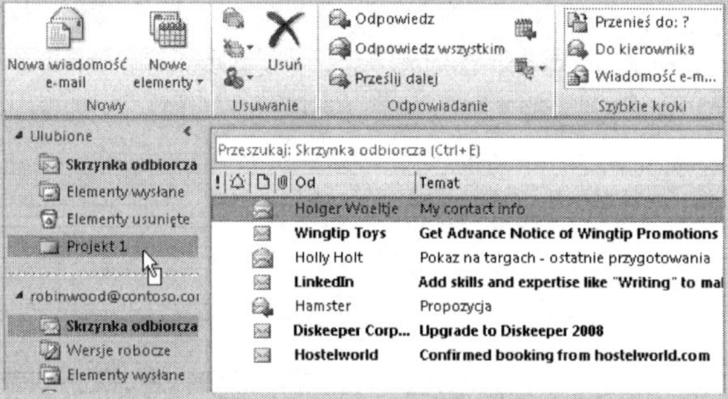

RYSUNEK 1-6 Korzystanie z folderu *Ulubione* w celu usprawnienia nawigacji

Dostosowywanie porządkowania wiadomości w indywidualnych folderach

Wewnątrz każdego folderu można sortować i grupować wiadomości na podstawie różnych kryteriów. Możemy na przykład uporządkować jeden folder według tematów, a inny według nadawców, podczas gdy wszystkie pozostałe foldery będą porządkowane według daty (domyślnie). Więcej informacji na temat sortowania, grupowania i dostosowywania widoków zawiera rozdział 4.

Aby posortować elementy zawarte w folderze według określonego kryterium, wystarczy kliknąć nagłówek odpowiedniej kolumny. Ponowne kliknięcie nagłówka powoduje odwrócenie porządku, jak na rysunku 1-7.

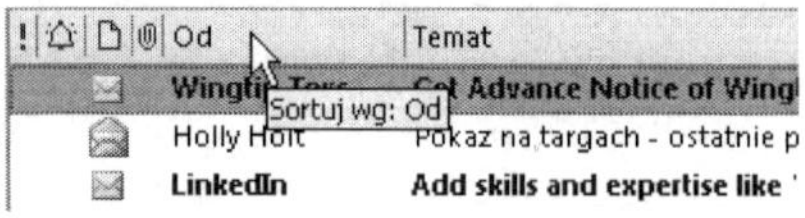

RYSUNEK 1-7 Szybkie zmienianie sposobu porządkowania elementów zawartych w folderze

Oznaczanie wiadomości, które nadal wymagają pracy

Aby mieć pewność, że nie zapomnimy wykonać żadnych działań, których wymagają odebrane wiadomości, możemy je albo przekształcić w zadania, jak opisano wcześniej, albo oznakować wiadomość jako oczekującą na jakąś akcję (na przykład wtedy, gdy nie warto tworzyć nowego zadania, bo wiadomość wymaga stosunkowo prostej interwencji, która w dodatku musi być wykonana bardzo szybko). Outlook pomaga nam w tym mechanizmem flag i kolorowych etykiet. Niezależnie od ustawienia flagi i przekształcenia wiadomości w zadanie do wykonania, możemy nadać wiadomościom etykiety, które ułatwiają grupowanie powiązanych ze sobą maili. Ponadto wyróżnione wiadomości mogą znajdować się zawsze na szczycie folderu, co ułatwia na przykład dostęp do podstawowych informacji o projekcie lub produkcie.

Kliknięcie prawym przyciskiem myszy w kolumnie Kategorii pozwala przypisać wiadomości jedną z kategorii dostępnych w menu podręcznym lub usunąć wcześniej nadaną. Kliknięcie lewym klawiszem nadaje wiadomości kategorię zdefiniowaną dla szybkiego kliknięcia, jak opisano wcześniej (do tego celu należy wybrać kategorię używaną najczęściej). W rozdziale 3 dokładniej przeanalizujemy kategorie i pokażemy przykłady systemów klasyfikacyjnych.

Pojedyncza wiadomość może mieć przypisanych kilka kategorii (i dodatkowo czerwoną flagę wskazującą termin wykonania). Oznacza to, że możemy wykorzystać te kategorie (kolory) do wyszukiwania powiązanych wiadomości. Jest to znaczące usprawnienie w porównaniu z kolorowymi flagami w programie Outlook 2003. W Outlook 2010/Outlook 2007 możemy przypisać wiadomości czerwoną flagę „Do zrobienia dziś", niebieski prostokąt „Specyfikacja produktu" i żółty „Informacja dla klienta" w tym samym czasie.

Przypisywanie kolorowych flag w Outlook 2003

1. Zaznacz wiadomość na liście.
2. Kliknij kolumnę **Stan flagi** (z ikoną pustej flagi), aby przypisać domyślną flagę. W celu przypisania innej flagi kliknij prawym przyciskiem myszy i wybierz inną możliwość z menu podręcznego.

   Po przetworzeniu oflagowanej wiadomości można użyć menu podręcznego do oznaczenia jej jako ukończonej.

   Menu podręczne (patrz rysunek 1-8) umożliwia także całkowite usunięcie flagi. Podmenu **Ustaw flagę domyślną** pozwala zmienić kolor flagi przypisywanej kliknięciem kolumny na liście wiadomości.

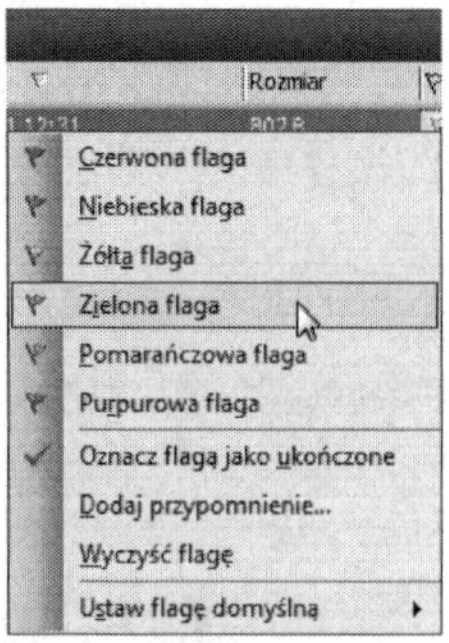

RYSUNEK 1-8 Menu podręczne zawierające wybór kolorów flag w Outlook 2003

Przy okazji warto wspomnieć, że począwszy od wersji BlackBerry OS 5 również w tym systemie obsługiwane są kolorowe flagi, które można zsynchronizować wzajemnie z Outlook 2003.

Do dyspozycji mamy sześć kolorów podstawowych, którym możemy nadać dowolne wybrane przez nas znaczenia. Dla przykładu czerwień może oznaczać „Ważne, trzeba się tym zająć jak najszybciej", zielona wiadomość może zaczekać do końca tygodnia, zaś niebieską możemy odłożyć nawet do następnego miesiąca. Żółtym możemy oznaczyć zadanie, które wprawdzie wypadałoby zrobić jeszcze w tym tygodniu, ale nie jest to nic szczególnie istotnego i można je skasować, jeśli zabraknie czasu. Wreszcie purpurę można wykorzystać do oznakowania takich elementów, którymi możemy się zająć pod warunkiem nadmiaru wolnego czasu, a które w innym przypadku należy skasować pod koniec miesiąca.

Nie przesadzaj z alarmami: funkcje przypomnień w Outlook 2007 i 2010

We wcześniejszych wersjach programu Outlook mieliśmy możliwość oflagowania wiadomości jako „do wykonania" i dodać do nich przypomnienie, które otwierało okno komunikatu w określonym czasie. Jednak mechanizm ten działał tylko dla wiadomości zlokalizowanych w folderze *Skrzynka odbiorcza*. W wersji Outlook 2007 i późniejszych przypomnienie zostanie wyświetlone również wtedy, gdy mail znajduje się w innym folderze. Możliwe jest również indywidualne ustawienie alarmu dla siebie samego oraz dla odbiorcy, jak widać na rysunku 1-9. Powiedzmy, że wysłałeś wiadomość do Robina Wooda, na którą powinien odpowiedzieć w ciągu dwóch dni. Możemy ustawić przypomnienie dla siebie na te dwa dni i sprawdzenie, czy przysłał już odpowiedź – bez automatycznego wyświetlania przypomnienia w jego skrzynce programu Outlook.

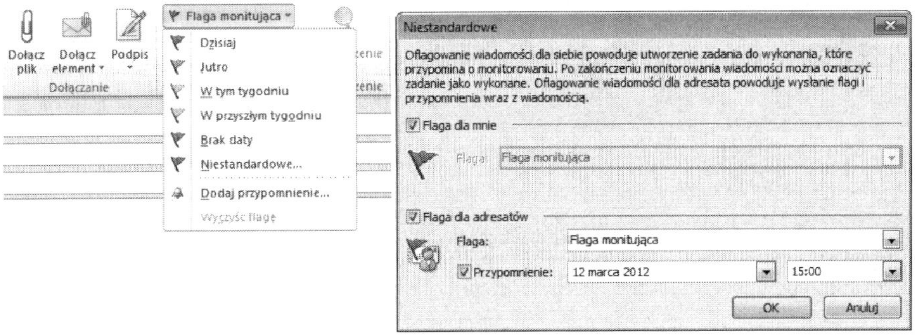

Rysunek 1-9 Oflagowanie wiadomości oddzielnie dla siebie samego i dla odbiorcy

Aby ustawić takie przypomnienie, podczas pisania maila kliknij **Flaga monitująca** w grupie **Znaczniki** (Outlook 2010) lub **Opcje** (Outlook 2007) na karcie **Wiadomość**, po czym z rozwiniętego menu wybierz **Dodaj przypomnienie** (Outlook 2010) lub **Flaga dla odbiorców** (Outlook 2007). Następnie można określić typ flagi dla siebie samego oraz zakres terminów i moment przypomnienia, a także (niezależnie) typ flagi i termin przypomnienia dla adresata(ów). Ustawienie flagi dla siebie powoduje, że wiadomość zostanie automatycznie umieszczona na liście zadań do zrobienia.

Zanim jednak zaczniesz stosować tę funkcję w każdej wysyłanej przez siebie wiadomości, lepiej pomyśl dwa razy. Wyobraź sobie, że dołączysz przypomnienie do każdej wiadomości wysyłanej do szefa. Nie będzie raczej zachwycony okienkami przypomnień, wyskakującymi w niepożądanych chwilach, w dodatku jeszcze z towarzyszącym dźwiękiem!

Nowa opcja oddzielnego oznaczania „dla siebie" i „dla innych" jest znacznie bardziej praktyczna i dyskretna. Jeśli oznaczysz wiadomość jako zadanie podczas jej pisania, tylko ty sam otrzymasz przypomnienie – na przykład w celu sprawdzenia za tydzień, czy przyszła odpowiedź.

Funkcja ta może być szczególnie przydatna w pracy zespołowej, o ile wszyscy członkowie zaakceptują taki styl pracy. W tym wypadku przypomnienia i ustawienia flag dla adresatów będą bardziej użyteczne, niż przeszkadzające. Na przykład możesz utworzyć flagę dla siebie na następny dzień, przypominającą o ważnych danych na szykowany pokaz (dzięki czemu nie zapomnisz popracować nad tym następnego dnia) i drugą dla kolegi na dzień później, aby mógł przejąć przygotowane dane i kontynuować pracę. Jedną wiadomością możesz więc ustalić plan pracy dla obu współpracowników.

Jeśli niektórzy nadawcy zaczną bombardować cię „wiadomościami alarmowymi", otwierającymi niepożądane okna przypomnień, na szczęście masz narzędzie obrony: Kreator reguł, pokazany na rysunku 1-10 (patrz „Konfigurowanie i zmienianie reguł przy użyciu Kreatora reguł" dalej w tym rozdziale). Tworzysz nową regułę usuwającą flagi z przychodzących wiadomości.

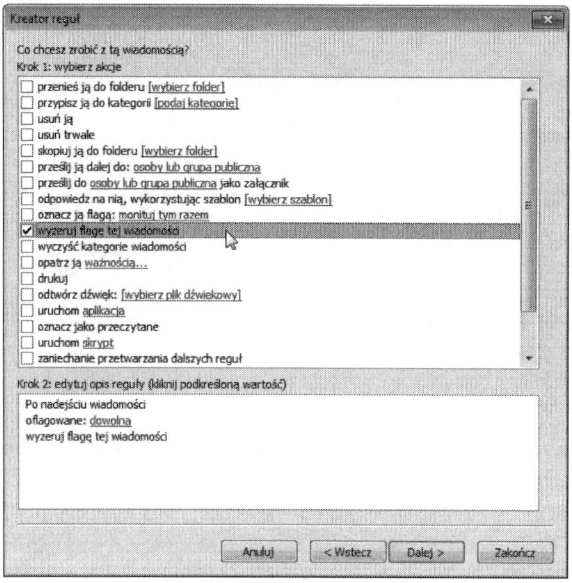

Rysunek 1-10 Wykorzystanie Kreatora reguł do ochrony przed przypomnieniami ustawianymi przez nadawców

Widać to na rysunku 1-10: podczas tworzenia reguły od zera dla przychodzących wiadomości wybieramy kryterium **oflagowane** i następnie wybieramy dowolną flagę; w kolejnym kroku wybieramy działanie **wyzeruj flagę tej wiadomości**. Jeśli trzeba, możemy zdefiniować wyjątek jako ostatni krok – na przykład wtedy, gdy nadawca jest kolegą z zespołu, który stosuje flagi wiadomości dla innych odbiorców, ale w rozsądniejszy sposób.

Dodawanie krótkich notatek i przypomnień do wiadomości w programie Outlook 2003

1. W menu podręcznym dla kolumny **Stan flagi** wiadomości (patrz rysunek 1-8 wcześniej w tym rozdziale) kliknij **Dodaj przypomnienie**.
2. W oknie dialogowym **Flaga monitująca** (rysunek 1-11) przypisz datę ukończenia oraz godzinę alarmu.
3. W polu tekstowym **Flaga** można wpisać dowolny tekst. Będzie on wyświetlany w podglądzie wiadomości oraz – po jej otwarciu – w żółtym lub szarym pasku informacyjnym w nagłówku.
4. Zamknij okno dialogowe **Flaga monitująca**, klikając **OK**.

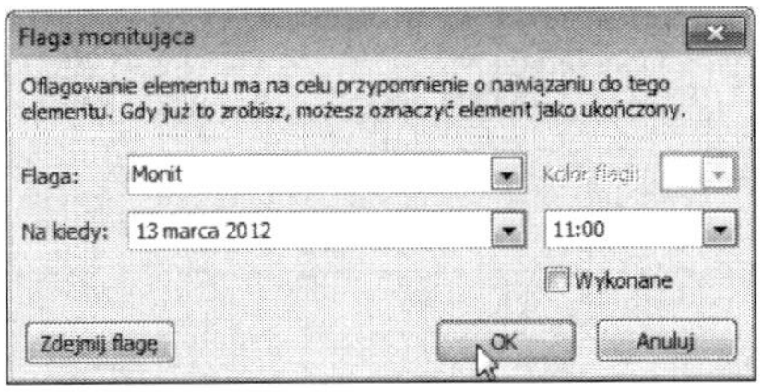

Rysunek 1-11 W razie potrzeby można dodać notatkę w obszarze nagłówka komunikatu, aby go zidentyfikować.

W przeciwieństwie do wersji Outlook 2010/Outlook 2007, w wersji Outlook 2003 okno przypomnienia pojawi się tylko pod warunkiem, że wiadomość zlokalizowana jest w folderze Skrzynka odbiorcza. Oznacza to, że funkcję tę można stosować tylko do tych wiadomości, których nie da się przypisać do żadnego folderu, a tym samym musisz trzymać je w skrzynce odbiorczej. Możesz też w ogóle pominąć funkcję przypominania dla flag, zamiast tego kopiując lub przenosząc wiadomości do terminów lub zadań, którym można przypisać przypomnienia (patrz podrozdział „Konwertowanie wiadomości na zadania lub spotkania" wcześniej w tym rozdziale).

Trzymanie wszystkich elementów oznaczonych do przetworzenia w jednym widoku

Foldery wyszukiwania umożliwiają przeszukiwanie całej skrzynki pocztowej (wszystkich folderów konta Exchange) lub pełnego zbioru folderów osobistych z podfolderami w poszukiwaniu wiadomości, które spełniają określone kryteria, jak pokazano na rysunku 1-12. Na przykład można wyświetlić wszystkie wiadomości oznakowane do przetworzenia w jednym widoku – nawet jeśli są one rozmieszczone w różnych folderach należących do różnych projektów. Po skonfigurowaniu folderu wyszukiwania można go otworzyć jednym kliknięciem myszy, tak samo jak zwykły folder pocztowy.

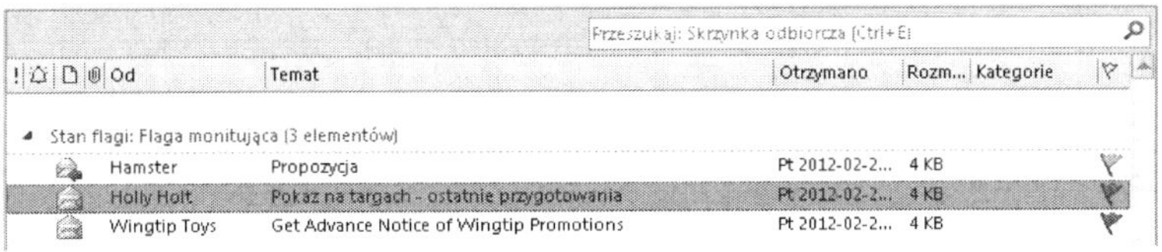

Rysunek 1-12 Korzystanie z folderów wyszukiwania pozwala skupić się na tych wiadomościach, które nadal wymagają jakiejś pracy.

Folder wyszukiwania w istocie nie zawiera żadnych wiadomości, jedynie łącza do nich – zawsze będzie w nim widać wiadomości spełniające kryteria ze wszystkich przeszukiwanych folderów. Jeśli na przykład otworzysz z folderu wyszukiwania zawierającego maile z flagami monitującymi wiadomość faktycznie należącą do folderu *Projekt C – pytania*, wykonasz te działania, które są potrzebne, po czym oznakujesz wiadomość jako ukończoną, wiadomość ta zniknie z folderu wyszukiwania. Możesz jednak łatwo sprawdzić, że nadal jest ona obecna w folderze *Projekt C – pytania*, ale teraz ze statusem ukończonej pracy.

Tworzenie własnych folderów wyszukiwania

1. Prawym przyciskiem myszy kliknij **Foldery wyszukiwania** w liście folderów w panelu nawigacyjnym po lewej stronie (element ten jest umieszczony poniżej ostatniego folderu w programie Outlook 2007, zaś alfabetycznie wśród innych folderów w Outlook 2010) i wybierz **Nowy folder wyszukiwania** z menu podręcznego.
2. W oknie dialogowym **Nowy folder wyszukiwania** wybierz jedne ze wstępnie zdefiniowanych kryteriów na liście **Wybierz folder wyszukiwania**. Możemy na przykład wybrać opcję **Poczta skategoryzowana** (w części **Organizowanie poczty**) albo **Poczta oznaczona flagą monitującą**, aby uzyskać rezultat podobny do pokazanego wcześniej na rysunku 1-12.
3. W liście rozwijanej **Wyszukaj pocztę w** można wybrać osobisty lub publiczny folder, który ma być przeszukiwany.
4. Zamknij okno dialogowe kliknięciem **OK**. Folder zostanie utworzony i wypełniony wiadomościami spełniającymi wybrane kryteria.

Teraz można otworzyć go tak samo jak każdy inny folder poczty. Jeśli nowego folderu nie widać w liście folderów, być może trzeba rozwinąć listę folderów wyszukiwania, klikając mały trójkąt lub znak plus obok tytułu Foldery wyszukiwania w panelu nawigacyjnym (ponowne kliknięcie trójkąta lub znaku minus w tym miejscu zwija gałąź folderów).

Możesz dalej dostrajać wyszukiwanie – na przykład wyświetlać tylko wiadomości od określonego nadawcy, które mają dodatkowo kategorię czerwoną lub ustawioną flagę. W tym celu na liście **Wybierz folder wyszukiwania** wybierz wpis **Tworzenie niestandardowego folderu wyszukiwania**, po czym określ pożądane kryteria przy użyciu przycisku **Wybierz** (proces ten jest bardzo podobny do tworzenia filtrów lub widoków roboczych; więcej informacji na ten temat zawiera rozdział 3). Można też dostosować i przemianować nowo utworzony folder wyszukiwania, używając poleceń w menu podręcznym, a także dodać go do swojego folderu Ulubione (patrz rysunek 1-6 wcześniej w tym rozdziale).

Niech Outlook sam wstępnie posortuje skrzynkę odbiorczą

Dzięki funkcjom automatycznego filtrowania Outlook może wykonać część przetwarzania poczty w twoim imieniu. Załóżmy, że na przykład biuletyn filmowy zechcesz przejrzeć wtedy, gdy będziesz miał ochotę wybrać film do obejrzenia, a nie we czwartek rano, gdy przychodzi, bo wówczas masz co innego do roboty. Dzięki użyciu odpowiedniej reguły można sprawić, że zostanie on automatycznie przeniesiony do odpowiedniego folderu w momencie nadejścia. Nie musisz już tracić czasu na jego ręczne przenoszenie i nie będziesz go widzieć, dopóki nie otworzymy folderu *Prywatne sprawy/Wiadomości filmowe*.

Tworzenie reguł bezpośrednio z wiadomości

Utworzenie reguły wprost z wiadomości będącej „wzorcem" tych, których reguła ma dotyczyć, jest proste:

1. Prawym przyciskiem myszy kliknij wiadomość, na której ma się opierać reguła, po czym w menu podręcznym kliknij **Reguły>Utwórz regułę** (Outlook 2010) lub **Utwórz regułę** (Outlook 2007/Outlook 2003).
2. Pojawi się okno dialogowe zawierające wstępnie wybrane ustawienia oparte na klikniętej wiadomości: temat, nadawcę i odbiorcę. Jeśli zgadzasz się z tymi ustawieniami, wybierz działanie, które ma zostać wykonane w sekcji **Wykonaj następujące czynności**.
3. Zamknij okno dialogowe **Tworzenie reguły** klikając **OK** albo kliknij przycisk **Opcje zaawansowane**, aby wykonać dalsze dostosowania. Outlook otworzy **Kreator reguł**, udostępniający wielką liczbę opcji, które można zastosować do bieżącej wiadomości.

Konfigurowanie i zmienianie reguł przy użyciu Kreatora reguł

Jeśli chcesz utworzyć regułę, ale nie masz pod ręką odpowiedniej wiadomości, która mogłaby posłużyć jako szablon (a także wtedy, gdy chcesz zmienić istniejącą regułę), otwórz folder pocztowy i wykonaj następujące czynności:

1. Outlook 2010: Kliknij **Reguły** na karcie **Narzędzia główne** w grupie **Przenoszenie**.

   Outlook 2007/Outlook 2003: W menu **Narzędzia** kliknij **Reguły i alerty/ Kreator reguł**.
2. W otwartym oknie dialogowym wyświetlana jest lista wszystkich reguł zdefiniowanych do tej pory (patrz rysunek 1-13). Można w nim następnie dodać nowe

reguły, zmienić kolejność przetwarzania reguł, usuwać je i modyfikować, a także skopiować istniejącą regułę, aby użyć jej jako punktu wyjścia dla tworzenia nowych.

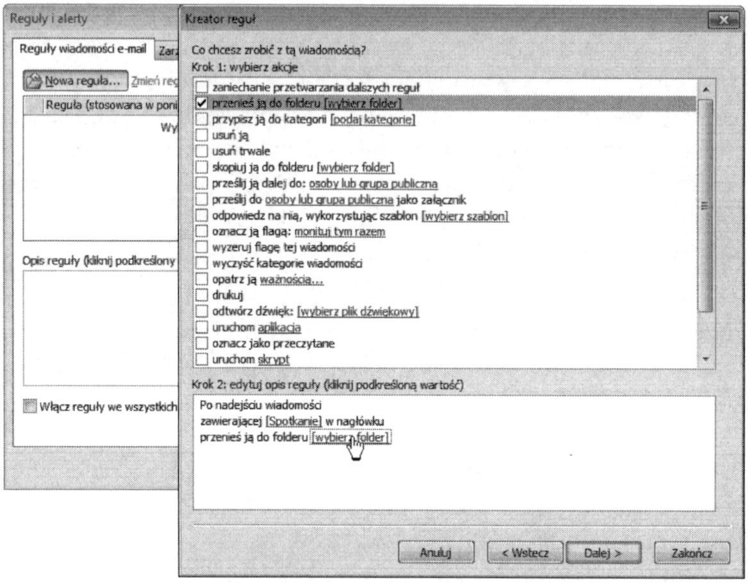

RYSUNEK 1-13 Definiowanie reguł w celu automatycznego uporządkowania skrzynki odbiorczej

Kreator reguł jest dość przejrzysty i samo-objaśniający, gdy prowadzi użytkownika przez proces budowania reguły. Zasadniczo po prostu trzeba włączyć indywidualne warunki (kryteria) oraz działania (co widać na rysunku 1-13). Szczegóły dotyczące wybranego warunku lub akcji możesz podać po kliknięciu niebieskich podkreślonych elementów (łączy).

Przy użyciu Kreatora reguł można automatycznie oflagować wiadomości pochodzące od określonych nadawców (np. menedżera) i przenieść je do odpowiednich folderów. Na przykład wiadomość zawierająca tekst *projekt B* oraz *info* w wierszu tematu zostanie automatycznie przeniesiona do folderu *Projekt B – przeczytać*. Dla każdej wiadomości wysłanej przez ciebie do kolegi Robina Wooda możesz wykonać jej kopię w folderze *Sprawdzić na koniec tygodnia*. Warto poświęcić kwadrans, aby przyjrzeć się wiadomościom w skrzynce, wyszukać możliwe opcje w kreatorze reguł i zastanowić się, jakie dodatkowe reguły mogłyby sprawić, że codzienna praca stanie się łatwiejsza.

OSTRZEŻENIE Zbyt pośpieszne stosowanie reguł może prowadzić do gubienia lub przeoczenia wiadomości. Lepiej poświęcić nieco czasu i pomyśleć dwukrotnie, zanim utworzy się regułę automatycznie kasującą wiadomości lub przenoszącą je bez czytania do folderu, którego zawartości nie sprawdzasz regularnie.

Pomyśl przed komunikowaniem się

Zastosowanie się do kilku prostych reguł pisania lepszych wiadomości pomoże innym współpracownikom, gdyż wiadomości będą przetwarzane łatwiej i szybciej. Z drugiej strony, jeśli ktoś pisze i wysyła wiadomości z prędkością światła bez wcześniejszego zastanowienia, najczęściej oznacza to stratę czasu i to po obu stronach. Opłaca się zainwestować nieco czasu w mądre wybranie odpowiednich słów. Po pewnym czasie zauważysz, że tworzysz bardziej konkretne i pogłębione odpowiedzi, które wymagają mniej dodatkowych pytań (jeśli w ogóle) i zapewniają znaczącą oszczędność czasu i wyższą jakość pracy.

Łatwiejsze rozumienie tekstu: dostosowanie do adresatów

Podczas pisania wiadomości spróbuj postawić się na miejscu adresata:

- Czy wiadomość w ogóle go dotyczy? Czy konieczna jest jego odpowiedź, czy też tylko zapewniamy mu ważną informację? Czy na pewno powinien być na liście adresatów? Zasada dotycząca list adresatów jest prosta – powinny być tak duże, jak potrzeba, ale tak małe, jak to tylko możliwe. Nikt nie będzie zachwycony trzydziestoma dodatkowymi mailami otrzymywanymi codziennie tylko dlatego, że „być może kiedyś, w jakiejś bardzo szczególnej sytuacji, ta informacja okaże się przydatna..."
- Co jest jasne dla ciebie, ale nie musi być takie dla adresata? Które części wiadomości wymagają objaśnienia tła lub okoliczności?
- Czy zawarłeś całą potrzebną informację? Jeśli na przykład prosisz kolegę, aby „skontaktował się z Kowalskim", upewnij się, że dołączyłeś potrzebne dane kontaktowe.
- Jaki styl preferuje adresat? Czy otrzymujesz od niego niekompletne odpowiedzi, gdy twoje początkowe pytanie miało więcej niż 10 wierszy? Czy też będzie przysyłał wiele pytań o szczegóły, jeśli oryginalna wiadomość nie będzie dość wyczerpująca?
- Zachowaj ostrożność z formatowaniem: zbyt wiele kolorowego tekstu i migotliwego tła będzie raczej przeszkadzać, niż pomagać. Dodatkowo może wyglądać dziwnie, jeśli pozwolisz sobie na zbytnią swobodę, jeśli chodzi o style i wielkości czcionek (zwłaszcza na urządzeniach mobilnych).

Krótkie, precyzyjne i jednoznaczne sformułowania

Postaraj się stworzyć tekst tak krótki i przejrzysty, jak to możliwe. Poszczególne akapity warto rozdzielać ślepymi wierszami, traktując to jako element projektowy (choć nie zalecałybyśmy tego przy tworzeniu innego typu dokumentów). W ten sposób zwiększysz szanse, że ważne punkty wiadomości nie zaginą w natłoku tekstu. Pamiętaj: im dłuższy jest tekst maila, tym większe prawdopodobieństwo, że nie zostanie przeczytany w całości lub że coś zostanie niewłaściwie zrozumiane. Jeśli zamierzasz wyjaśniać złożone lub nieoczekiwane okoliczności, warto zaanonsować treść kolejnej części wiadomości („najpierw tytuł, potem artykuł"). Wielu adresatów woli odpowiadać na wiadomości wewnątrz treści oryginału, pomiędzy akapitami – zwłaszcza że coraz większa liczba ludzi czyta i odpowiada na swoje maile ze smartfonów (niektórzy twierdzą, że dotyczy to już trzeciej części wszystkich maili), a w tych warunkach trudne jest ogarnięcie większej całości tekstu.

Należy jasno przedstawić swoje oczekiwania. Jeśli nie oczekujesz odpowiedzi i chcesz tylko poinformować kogoś o jakimś zagadnieniu, warto dodać *FYI* (lub inny uzgodniony skrót) w wierszu tematu. Jeśli oczekujesz odpowiedzi, warto to zaznaczyć, wskazując także termin (oczywiście należy to zrobić grzecznie). Zamiast „Obawiam się, czy to będzie działać. Może powinniśmy robić to inaczej?" lepiej napisać „Wydaje mi się, że powinniśmy zrobić to tak: [...] Co o tym sądzisz?" – takim sformułowaniem jednoznacznie określisz swoje stanowisko i jednocześnie podkreślisz fakt, że czekasz na opinię. Jeśli potrzebujesz jakiegoś działania, upewnij się, że adresat wie, czego konkretnie potrzebujesz i w jakiej postaci. W razie potrzeby można podać mu przykład. Wykorzystanie takiego sformułowania: „Wyślij mi raport stanu w każdy piątek przed południem; patrz szablon w załączniku (tylko jedna strona!)" nie tylko pozwoli uniknąć tracenia przez odbiorcę czasu na pisanie zbędnych 20 stron, ale oszczędza także twój własny czas.

Nie ma nic złego w dodaniu frazy *„proszę o odpowiedź"* lub *FYI* na końcu tematu, dopóki nie zacznie to wyglądać, jakbyśmy chcieli się rządzić. Lepiej także unikać skrótów, co do których nie mamy pewności, że adresat je zna, albo je objaśnić („przy okazji: *FYI* oznacza *for your information (only)* (tylko do twojej wiedzy)") – w ten sposób odbiorca będzie wiedział, że nie oczekujesz odpowiedzi od niego.

Jeśli zajmujesz się dwiema zupełnie odrębnymi sprawami, najlepiej napisać oddzielnego maila o każdej z nich. W ten sposób adresat będzie mógł odpowiedzieć na jeden, a drugi zachować jako informację.

Dobry temat to połowa sukcesu

Wiadomość pocztowa musi mieć temat – większość programów ostrzeże użytkownika, gdy spróbują wysłać mail bez tematu. Jednak temat ten nie może być dowolny. Powinien być krótki, ale bardzo jednoznaczny. W ten sposób pomożesz adresatowi ocenić treść, ważność i pilność wiadomości jeszcze zanim ją otworzy. Co więcej, dzięki temu łatwiej będzie mu ją znaleźć w przyszłości. Sam też na tym skorzystasz – adresaci odpowiedzą szybciej i odpowiedź ta lepiej będzie pasowała do twoich potrzeb.

Jedna z możliwych konstrukcji dobrego wiersza tematu może wyglądać tak:

1. Zaczyna się datą realizacji (docelową).
2. Zawiera nazwę projektu/klienta/tematu.
3. Kilka słów kluczowych podsumowujących zagadnienia omówione w wiadomości.
4. Kończy się wskazówką dla odbiorcy, co powinien zrobić (podjąć działania? odesłać krótką odpowiedź? po prostu przeczytać i zarchiwizować wiadomość, by przedyskutować ją na kolejnym spotkaniu?).

Zależnie od sytuacji zawodowej, przydatna może być zmiana kolejności. Warto zastanowić, czy data realizacji powinna być na początku, czy na końcu. Jeśli odbiorca wiele podróżuje i może tylko okazjonalnie (powiedzmy dwa razy w ciągu dnia) sprawdzać pocztę, wygodniej będzie, gdy termin realizacji będzie na początku. W ten sposób można mu od razu przekazać, że niektóre wiadomości wymagają szybszej reakcji, podczas gdy inne mogą zaczekać. Jeśli jednak na wszystkie wiadomości odpowiedź powinna nadejść w ciągu 24 godzin i żadna nie jest bardziej pilna niż inne, koniec wiersza tematu będzie lepszym miejscem na datę końcową.

Teraz twój ruch

1. Sprawdź swój sposób reagowania na wiadomości pocztowe. Jak często sprawdzasz, czy przyszła nowa poczta? Czy naprawdę musisz to robić tak często? Wyłącz powiadomienia o nowych wiadomościach, jeśli nie musisz na wszystkie odpowiadać natychmiast.
2. Utwórz termin dla samego siebie, wpisując jako zadanie utworzenie własnej struktury folderów w celu wyczyszczenia skrzynki odbiorczej i sklasyfikowania wiadomości. Zależnie od tego, jak bardzo przepełniona jest twoja skrzynka, konieczny może być jeszcze jeden termin, aby dokończyć przeglądanie wszystkich wiadomości i usunąć je lub zarchiwizować stosowanie do potrzeb.
3. Znajdź w swojej skrzynce trzy wiadomości, które nie są niczym innym niż zadaniami lub terminami (albo wykonaj to ćwiczenie, gdy nadejdzie kolejna pasująca wiadomość) i przekonwertuj je na zadania/terminy. Znajdź wiadomość zawierającą jako sygnaturę (stopkę) dane kontaktowe, które mogą być przydatne w przyszłości, ale które nie zostały jeszcze wprowadzone do kontaktów. Użyj tej wiadomości do utworzenia nowego kontaktu, wykorzystując metodę przeciągania i upuszczania, po czym wykonaj procedurę opisaną w tym rozdziale, by uzupełnić dane kontaktu.

4. Oznacz wszystkie wiadomości, którymi nie możesz (lub nie chcesz) zająć się natychmiast, ale które muszą zostać przetworzone do następnego dnia w południe, używając czerwonej flagi.

   W Outlook 2003: Utwórz folder wyszukiwania, wyświetlający wszystkie oflagowane wiadomości. Przed ustalonym terminem (jutro w południe) znajdź czas, aby otworzyć ten folder i zająć się zawartymi w nim wiadomościami. Każdą z nich oznacz jako zakończoną, dzięki czemu znikną z folderu. Następnie oflaguj nowe wiadomości, którymi powinieneś się zająć do południa kolejnego dnia, i tak dalej.

   Alternatywnie, jeśli korzystasz z innej wersji programu Outlook, użyj funkcji Kategoryzacji do automatycznego kodowania wiadomości pochodzących od trzech różnych nadawców, od których często otrzymujesz ważne informacje. Utwórz folder wyszukiwania, ukazujący wszystkie wiadomości oznaczone tym samym kolorem (kategorią), bez względu na to, w którym folderze są przechowywane.
5. Odczekaj przynajmniej pół dnia i nie sprawdzaj w tym czasie, czy przyszła poczta (jeśli nie jest to możliwe akurat teraz, zaczekaj na następne długie spotkanie lub zrób to w poniedziałek rano). Zanotuj, jak wiele nowych wiadomości otrzymałeś. Użyj stopera do zmierzenia czasu przetwarzania tych maili jednego po drugim, tak szybko, jak to jest możliwe, stosując system UJDO (pomiar ten powtórz po dwóch tygodniach stosowania bloku przetwarzania poczty, gdy nabierzesz wprawy. Ustal cechy swojego bloku przetwarzania poczty – na przykład trzy razy dziennie po 30 minut – i jeśli to tylko możliwe, ustal godziny, w których będziesz zajmował się skrzynką odbiorczą (a nie wtedy, gdy nadejdzie nowa wiadomość).
6. Przejrzyj wiadomości w swojej skrzynce odbiorczej: Które wiersze tematu nie dają żadnego pojęcia o treści i ważności wiadomości i nie pozwalają określić, czy autor oczekuje twojej odpowiedzi? Jak można sformułować te tematy, aby powyższe aspekty stały się prostsze? Następnie zajrzyj do folderu *Elementy wysłane* i sprawdź tematy wiadomości wysłanych przez siebie, aby przekonać się, jak sam radzisz sobie z tym problemem.
7. Powtórz krok 6, ale tym razem sprawdź styl i wygląd treści wiadomości, (nie)jednoznaczność frazowania, jasność sformułowań i długość tekstu. Spróbuj zachować wnioski w pamięci, gdy będziesz pisał kolejne wiadomości. Czasem warto napisać sobie krótkie podsumowanie, co trzeba zmienić, i wydrukować je.

ROZDZIAŁ 2

Jak efektywnie określać priorytety zadań

W tym rozdziale pokażemy, jak:

- Ustalać priorytety dla zadań i wiadomości.
- Korzystać z listy zadań.
- Zdefiniować własne, dostosowane widoki.
- Używać filtrów.
- Dostrajać kryteria priorytetyzujące.
- Korzystać z listy zadań do wykonania.

„Wszystko jest ważne!"

CZY MASZ TAK wiele do zrobienia, że dużo pozostaje niewykonane? Tak wiele, że od czasu do czasu zdarza ci się zapomnieć o czymś? Tak bardzo, że wiecznie brakuje ci czasu, a już nie jesteś w stanie zaczynać wcześniej? Masz czasami wrażenie, że dzień po prostu ma za mało godzin i nie ma sposobu, aby wszystko zostało zrobione na czas?

Ludzie przeskakujący od jednego kryzysu do następnego, ciągle starający się zachować kontrolę nad swoimi sprawami, czują się czasem, jakby musieli poradzić sobie z całym światem. Samozwańczy „bohaterowie akcji" mierzą swoją skuteczność liczbą godzin nadliczbowych, „ciśnieniem", pod jakim pracują i liczbą zadań, które wykonali (ilością, nie jakością) – ostatecznie, ktoś, kto pracuje w takim stresie, musi być kimś ważnym! Na pierwszy rzut oka rzeczywiście wydaje się, że oni naprawdę dają z siebie wszystko i są niezwykle wydajni. I to właśnie jest fatalne, gdyż często są oni podziwiani i nagradzani za swoją sprawność. Na dłuższą metę wprawdzie okazuje się, że wcale nie osiągają dobrych wyników, jednak zawsze mogą zwalić winę na zaburzenia gospodarki, zmiany trendów w zachowaniu klientów lub znaleźć inną, równie dobrą (i nieweryfikowalną) wymówkę.

Dlaczego „samozwańczy herosi" dają radę zrobić wszystko w ostatniej chwili – lub po prostu przegrywają

Gaszenie pożaru

Tego ranka Robin Wood powinien był zająć się planem marketingowym na następny rok. Cztery tygodnie temu nagle przypomniał sobie, że powinien on być gotowy przed rozpoczęciem nowego roku fiskalnego. Mógłby kontynuować pracę nad nim dziś rano, ale spędził ostatnie półtorej godziny potwierdzając zaproszenia znajomych na Facebooku i odpowiadając na czterdzieści wiadomości pocztowych – no, to przynajmniej daje poczucie, że coś się zrobiło! Plan marketingowy jest – tak czy inaczej – gotowy w 70 procentach. Zapewne może to spowodować małe problemy z szefami i ustalenie pełnego budżetu zostanie opóźnione, ale Robin jakoś sobie z tym poradzi. Ostatecznie właśnie za to wszyscy go cenią: że zawsze ma wszystko zrobione na ostatnią chwilę – tyle że może nie wszystko i nie zawsze...

Tak jak tego dnia, gdy po prostu nie dał rady dokończyć prezentacji dla najbardziej obiecującego nowego klienta, jaki pojawił się od roku, choć była ona zaplanowana znacznie wcześniej. „Najlepiej pracuję pod presją", pomyślał i zostawił wszystko na ostatni tydzień. Wtedy jednak okazało się, że złapał grypę i nie był w stanie pracować nad prezentacją. Konkurencja jednak była w pełni przygotowana i Robin stracił szansę na kontrakt – ale takie rzeczy po prostu się zdarzają...

Można by nazwać ten *modus operandi* „radością z gaszenia pożaru". Jakie nudne w porównaniu z tym jest instalowanie „środków zabezpieczających przed pożarem"! Rzadko kiedy ktoś to doceni i nagrodzi. Nikt nie zwraca uwagi na to, że *nie było* pożaru! Nie ma w tym nic podniecającego, gdyż nie musisz bronić się przed kryzysem w ostatnim momencie. Ma to jednak kilka innych zalet: jeśli wykonasz zaplanowaną pracę na czas, wcześnie zajmiesz się wielkimi, oczekującymi zadaniami i domkniesz je przed terminem, nie popadniesz w kłopoty. Co więcej, nie będziesz pracować w stresie. Będziesz za to wychodzić z pracy w normalnych godzinach, a jeśli coś pójdzie źle, ciągle znajdziesz rezerwę czasową, aby sobie poradzić z kłopotami.

Aż nazbyt często gubimy się w gąszczu tych wszystkich drobnych spraw, które przyciągają uwagę i wydają się niezwykle pilne. Jutro może już być za późno, aby coś zrobić! Albo też ktoś ciągle nas ponagla. Jeśli nie będziesz umiał(a) powiedzieć „Nie", wkrótce nie będziesz mieć już czasu na te projekty i działania, które naprawdę są ważne, ale które nie mają „głosu", który by wystarczająco cię motywował. Nie będzie już czasu na przygotowania do ważnych projektów lub prezentacji, na przejęcie dowodzenia i akcję – pozostanie tylko reakcja.

Zacznij to zmieniać!

W tym rozdziale zrobisz pierwsze kroki na drodze do bardziej skutecznego zarządzania czasem – poznasz podstawy tygodniowego i codziennego planowania:

- Zapisuj swoje plany, aby mieć pełniejszy obraz wszystkich oczekujących zadań.
- Ustal, które zadania posuną cię do przodu i jak daleko.
- Zacznij koncentrować się na tym, co ma największy wpływ na twój sukces.
- Pracę nad długoterminowymi zadaniami o „wysokim przełożeniu" rozpoczynaj wcześnie – nawet jeśli termin jest jeszcze odległy i nikt cię nie pogania, aby je ukończyć.
- Odkryj, które elementy są pilniejsze i ważniejsze od pozostałych, aby móc oddzielić ziarno od plew.
- Mów „Nie" rzeczom, które odciągałyby cię od tych ważniejszych.
- Użyj listy zadań w celu bardziej elastycznego planowania.

Jak kierować takim krajem jak USA, mając tylko 24 godziny na dobę – ustal priorytety!

Być może znasz to powiedzenie: „Aby zrobić cokolwiek, musimy pominąć coś innego, ale dzięki każdej straconej okazji zyskujemy czas na coś innego" (powiedzmy wprost: wszystko, czego potrzebujemy, to wykonywać te cenniejsze i ważniejsze zadania, pomijając całą resztę). Skuteczne zarządzanie czasem oznacza więc podejmowanie rozsądnych decyzji.

> **Uwaga** Jeśli czujesz, że zwyczajnie nie masz dość czasu na to, by zrobić *wszystko*, masz słuszność – właśnie zrozumiałeś jedną z najważniejszych, podstawowych zasad zarządzania czasem: wszystkiego nie zdołasz zrobić, musisz wybrać. Następną rzeczą jest utrzymanie tego faktu w świadomości i opieranie na nim swoich decyzji. Co jest dostatecznie wartościowe, aby poświęcić mu swój bezcenny czas?

Nawet jeśli czyjeś miejsce pracy pasuje do jego uzdolnień i osobowości i jest on zmotywowany, nie istnieje żadna czarodziejska różdżka, która dałaby mu więcej czasu. Dla każdego z nas doba trwa 24 godziny. Pomywacz i milioner, głowa państwa i student, menedżer przedsiębiorstwa i inżynier – każdego dnia każdy z nich ma tyle samo czasu. W każdej grupie zatrudnienia jakaś część pracowników nie daje sobie rady i skarży się na chroniczny brak czasu, podczas gdy inni, mający takie same obowiązki i obciążenie, nie tylko dobrze sobie radzą w sprawach zawodowych, ale jeszcze znajdują czas dla rodziny, przyjaciół, hobby lub zaangażowania w sprawy społeczne. Ilość czasu, której ktoś potrzebuje na zrealizowanie swoich zadań, jedynie w niewielkim stopniu zależy od jego odpowiedzialności lub wykonywanego zawodu (co najwyżej w 30 procentach). To, co jest najważniejsze, to jego zdolność identyfikacji tych zadań, które mają największy pozytywny wpływ i stałe zajmowanie się nimi – a także wystarczające zdyscyplinowanie, aby robić to nawet wtedy, gdy nie sprawia to żadnej frajdy. Konieczne jest skupienie się na rzeczach ważnych, bez względu na to, co próbuje nas oderwać lub odwrócić uwagę.

Najważniejszą rzeczą jest zadbanie o to, by najważniejsza rzecz pozostała najważniejszą rzeczą.

— Stephen Covey

Skupić się na najważniejszym (zasada Pareto)

Pod koniec XIX wieku Vilfredo Pareto odkrył statystyczną cechę rozkładu bogactwa wśród ludności Włoch. Był on znacząco niezrównoważony: 20 procent ludności dysponowało 80% całego majątku. Zjawisko to, jak się okazuje, można dostrzec także w innych obszarach życia i zostało ono włączone do procesu optymalizacji i zarządzania czasem (patrz rysunek 2-1). Typowy wzór dystrybucji może wyglądać w ten sposób:

- 20 procent klientów generuje 80 procent przychodu.
- 20 procent produktów z jakiejś linii daje 80 procent zysków.
- Przez 80 procent czasu nosimy tylko 20 procent naszych ubrań.

Mówiąc najogólniej:

- 80 procent efektów wynika z 20 procent przyczyn.
- 80 procent rezultatów wynika z 20 procent wysiłków.

I tak dalej, i tak dalej. Oczywiście, regułę tę można również zastosować do rozkładu naszego czasu i osiągniętych rezultatów. Zazwyczaj okaże się, że 80 procent wartości dają rezultaty tylko 20 procent poświęconego czasu, zaś reszta, czyli 20 procent, wymaga pozostałych 80 procent wysiłków.

> **Ważne** Skoncentruj się na kilku krytycznych elementach. Aby móc się rozwijać, nie musisz robić absolutnie wszystkiego i rozwiązywać wszystkich zadań. Odfiltruj tylko najważniejsze rzeczy. Zdobądź niezbędny czas, konsekwentnie mówiąc „Nie" innym problemom. W przeciwnym razie grozi ci rozproszenie wysiłku na 80% zadań, które nie mają wielkiej wartości, a tylko sprawiają, że jesteś ciągle zajęty – tak bardzo, że nie zauważasz tych spraw, które są naprawdę istotne. Skupiając się na ważnych 20 procentach, w rzeczywistości osiągasz więcej, robiąc mniej.

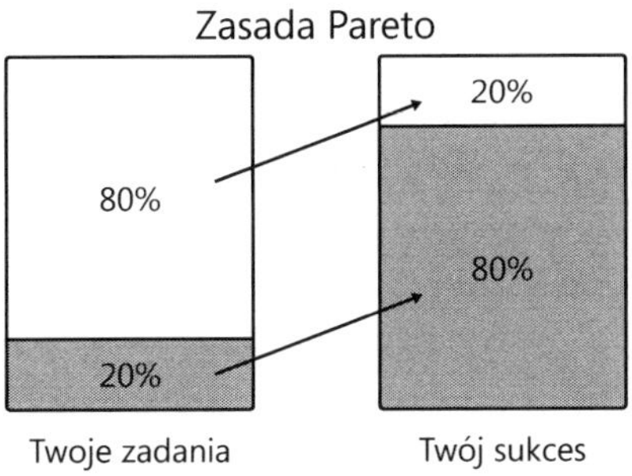

Rysunek 2-1 Zasada Pareto: 20 procent wysiłków zwykle pozwala osiągnąć 80 procent efektu, ale pozostałe 20 procent wymaga 80 procent wysiłków.

Zdecyduj, co jest najważniejsze – macierz Eisenhowera do zgrubnego ustalenia priorytetów

Generał Dwight D. Eisenhower, który później został prezydentem Stanów Zjednoczonych, wiedział, jak ważną rzeczą jest ustalenie priorytetów. Wypracował stosunkowo prosty, ale bardzo pomocny model, z którego korzystał zarówno dowodząc armiami sprzymierzonych, jak i później podczas rządzenia krajem. Podobnie jak my wszyscy, miał do dyspozycji tylko 24 godziny na dobę. Jego macierz przetrwała próbę czasu i jest nadal używana przy planowaniu zadań. Można też dowieść jej użyteczności przy przetwarzaniu wiadomości pocztowych.

Spróbuj ustalić, które zadania mają największy wpływ na sukces (lub jego brak, jeśli nie zostaną wykonane dobrze i na czas). Aby to osiągnąć, przydatne jest określenie priorytetów. Macierz Eisenhowera stanowi połączenie dwóch kryteriów: „ważne" i „pilne", tworząc cztery klasy priorytetów (rysunek 2-2). W swoim planowaniu musisz przeanalizować wszystkie oczekujące zadania, porównać je i sklasyfikować. Oczywiście, większość z tego, co robimy, jest ważne. Możesz jednak zadać sobie pytanie: które zadania są *ważniejsze* od innych? W ten sposób będziesz mógł utworzyć pierwszy, zgrubny ranking.

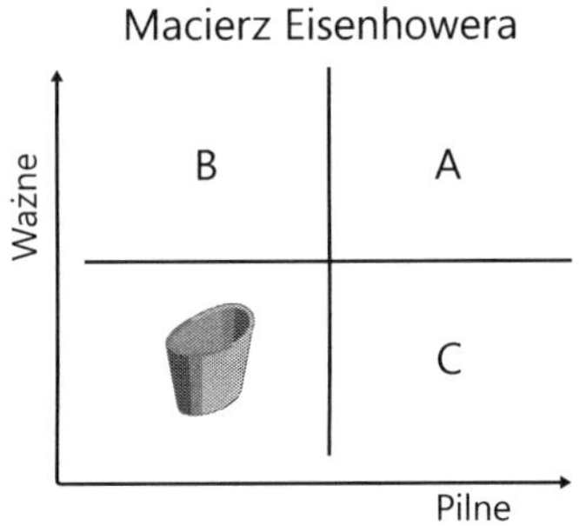

Rysunek 2-2 Pierwszy krok ustalania priorytetów: macierz Eisenhowera.

- Zadania, które są zarazem ważne i pilne, otrzymują priorytet A. Możesz nazwać je kryzysami: jeśli nie zajmiesz się nimi od razu (zależnie od horyzontu czasowego i złożoności zadania, „od razu" może znaczyć „w tej minucie", „dziś" lub „w tym tygodniu"), staniesz przed znacznie większym problemem. Przykładem może być przygotowanie do negocjacji ważnego kontraktu, poradzenie sobie z awarią maszyny produkcyjnej lub dokończenie części projektu, bez której koledzy z zespołu nie będą mogli kontynuować pracy następnego dnia.
- Zadania w kwadrancie B są ważne, ale nie są pilne. To one w istocie są kluczem do efektywnego zarządzania czasem, jednak nieszczęśliwie często są lekceważone. Zadania, które nie są pilne, ale bardzo ważne, powinny otrzymać wyższy priorytet, niż sprawy po prostu pilne, gdyż często są odpowiedzialne za wytworzenie istotnych rezultatów lub mają wielki wpływ na ogólną wydajność. Dobrym przykładem jest nauka pisania dziesięcioma palcami, dzięki czemu późniejsze dokumenty będziesz mógł pisać dwu- lub trzykrotnie szybciej. Część z zadań klasy B może z czasem zmienić klasyfikację na A („wędrujące zadania") – mówiąc inaczej, jeśli nie zajmiesz się nimi wcześnie, nie stracą na ważności, ale będą się stawały coraz pilniejsze. Przykładem może być skomplikowany raport, który trzeba przygotować na zaplanowane zebranie dyrektorów lub pracochłonna prezentacja wielkiego projektu.

UWAGA Microsoft Outlook rozróżnia tylko trzy poziomy priorytetu: wysoki, normalny i niski. Można je wykorzystać na trzy sposoby:

- Odrzucić (usunąć) maile (zadania), które zaliczyliśmy do kategorii D, bez robienia jakichkolwiek notatek, zaś pozostałe przypisać odpowiednio kategoriom A, B i C.
- Połączyć zadania kategorii C i D w jedną klasę niskiego priorytetu.
- Użyć dodatkowego pola do ustalania priorytetów. Na przykład niektórzy stosują bardziej złożoną macierz Eisenhowera, zawierającego nie dwie, ale cztery wartości na każdej osi (inaczej mówiąc, każdy kwadrant dzieląc następnie w taki sam sposób), tworząc schemat priorytetów od A1 do A4 i tak dalej aż do D4. Po stworzeniu takiego systemu wystarczy dodać odpowiednie litery na początku wiersza tematu zadania. Inne rozwiązania to wykorzystanie kategorii i filtrowanie widoku w razie potrzeby. Nasz wybór to wykorzystanie nowego pola na bardziej szczegółowe priorytetyzowanie zadań podczas planowania dni (patrz „Dostrajanie priorytetów metodą 25000 dolarów" dalej w tym rozdziale).

- Bardzo pilne zadania, które jednak w porównaniu z tymi zaliczonymi do klas A i B mają mniejszą wagę, otrzymują priorytet C. Albo zajmiesz się nimi natychmiast (inaczej będzie za późno), albo też trzeba będzie je porzucić, aby uzyskać czas potrzebny na zadania z klas A i B. Do tej kategorii należałoby dodać również takie zadania, które można łatwo przekazać innym i których wykonanie samodzielne oznaczałoby po prostu marnowanie cennego czasu (jeśli możesz coś przekazać innym, sam będziesz miał więcej czasu na ważniejsze zadania).

- Kwadrant D zawiera te zadania, które można najłatwiej odrzucić. Ze wszystkich innych mają one najmniejszą wagę i są najmniej pilne. To bezużyteczne, „ucieczkowe" zadania. Ciekawostką jest fakt, że do tej kategorii zwykle trafiają takie maile, które zawierają więcej niż pięć osób (a zwłaszcza więcej niż *potrzebna* liczba osób) w wierszu *DW* (Cc) nagłówka, które tak często trzeba przewijać bezcelowo.

Częściej mów „Nie!" – a tym samym „Tak!" temu, co jest ważne dla ciebie

Musisz sobie uświadomić, że nigdy nie będziesz miał dość czasu, aby zrobić wszystko, co potrafisz i czego inni mogliby oczekiwać. Zadbaj o to, aby wykorzystać czas na takie rzeczy, które są ważne dla nas i doprowadzą nas bliżej celu. Jednak ten czas możesz zdobyć tylko wtedy, gdy będziesz mówić „Nie" mniej ważnym problemom i po prostu je omijać.

Musisz nauczyć się dawać pierwszeństwo zadaniom z kategorii B przed zadaniami C lub (zwłaszcza) D i bez żalu poświęcać je na rzecz zadań ważnych. W ten sposób możesz sobie oszczędzić wiele stresu i – najogólniej – uzyskać lepsze wyniki. Poczujesz wówczas także lepszą kontrolę nad swoim czasem.

- Zapamiętaj: ważność i pilność to dwa zupełnie odmienne zagadnienia. Rzeczy ważne przybliżają cię do zaplanowanych celów, podczas gdy rzeczy pilne wymagają natychmiastowej uwagi – ale czy naprawdę są tego warte?
- Pamiętaj o regule właściwej drogi: ważność *przed* pilnością. Nie wszystko, co jest pilne, naprawdę musi być zrobione. Jedynie w ten sposób możesz uniknąć wpadnięcia w „dyktaturę pilności" – stan, w którym ktoś sam się przeciąża zbyt wieloma pilnymi, ale stosunkowo nieistotnymi działaniami.

Zapisuj swoje plany

„Ten, który planuje zbyt wiele, wpada w tyranię swych własnych planów". „Niekiedy pośpiech nie pozwala na zapisywanie wszystkiego. Dlaczego po prostu nie zrobić tego od razu? A poza tym, nie chcę być skrępowany. Pisemne plany zabijają spontaniczność". Te (i inne) argumenty można często usłyszeć, ale po prostu nie są prawdziwe. Jeśli zaplanujesz dobrze, w rzeczywistości zapewnisz sobie czas na rzeczy nieplanowane i kreatywność.

WAŻNE Planowanie jest najlepszą metodą ucieczki przed wzorcem zachowania polegającym tylko na reagowaniu na zdarzenia i pozwala wykonać najbardziej istotne zadania na czas, dzięki czemu można uniknąć kryzysu. W ten sposób możesz swobodniej dzielić swój czas i odzyskać kontrolę nad całym dniem.

Zapisywanie własnych planów daje korzyści:

- Po prostu będziesz pamiętać o ważnych sprawach i przestaniesz o nich zapominać. Wystarczy spojrzeć na plan – i one tam będą.
- Planowanie daje swobodę wykorzystania swoich umiejętności czy też „siły umysłu" dzięki skoncentrowaniu się na bieżącym zadaniu, zamiast ciągłego próbowania pamiętania o rzeczach, o których nie wolno zapomnieć.
- Pisemny plan działa jak kontrakt ze sobą samym i tworzy poczucie obowiązku. Ktoś, kto sam sobie wpisał jakieś zobowiązanie, zapewne go dotrzyma.
- Planowanie sprawia, że stajesz się bardziej wiarygodny dla partnerów pracujących razem z tobą (patrz rozdział 5, „Jak planować zebrania, aby były wygodne, efektywne i przyjemne").
- Bycie wiarygodnym to wielki krok w stronę realizowania zadań, zaprzestania odkładania innych i – w rezultacie – rozpoczęcia zajmowania się tym, co naprawdę przyniesie korzyści.
- Tylko spisany plan daje możliwości spojrzenia wstecz i sprawdzenia, co się udało, a co nie. Możesz odkryć, że zrobiłeś mniej, niż chciałeś. Czy stało się tak dlatego, że dałeś pierwszeństwo problemom mniejszej wagi? Czy coś potrzebowało znacząco więcej czasu, niż sobie wyobrażałeś? Czy jest coś, co można poprawić, aby wykonywać takie zadania szybciej, czy też powinieneś zachować się bardziej realistycznie i przeznaczyć na nie więcej czasu w przyszłości? Takie pytania i odpowiedzi na nie stanowią fundament optymalizacji sposobu pracy: sprawdzenie w praktyce, znalezienie potencjalnych ulepszeń i nauczenie się, jak wykrywać problemy, identyfikować ich przyczyny – i jak się ich pozbyć.

WSKAZÓWKA Wszystkie zadania, terminy, numery telefonów i dane kontaktowe zapisuj od razu – czy to w programie Outlook, czy w smartfonie. W ten sposób dasz radę utrzymać się na powierzchni w każdej sytuacji i skupić się na sprawach zasadniczych. Pojemność umysłu i pamięci każdego z nas jest zbyt drogocenna, by marnować je na rzeczy, które komputer lub telefon robią lepiej. To samo dotyczy pisanych planów – szkoda naszej inteligencji na kontrolowanie, *co jest do zrobienia* – przeznaczmy ją na *zrobienie*.

Elastyczne i efektywne planowanie przy użyciu listy zadań

Microsoft Outlook dysponuje doskonałymi elementami wspomagającymi pisanie planów w postaci terminów oraz zadań. Zadanie można utworzyć na wiele tygodni przed jego czasem realizacji. Dzięki funkcjom sortowania i filtrowania można zmniejszyć liczbę wyświetlanych zadań i pokazywać na przykład tylko te, które powinny być wykonane dziś, albo te, które jeszcze zostały do wykonania w konkretnym projekcie, porządkując je zależnie od ich priorytetu, dzięki czemu można szybko uzyskać przejrzysty obraz sytuacji.

Jednak skuteczne korzystanie z zadań wymaga trochę więcej podejścia strategicznego i rozważań, niż tylko wpisanie wszystkiego w kalendarz, no i oczywiście wymaga trochę pracy i wprawy. W tym rozdziale (a także dwóch kolejnych) będziemy wspólnie wykonywać konieczne kroki: zajmiemy się podstawami pracy z zadaniami, priorytetami, konfigurowaniem widoków, planami tygodniowymi, kategoriami i grupami, budowaniem bloków, godzinami produktywności, metodą 25 tysięcy i przetwarzaniem listy zadań. W ten sposób zaprezentujemy sprawdzony i (gdy już się przyzwyczaisz) stosunkowo prosty, elastyczny, a jednocześnie efektywny system porządkowania zadań do wykonania zależnie od priorytetów, czyli skuteczną metodę sprawowania kontroli nad czasem, który masz do dyspozycji.

Zadania kontra terminy

Upewnij się, że potrafisz odróżnić terminy od zadań:

- Termin jest powiązany z ustalonym oknem czasowym. Odpowiada na pytanie „Kiedy dokładnie to się wydarzy?".
- Zadanie, przeciwnie, odpowiada na pytanie „Co dokładnie będę robić?" (albo „Jak ważne to jest?); czasami zawiera datę graniczną (*deadline*), ale niekiedy może w ogóle nie zawierać żadnego aspektu czasowego.

Z tego względu *termin* (na przykład telekonferencja z pięcioma innymi osobami lub wizyta u dentysty) odbywa się dokładnie wtedy, kiedy został zaplanowany. Z drugiej strony, nie ma żadnego znaczenia, kiedy dokładnie ukończymy *zadanie*, o ile zrobimy to przed datą graniczną. Oznacza to, że z samej natury mamy większą elastyczność podczas planowania zadań i możemy wybierać je stosownie do ich ważności. W niektórych przypadkach może mieć sens „ustalenie terminu dla siebie samego", aby ukończyć zadanie (w kolejnych rozdziałach pokażemy, kiedy jest to dobry wybór).

Pracować systematycznie

Robin Wood prowadzi wykłady dla współpracowników. Tym razem zdecydował podejść do wszystkiego bardziej systematycznie: miesiąc temu utworzył zadanie dla zaplanowania wykładu, ustalając datę zakończenia na dzień dzisiejszy, które zrealizował w terminie. Podzielił temat wykładu na trzy jednostki lekcyjne i utworzył sobie zadanie przygotowania wykładu dla każdej lekcji (czas trwania od 20 do 45 minut).

Oczywiście, w danym tygodniu musi tylko przygotować bieżącą lekcję. Tym samym każdy tydzień ma swoje własne zadanie ze swoją częścią wykładu. Zajęcia odbywają się w środy rano. Robin musi przygotować się do nich dzień wcześniej, co oznacza, że data końcowa każdego z tych zadań wypada we wtorek. Jeśli któryś wtorek byłby zarezerwowany przez jakiś termin lub gdyby znalazł dodatkowy wolny czas w tym tygodniu, może wykonać swoje przygotowania wcześniej, na przykład w poniedziałek.

Zadania w programie Outlook

Nowe zadania można utworzyć bardzo prosto i szybko, bez konieczności „przeklikiwania się" przez wielopiętrowe menu: wystarczy nacisnąć Ctrl+Shift+K, po czym wpisać dane w formularzu.

Ten podrozdział zawiera krótkie wprowadzenie do najważniejszych elementów formularza Zadanie (rysunek 2-3 pokazuje formularz w Microsoft Outlook 2010, który wyglądem różni się znacznie od wersji Outlook 2003, ale ważne funkcje, polecenia i pola danych są prawie identyczne, co najwyżej inaczej rozmieszczone).

- Na samym początku musisz wybrać sensowny **Temat**; nie wystarczy napisać po prostu „zadzwonić do Marty" – trzeba również zaznaczyć cel tej rozmowy. Temat powinien być krótki, aby zmieścił się w jednym wierszu. Jeśli potrzeba, można umieścić więcej szczegółów w wielkim polu notatki w dolnej części formularza. Warto tak wybrać dwa lub trzy pierwsze słowa tematu, aby od razu było jasne, o co w nim chodzi (a przy tym zaznaczyć ważność). Dobrze też, jeśli temat wskazuje, jak dużo czasu zadanie zajmie i jak dużo wysiłku będzie wymagało (na przykład „Przygotować 1-godzinny wykład").
- **Data rozpoczęcia** ma sens, jeśli z jakiegoś względu nie możesz wykonać zadania przed określoną datą lub wtedy, gdy chcesz ustalić termin dłuższego zadania, które trwa kilka dni. Jednak nie należy przesadzać – przynajmniej początkowo. Dopóki nie nabierze się wprawy przy korzystaniu z listy zadań, lepiej ograniczać listę do spraw, które wymagają co najwyżej kilku godzin. Jeśli jakieś zadanie musi trwać dłużej, spróbuj podzielić je na mniejsze części. Jeśli potrzebujesz utworzyć złożony plan projektu z zależnościami pomiędzy poszczególnymi

zadaniami cząstkowymi, lepszym pomysłem będzie sięgnięcie po specjalizowane oprogramowanie do tego celu, takie jak Microsoft Project.

Ponieważ pola **Data rozpoczęcia** i **Data ukończenia** są powiązane, zmiana daty początkowej automatycznie zmienia datę końcową – i to może być fatalne, jeśli doprowadzi do tego, że przeoczysz datę oddania gotowego produktu po prostu dlatego, że postanowiłeś rozpocząć wszystko tydzień przed datą końcową, zamiast oryginalnych dwóch tygodni, i w rezultacie Outlook automatycznie przesunął również datę ukończenia.

Ostrzeżenie Pole Data rozpoczęcia często powoduje więcej problemów i dodatkowej pracy, niż korzyści. Najlepiej zostawić je puste i używać tylko daty ukończenia. Jeśli zależy ci na tym, aby rozpocząć pracę nad projektem tydzień przed terminem oddania, w pole Data ukończenia wpisz wcześniejszą o tydzień datę, kiedy chcesz mieć zadanie przed sobą i zacząć pracę.

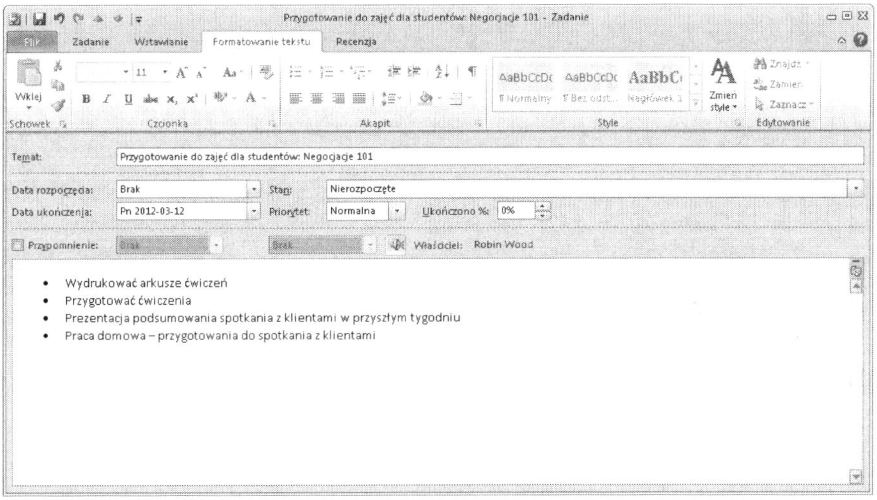

Rysunek 2-3 Jedno z trzech cząstkowych zadań dla wykładów Robina. Kolejne zajęcia mają odbyć się w środę, więc w polu Data ukończenia ustawiony jest poniedziałek.

- Wpisz datę końcową w pole **Data ukończenia** (w programie Outlook 2003 pole to jest zlokalizowane nad polem **Data rozpoczęcia**; w Microsoft Office Outlook 2007 i 2010 pola rozmieszczone są odwrotnie). Jeśli nie mamy pewności co do faktycznego terminu, spróbuj coś wymyślić – trochę potrwa, zanim nabierzesz wprawy w wybieraniu dat, ale pamiętaj, że będzie można skorygować ją później. Nie obawiaj się wpisać wcześniejszej daty ukończenia dla zadań priorytetu B, które faktycznie nie potrzebują być ukończone wcześniej niż za kilka miesięcy, o ile zamierzasz zająć się danym zagadnieniem wcześniej. Nawet jeśli kolejny tydzień jest już w pełni zarezerwowany, może w nim pojawić się wolny termin i jeśli będziesz mógł zająć się tym zadaniem, po prostu przeniesiesz datę ukończenia do tego tygodnia. W trakcie tworzenia planu tygodniowego (patrz rozdział 3, „Jak uzyskać więcej czasu na rzeczy istotne przy użyciu planu tygodniowego") i dziennego (patrz rozdział 4: „Jak sprawić, aby plan dnia zadziałał w prawdziwym świecie") szczegółowo ustalisz, czym naprawdę będziesz się zajmować i kiedy. Możesz na przykład ustawić jutrzejszy dzień jako termin ukończenia jakiegoś zadania klasy A (wysoki priorytet) oraz zadania klasy B (normalny priorytet). Przypomnijmy, że zadanie klasy A jest nie tylko równie ważne jak zadanie klasy B, ale dodatkowo bardziej pilne (i dlatego należy do klasy A, a nie do B). Zatem jeśli jutro znajdziesz czas na tylko jedno z tych zadań, będziesz pracować nad zadaniem z klasy A, odkładając na później zadanie z klasy B.

- Spróbuj oszacować **Priorytet**, korzystając z macierzy Eisenhowera. Można zacząć od nadania niskiego priorytetu każdemu zadaniu. Jeśli stanowi ono część najważniejszych elementów pracy, ustaw mu normalny priorytet. Jeśli dodatkowo musi być wykonane szybko, nadaj wysoki priorytet.
- W przypadku większych zadań, których nie da się wykonać za jednym podejściem, możesz wykorzystać pole **Ukończono %** do rejestrowania stopnia zaawansowania. Jednak w ten sposób łatwo można się pomylić i na przykład odłożyć dopiero częściowo wykonane zadanie (choć pole to jest przydatne przy śledzeniu statusu większych zadań delegowanych do innych wykonawców). Lepszym wyjściem jest wstępne podzielenie większych zadań na zadania cząstkowe, które będzie można wykonać w kilka godzin. Każde z nich należy wprowadzić jako zadanie indywidualne i wykonać je po jednym na raz. Można również (albo alternatywnie) użyć pola **Stan**, wykorzystując opcje „Oczekiwanie na kogoś" lub „Odłożone" (na razie). Pola te są powiązane ze sobą oraz ze znacznikiem wyboru na liście zadań – jeśli zaznaczymy „ptaszek" na liście, Outlook wstawi wartość 100% w polu **Ukończono %**, a **Stan** zmieni na „Wykonane".

Wskazówka Możesz filtrować lub grupować zadania na liście według dowolnego z tych pól, na przykład w celu wyświetlenia wszystkich zadań zawierających wartość „Oczekiwanie na kogoś" w polu Stan oraz datę rozpoczęcia z przyszłego miesiąca. Więcej informacji na temat filtrowania zawiera część „Czyszczenie widoków przy użyciu filtrów" dalej w tym rozdziale oraz rozdział 3.

- *Kategorie* (przypisywane za pośrednictwem przycisku **Kategoryzuj** we Wstążce) są bardzo użyteczną funkcją. Zajmiemy się z nimi szerzej w rozdziale 3 (w programie Outlook 2003 można znaleźć analogiczny przycisk uzupełniony polem tekstowym w prawym dolnym rogu poniżej dużego pola notatki).

- Wielkie pole tekstowe (nienazwane, ale zwykle nazywane polem notatki) w dolnej części formularza jest miejscem, w którym można wpisać dodatkowe informacje, na przykład wypunktowaną listę procedury wykonania zadania. Można tu również wstawić kopie dokumentów związanych z zadaniem. W wersjach Outlook 2010/Outlook 2007 należy w tym celu przejść do karty **Wstawianie** i użyć przycisku **Dołącz plik** w grupie **Dołączanie**. W Outlook 2003 należy użyć polecenia **Plik** w menu **Wstaw**. Można tu również wstawić dodatkowy element programu Outlook – na przykład kopię maila dotyczącego zadania – używając przycisku **Element programu Outlook** w grupie **Dołączanie** (w Outlook 2003 należy otworzyć menu **Wstaw** i wybrać **Element**). Gdy później ponownie otworzysz zadanie, będziesz mógł bezpośrednio przejrzeć powiązane pliki i wiadomości, klikając podwójnie ich nazwy w polu notatki. W Outlook 2010/Outlook 2007 pole notatki dysponuje funkcjami formatującymi podobnymi do oferowanych przez Microsoft Word. Karta **Formatowanie tekstu** we Wstążce zapewnia szybki dostęp do funkcji numerowania, wielopoziomowych list, szablonów i mechanizmów wyróżniania, dzięki czemu można łatwo utworzyć przejrzyste i łatwe do zrozumienia notatki. Karta **Recenzja** zapewnia dostęp do narzędzi sprawdzania pisowni. Jeśli zaś używamy komputera standardu Tablet PC, dodatkowo dostępna będzie opcja odczytu ręcznego pisma.

Wstawianie łączy do plików zamiast kopii plików

Jeśli chcesz dołączyć do zadania bardzo duży plik, ale boisz się, że zajmie zbyt wiele miejsca w skrzynce pocztowej Outlook, możesz użyć łącza do plików zamiast wstawiania samego pliku. Rozwiązanie to jest przydatne także wtedy, gdy chciałbyś zawsze mieć dostęp do najświeższej wersji pliku – na przykład prezentacji PowerPoint przechowywanej w lokalnym systemie dyskowym, która będzie edytowana jeszcze kilka razy, zanim rozpoczniesz realizację zadania.

1. Otwórz zadanie.
2. Przejdź do karty **Wstawianie** i kliknij przycisk **Dołącz plik** w grupie **Dołączanie** (w Outlook 2003: polecenie **Plik** w menu **Wstaw**).
3. Znajdź i zaznacz plik, których chcesz dołączyć, w oknie dialogowym **Wstawianie pliku**.
4. Kliknij strzałkę na prawo od przycisku **Wstaw**.
5. W rozwiniętym menu wybierz **Wstaw jako hiperłącze** (patrz rysunek 2-4).

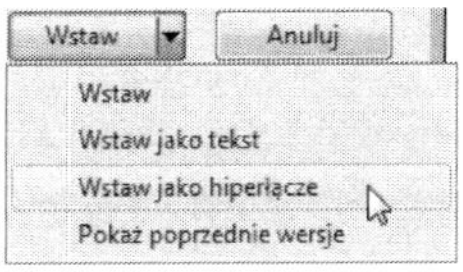

Rysunek 2-4 Aby oszczędzić miejsce, wstaw łącze do pliku zamiast samego pliku.

Możliwe jest również wstawianie wiadomości mailowych lub plików do terminów (na przykład do daty podróży służbowej w kalendarzu można wstawić plik PDF zawierający elektroniczny bilet lotniczy) oraz do kontaktów (na przykład mail ze wskazówkami dojazdu).

Edytor tekstowy w Outlook 2010/Outlook 2007

Jeśli otworzysz zadanie (dotyczy to też wiadomości mailowych, terminów i wpisów kontaktów) w jego własnym oknie, klikając je podwójnie lub naciskając Ctrl+Shift+K, otworzy się edytor programu Outlook, oferujący liczne, zaawansowane funkcje.

Karta Wstawianie

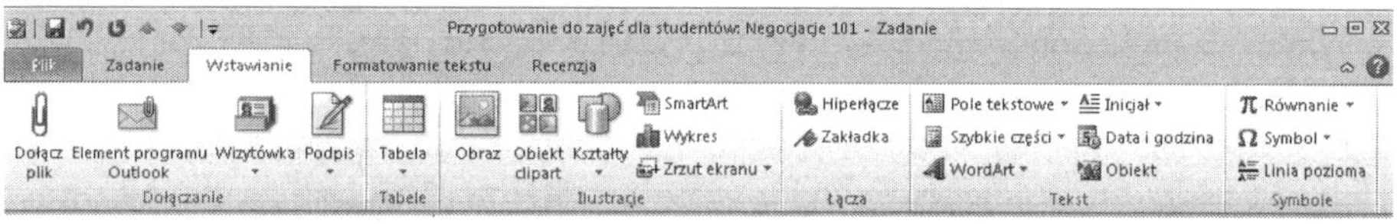

Oprócz wstawiania plików i innych elementów (w grupie **Dołączanie**) oraz hiperłączy (w grupie **Łącza**), możesz skorzystać z wielu dodatkowych funkcji zapożyczonych z programu Word 2010 (Word 2007 w przypadku Outlook 2007), po prostu klikając kartę **Wstawianie** w edytorze programu Outlook. Szczególnie przydatne mogą być **Szybkie części** (w grupie **Tekst**) oraz tabele. Jeśli komuś potrzebne jest polecenie **Wklej** z dawnego menu Edycja (aby wstawić zawartość schowka Microsoft Office), jest ono teraz dostępne na karcie **Formatowanie tekstu** w grupie **Schowek** (zwracamy jednak uwagę, że kombinacja klawiszy Ctrl+V nadal działa).

Często używane długie słowa, frazy lub całe akapity można dodać do szybkich części do ponownego wykorzystania. W tym celu zaznacz odpowiedni fragment (na przykład przeciągając myszą lub potrójnie klikając akapit). Następnie w grupie **Tekst** karty **Wstawianie** kliknij **Szybkie części**, po czym wybierz polecenie **Zapisz zaznaczenie w galerii szybkich części** z wyświetlonego menu. Teraz możesz podać nazwę tworzonej szybkiej części i wybrać kilka innych opcji (na przykład przydzielić szybką część do kategorii, takiej jak mail promocyjny, zaproszenie na spotkanie i tak dalej). Od tego momentu będziesz mógł wstawić tekst zapamiętany w ten sposób klikając przycisk **Szybkie części** we wstążce edytora wiadomości, zadania, terminu lub kontaktu.

Karta Formatowanie tekstu

Karta **Formatowanie tekstu** pozwala nie tylko nadawać formatowanie poszczególnym akapitom, wyrazom lub wręcz literom, ale także wyczyścić całe formatowanie w polu notatki zadania, terminu lub kontaktu albo w wiadomości pocztowej (zapewnia to ikona gumki w grupie **Czcionka**). Ponadto możemy wyróżnić tekst kolorem (tak jak markerem), zmienić czcionkę, wielkość i kolor tekstu i dokonać wielu innych zmian formatujących jednym kliknięciem. Niektóre z tych funkcji znane są już od dawna – były dostępne w menu i pasku zadań Format w starszych wersjach programu Outlook, ale pojawiło się też wiele nowych możliwości, takich jak style lub możliwość budowy konspektów (wielopoziomowych list).

Wymienienie wszystkich funkcji edytora programu Outlook zajęłoby zbyt wiele miejsca – więcej, niż mamy do dyspozycji w tej książce. Dlatego też podsumujemy przedstawianie tego edytora omówieniem dwóch funkcji, które mogą pomóc podczas wprowadzania tekstu w kilku językach i mogą oszczędzić wielu kliknięć, jeśli intensywnie korzystamy z formatowania tekstu.

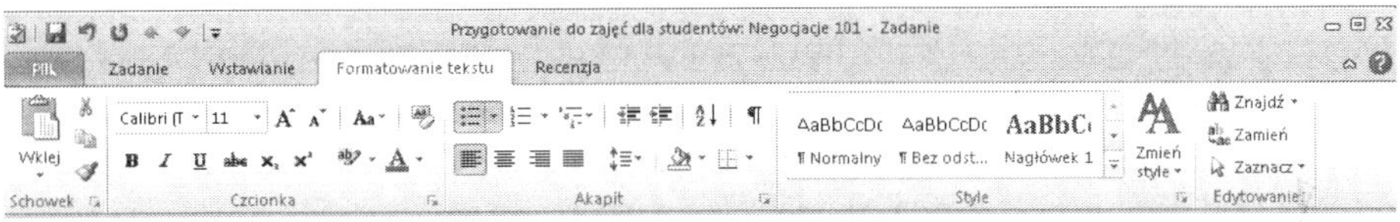

Uproszczone formatowanie tekstu: korzystanie z mini-paska narzędzi

Jeśli zaznaczymy tekst w wiadomości pocztowej lub polu notatki, używając lewego przycisku myszy (albo podwójnego lub potrójnego kliknięcia), obok zaznaczenia pojawi się półprzezroczysty (w istocie ledwie widoczny) pasek z kilkoma przyciskami. Przesunięcie myszy w kierunku tego paska powoduje, że staje się on nieprzezroczysty i doskonale widoczny. W ten sposób mamy bezpośredni dostęp do najczęściej używanych funkcji formatujących bez konieczności wykonywania długich ruchów myszą i otwierania kolejnych kart lub menu.

W programie Outlook 2007 mini-pasek narzędzi musi zostać najpierw uaktywniony: kliknij **przycisk Office** (okrągły przycisk z logo Office w lewym górnym rogu okna formularza), a następnie przycisk **Opcje edytora**. Wywoła to okno dialogowe, w którym w kategorii **Popularne** należy zaznaczyć opcję **Pokazuj mini-pasek narzędzi po zaznaczeniu**.

Korzystanie z wielojęzycznego sprawdzania pisowni i słownika obcego języka w Outlook 2010

Jeśli chodzi o te funkcje, Outlook 2010 wygląda zupełnie inaczej niż Outlook 2007. Użytkownicy wersji Outlook 2007 powinni przejść do kolejnego podrozdziału.

Po otwarciu zadania (terminu, kontaktu lub wiadomości) w swoim własnym oknie znajdziesz we Wstążce kartę **Recenzja**, a w niej możliwość skorzystania z tezaurusa, sprawdzenia pisowni oraz użycia słownika innego języka. Outlook 2010 w istocie używa programu Word jako (gładko zintegrowanego) edytora indywidualnych elementów. Można więc wykorzystać wielojęzyczne funkcje sprawdzania pisowni programu Word nie tylko podczas pisania wiadomości pocztowych, ale także przy edytowaniu notatek w innych elementach, jeśli tekst zawiera na przykład fragmenty po polsku, angielsku i niemiecku. Możesz też, tak samo jak w programie Word, włączyć sprawdzanie i podkreślanie „podejrzanych" (nie występujących w słowniku) wyrazów w trakcie pisania. Aby włączyć lub wyłączyć sprawdzanie pisowni lub dostosować opcje autokorekty, działające w trakcie pisania tekstu, otwórz okno dialogowe **Opcje programu Outlook**, klikając kartę **Plik**, a następnie przycisk **Opcje**. W wyświetlonym oknie zaznacz kategorię **Poczta** w lewym panelu, a następnie kliknij **Opcje edytora** (bardzo blisko prawego górnego rogu). Pojawi się kolejne okno dialogowe, w którego lewym panelu znajdziemy kategorie **Wyświetlanie**, **Sprawdzanie** (pisowni) oraz **Zaawansowane**. Jeśli dobrze znasz program Word, szybko zauważysz, że opcje te są niemal takie same, jak dostępne w „prawdziwym" Word (z tą uwagą, że pełny program Word dysponuje jeszcze innymi, tu niedostępnymi funkcjami). Nie należy dać się zmylić nazwom poleceń – wprawdzie ścieżka prowadząca do tego okna sugeruje, że chodzi o opcje edycji wiadomości pocztowych, ale w rzeczywistości ustawienia te mają zastosowanie również w polach notatek zadań, terminów i kontaktów.

W starszych wersjach programu Outlook polecenie Narzędzia/Poszukaj prowadziło (po kilkunastu kolejnych kliknięciach) do mechanizmów wspierających tłumaczenia, pozwalających na wybór słownika języka obcego lub tezaurusa. W Outlook 2010 ten sam efekt można uzyskać znacznie szybciej i prościej. Wystarczy zaznaczyć słowo lub frazę w polu notatki lub treści wiadomości pocztowej. Następnie należy otworzyć kartę **Recenzja** i wybrać odpowiedni słownik albo w grupie **Sprawdzanie** (klikając przycisk **Tezaurus**), albo w grupie **Język** poprzez przycisk **Przetłumacz**. W tym ostatnim przypadku (sekwencja **Język/Przetłumacz/Wybierz język tłumaczenia**) możesz wybrać język docelowy pojedynczym kliknięciem (lub wyłączyć tę funkcję) i od tego momentu za każdym razem, gdy wskażesz myszą słowo przez dłużej niż jedną sekundę, pojawi się tłumaczenie. Po krótkiej chwili podpowiedź tłumaczenia zniknie – jeśli jest potrzebna ponownie, wystarczy przesunąć kursor myszy nad inne słowo, po czym ponownie wskazać oryginalne. Tłumaczenie jest pokazywane pod warunkiem, że przypiszesz tekst do innego języka niż wybrany do tłumaczenia. Innymi słowy, jeśli piszemy po polsku i jako język tłumaczenia jest ustawiony język polski, podpowiedzi nie będą się pojawiały.

Korzystanie z wielojęzycznego sprawdzania pisowni i słownika obcego języka w Outlook 2007

Funkcje sprawdzania pisowni i tłumaczenia w Outlook 2007 wyglądają odmiennie niż w Outlook 2010. Użytkownicy wersji Outlook 2010 powinni przeczytać poprzedni podrozdział.

Gdy otworzysz wiadomość (zadanie, termin lub kontakt) w jej własnym oknie, po prawej stronie karty **Zadania** ujrzymy spartańsko wyglądającą grupę o nazwie

Sprawdzanie, zawierającą polecenie **Pisownia**. Po kliknięciu strzałki w dół obok tego przycisku uzyskamy dostęp do tezaurusa i słowników innych języków. Edytor programu Outlook 2007 to w istocie zintegrowany (i nieco okrojony) program Microsoft Office Word i można w pełni wykorzystać funkcje wielojęzycznego sprawdzania pisowni. Dostępne są też funkcje autokorekty oraz opcja sprawdzania pisowni podczas wpisywania tekstu i wyróżniania słów nie występujących w słowniku dla aktualnie wybranego języka.

W celu wyszukania tłumaczenia słowa na inny język należy zaznaczyć wyraz (na przykład podwójnym kliknięciem) w polu notatki (treści wiadomości), po czym przejść do karty **Zadania**, kliknąć strzałkę obok polecenia **Pisownia** i wybrać odpowiedni słownik poprzez polecenia **Tezaurus** lub **Przetłumacz** w menu podręcznym. Jeśli wybierzesz opcję **Minitłumacz**, po wskazaniu dowolnego słowa dłużej niż sekundę obok niego pojawi się podpowiedź z tłumaczeniem na wybrany język, pod warunkiem że jest on inny niż język wybrany dla bieżącego tekstu.

Definiowanie własnych widoków

Zdolność do definiowania własnych widoków w programie Outlook jest bardzo pomocna, gdy korzystasz z zadań. Każde zadanie wpisywane jest tylko raz, ale później można zdefiniować różne listy, do których Outlook wstawia te wpisy, które pasują, ukrywając inne. Możesz na przykład wybrać wyświetlanie tylko tych zadań, których data ukończenia wypada w tym tygodniu lub dziś. Pojedynczym kliknięciem można przełączyć się na te zadania, które dotyczą określonego produktu i mają być ukończone w tym miesiącu (zobacz także „Filtrowanie i grupowanie przy użyciu kategorii" w rozdziale 3). W ten sposób możesz zapanować nad wielką liczbą zadań, nawet jeśli zostały one wprowadzone wiele tygodni przed ich terminem realizacji.

Tworzenie nowego widoku

Widok to w istocie zapamiętane kryteria filtrowania. Po utworzeniu nowego widoku można go używać wielokrotnie, za każdym razem używając tych samych kryteriów (patrz rysunek 2-5). W celu zapisania bieżącego wyglądu jako widoku wykonaj następujące czynności:

1. W dowolnym widoku roboczym (skrzynki odbiorczej, folderu pocztowego, listy zadań i tak dalej) programu Outlook 2010 przejdź do karty **Widok**, kliknij **Zmień widok** w grupie **Widok bieżący** i wybierz polecenie **Zarządzaj widokami**.

   Outlook 2007: W menu **Widok** wybierz polecenie **Widok bieżący/Zmień widok**.

   Outlook 2003: W menu **Widok** wybierz polecenie **Rozmieść według/Widok bieżący/Definiuj widoki**.

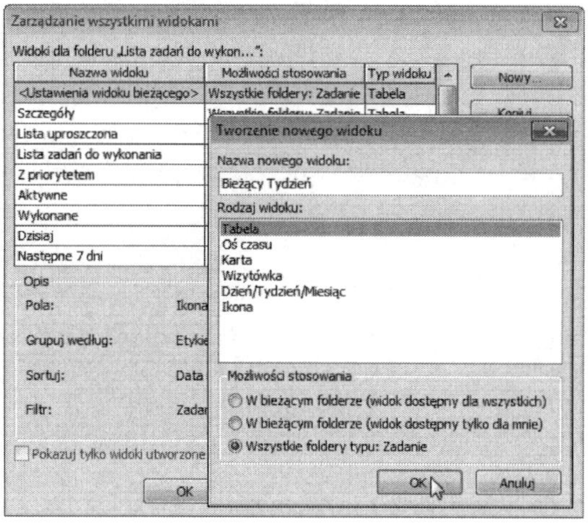

Rysunek 2-5 Tworzenie własnego widoku

2. Wyświetlone okno dialogowe umożliwia wykorzystanie istniejącego widoku jako szablonu – w tym celu zaznacz odpowiedni widok i kliknij **Kopiuj**. Jeśli wolisz tworzyć widok od zera, kliknij **Nowy**.
3. Nadaj widokowi łatwą do rozpoznania nazwę (na przykład **Do zrobienia w tym tygodniu – niegotowe**), zachowaj domyślne ustawienie **Typu widoku** jako **Tabela**, po czym kliknij **OK**.
4. W kolejnym oknie dialogowym potwierdź wybrane ustawienia, klikając **OK**, po czym wybierz **Zastosuj widok**, aby utworzyć nowy widok.

   Możesz także wykorzystać to okno, aby zmodyfikować lub zdefiniować filtry (bliższy opis tej procedury zawiera następny podrozdział, „Czyszczenie widoków przy użyciu filtrów").

W programie Outlook 2010 nowy widok domyślnie zawiera okienko odczytu w prawej części okna. Ukazuje również skrótowe podsumowanie zadania w formie podglądu, bez konieczności otwierania zadania podwójnym kliknięciem, jednak w ten sposób każde zadanie zajmuje bardzo dużo miejsca, ograniczając możliwość wyświetlenia całej listy. W przypadku folderu zawierającego wiadomości jest to wygodne, gdyż pozwala przeczytać całą wiadomość bez potrzeby otwierania jej w nowym oknie. W przypadku zadań jednak wiersz tematu powinien być wystarczającą pomocą w ustalaniu, co należy zrobić. Lepiej będzie wykorzystać dostępne miejsce na wyświetlenie większej części listy zadań. Aby wyłączyć wyświetlanie panelu odczytu, należy na karcie **Widok** w grupie **Układ** otworzyć menu podręczne dla przycisku **Okienko odczytu** i wybrać **Wyłączone** (rysunek 2-6).

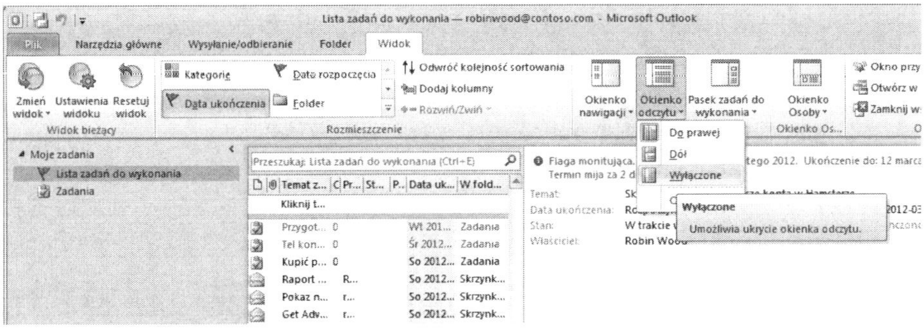

RYSUNEK 2-6 Outlook 2010 domyślnie włącza okienko odczytu dla nowych widoków – w przypadku zadań lepiej je ukryć.

Czyszczenie widoków przy użyciu filtrów

Filtry pozwalają ograniczyć liczbę wyświetlanych elementów i pokazać tylko określone zadania, spełniające zdefiniowane kryteria.

Tworzenie prostego filtra

1. Jeśli okno dialogowe dostosowywania widoku (ostatni krok tworzenia nowego widoku) nie jest już otwarte lub gdy chcesz zmienić cechy widoku jakiś czas po jego utworzeniu, w programie Outlook 2010 kliknij **Ustawienia widoku** w grupie **Widok bieżący**. W wersjach Outlook 2003 i 2007 należy po prostu kliknąć łącze **Dostosuj widok bieżący** w lewej części panelu nawigacyjnego, aby tworzyć to samo okno dialogowe.
2. Kliknij przycisk **Filtruj** w oknie **Zaawansowane ustawienia widoku**, aby otworzyć okno dialogowe **Filtr** (rysunek 2-7).

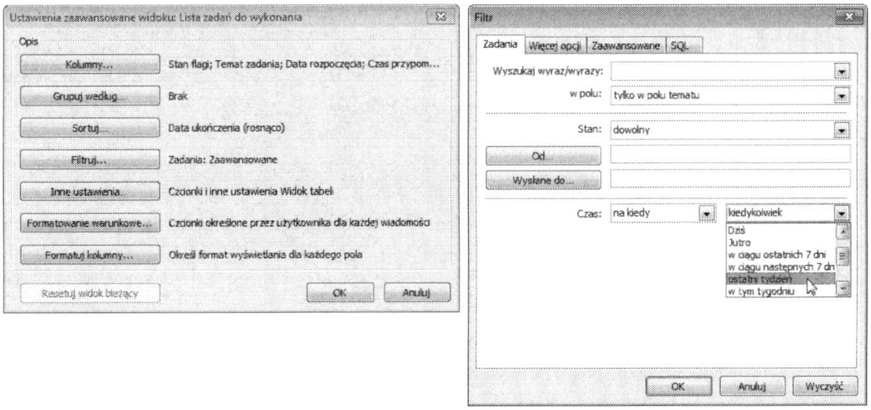

RYSUNEK 2-7 Tworzenie filtru ograniczającego widoczne zadania

3. W tym oknie możemy określić kryteria. Na przykład w celu wybrania zadań do realizacji w bieżącym tygodniu ustaw **na kiedy** na liście **Czas** i wartość **w tym tygodniu** w liście obok.
4. Zamknij wszystkie otwarte okna dialogowe klikając **OK**.

Ukrywanie zadań wykonanych

1. Powtórz kroki 1 i 2 poprzedniej procedury.
2. Kliknij zakładkę **Zaawansowane** w oknie dialogowym **Filtr** (rysunek 2-8).
3. Kliknij przycisk **Pole**. Na liście najczęściej używanych pól wybierz **Wykonane**.
4. Na uaktywnionych teraz listach **Warunek** i **Wartość** wybierz odpowiednio wartości **jest równe** oraz **Nie**, po czym kliknij **Dodaj do listy**.
5. Zamknij wszystkie otwarte okna dialogowe klikając **OK**.

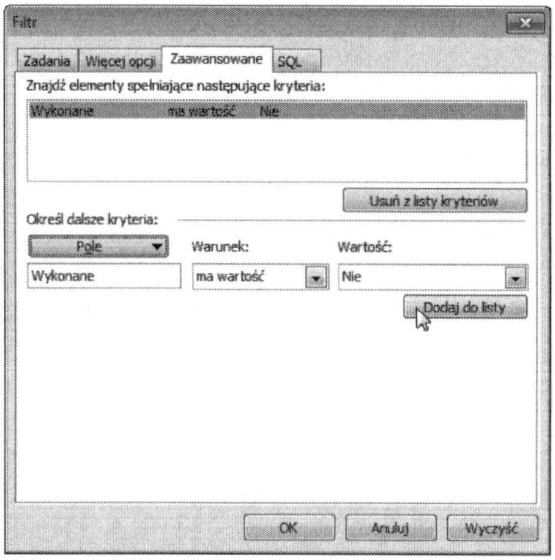

RYSUNEK 2-8 Można ukryć już wykonane zadania, stosując filtr zaawansowany.

W rozdziale 3 nauczymy się więcej na temat dodatkowych opcji filtrów, a także na temat grupowania widoków jako alternatywy lub uzupełnienia dla filtrów, a także pokażemy, jak usuwać niepotrzebne już filtry.

Dostrajanie priorytetów metodą 25000 dolarów

„Metoda 25000 dolarów" jest optymalnie dopasowana do dalszego poprawiania planowania, gdy już wprowadzimy „zgrubne priorytety" przy użyciu macierzy Eisenhowera. Jest to stara technika zarządzania czasem, która nadal jest efektywna, podobnie jak była przeszło 100 lat temu – po prostu działa!

Metoda 25000 dolarów

Będąc już prezesem jednej z największych korporacji świata – US Steel Corporation – Charles Michael Schwab przejął kontrolę nad Bethlehem Steel, którą wprowadził na giełdę w grudniu 1904 roku. Bethlehem Steel stała się później drugą największą firmą świata w branży stalowej. Charles Schwab zwrócił się do Ivy'ego Lee, konsultanta do spraw zarządzania, o osobistą poradę. Sprawa wynagrodzenia została sformułowana prosto: „Pokaż mi, jak mogę lepiej wykorzystać mój czas. Jeśli twoje wskazówki zadziałają, zapłacę dowolną cenę, jakiej sobie zażyczysz – w rozsądnych granicach".

Ivy Lee dał mu kawałek papieru (niestety, w tym czasie Outlook nie był jeszcze dostępny) i powiedział:

– Po prostu zapisz tu wszystko, co powinieneś zrobić jutro. Gdy już wypiszesz wszystkie zadania, porównaj je i oceń i priorytet. Gdyby jutro jakieś maszyny uległy awarii, wstrzymując całą produkcję i musiałbyś zająć się tym natychmiast, a tym samym starczyłoby ci czasu na tylko jedno zadanie z tej listy, które byś wybrał? Które musiałbyś wykonać, jeśli mógłbyś zrobić tylko jedno? Postaw przed nim numer 1.

– Które z pozostałych zadań byś wybrał, gdyby zostało ci dość czasu na tylko jedno? Daj mu numer 2. Powtarzaj to dalej, aż ustalisz kolejność priorytetów wszystkich zadań z całej listy. Jutro rozpocznij od zadania numer 1, gdy tylko zaczniesz dzień pracy. Nie rób niczego innego, dopóki nie skończysz tego zadania. Następnie sprawdź listę. Czy w międzyczasie zdarzyło się coś, co mogłoby sprawić, że zadanie numer 2 spadłoby na niższą pozycję listy? Czy wydarzyło się coś niespodziewanego i bardzo ważnego, co tym samym stało się nowym numerem 2? W razie potrzeby skoryguj listę i zajmij się numerem 2. Nie rób nic innego, dopóki nie skończysz tego zadania. Następnie zrób sobie krótką przerwę, po czym wróć do sprawdzenia listy i zajmij się zadaniem 3, ustalonym wczoraj lub skorygowanym, jeśli coś wydarzyło się w międzyczasie. I tak dalej, do końca listy lub końca dnia.

– Nawet jeśli nie zdołasz zrobić wszystkich zaplanowanych rzeczy w ciągu tego dnia, nie będzie to wielkim problemem. Tak to już jest. Jednak w ten sposób zdołasz zrobić przynajmniej te rzeczy, które są najważniejsze, zamiast pozwolić im czekać – i to się naprawdę liczy. Klucz do sukcesu leży w tym, aby robić to codziennie: wyliczyć swoje zadania i ocenić ich względną ważność, porównując je ze sobą. Tworzyć dzienny plan i trzymać się go. Oceny na piśmie mają też wielkie znaczenie dla samodyscypliny. Zawsze zajmuj się najważniejszą sprawą w pierwszej kolejności i postępuj tak dalej, o ile priorytety się nie zmienią. Zrób z tego swój codzienny styl postępowania. Wypróbuj tę metodę tak długo jak chcesz. Gdy docenisz już efektywność tego systemu, wyślij mi czek z taką sumą, na jaką wycenisz wartość tej porady.

Kilka tygodni później Charles Schwab wysłał Lee czek na sumę 25000 dolarów. Później powiedział, że była to najbardziej opłacalna rada, jaką uzyskał w całej swojej karierze menedżera.

(Za *The Time Trap*, Alec Mackenzie, Amacom, 1972)

Definiowanie widoku dla metody 25000 dolarów

Po zdefiniowaniu własnego widoku (co zostało omówione wcześniej) można wykorzystać go do planowania „metodą 25000 dolarów". Wymaga to dodania do widoku zadań niestandardowego pola (rysunek 2-9).

1. Rozpocznij tworzenie nowego widoku. W tym celu w Outlook 2010 przejdź do karty **Widok** i tam, w grupie **Widok bieżący** kliknij przycisk **Zmień widok**, po czym wpisz nazwę dla nowego widoku (na przykład „25000$"). W Outlook 2007/Outlook 2003 należy kliknąć nazwę widoku w lewej części panelu nawigacyjnego (poniżej nagłówka **Widok bieżący**).
2. Prawym przyciskiem myszy kliknij dowolny nagłówek kolumny w widoku, na przykład **Data ukończenia**, po czym kliknij **Wybór pola** w menu podręcznym.
3. W oknie dialogowym **Wybór pola** kliknij przycisk **New**.
4. Wpisz **25000$** w polu **Nazwa**, na liście **Typ** wybierz **Liczba**, po czym kliknij **OK**.

Wskazówka Przy tworzeniu nowego pola należy wybrać typ liczbowy – w przeciwnym wypadku zadania o numerach 10 i większych zostałyby umieszczone bezpośrednio po numerze 1 (1, 10, 11, 12, 2, 3 i tak dalej) albo trzeba by numery wpisywać z początkowym zerem (01, 02 i tak dalej). Numeryczny typ pola gwarantuje właściwy sposób sortowania.

5. Przeciągnij pole **25000$** z okna **Wybór pola** do widoku zadań, umieszczając go obok nagłówka jednej z istniejących kolumn, na przykład obok pola **Temat** (rysunek 2-9).

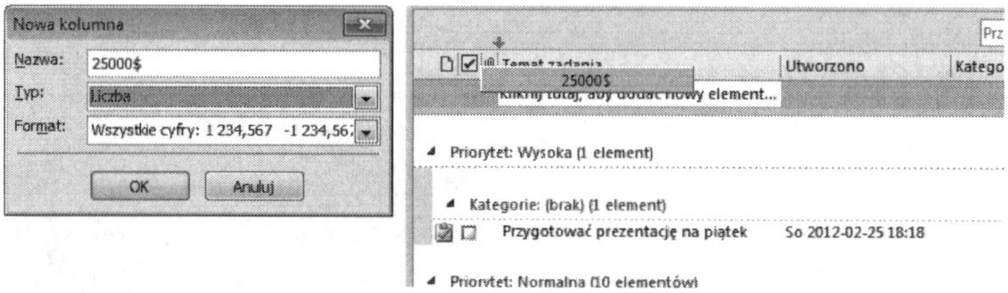

Rysunek 2-9 Wybieranie numerycznego typu pola i wstawianie pola do widoku jako nowej kolumny.

Wskazówka Można bardzo łatwo pozbyć się niepotrzebnych pól z widoku: wystarczy przeciągnąć zbędne pole (na przykład Data rozpoczęcia) do okna Wybór pola. Kolumny odpowiadające tym polom nie będą już wyświetlane. Jeśli jednak staną się znowu potrzebne, możesz ponownie przeciągnąć je z okna wybierania pól do widoku.

6. Zamknij okno **Wybór pola** kliknięciem przycisku zamykania.

7. Posortuj widok rosnąco zgodnie z zawartością nowo wstawionej kolumny: kliknij jeden raz nagłówek kolumny **25000$**.

Dopasowywanie priorytetów przy użyciu nowego widoku

Teraz można już zacząć ustalać priorytety zadań, poprawiając wstępną klasyfikację wykonaną przy użyciu macierzy Eisenhowera i tworząc bezwzględny porządek (patrz rysunek 2-10).

1. Wyobraź sobie: wszystko poszło nie tak, jak planowałeś, i masz czas na tylko jedno z zadań przewidzianych na dziś. Które z nich musi zostać zrobione? Wstaw liczbę **1** do pola **25000$** tego zadania.

   Gdy tylko klikniesz jakieś inne zadanie na liście, to właśnie oznaczone jedynką przeskoczy w dół. Outlook uznaje puste pole za wcześniejsze, niż z dowolną zawartością, zatem zadania, które jeszcze nie zostały ocenione, pozostaną na górze listy.
2. Które z pozostałych nieponumerowanych zadań jest teraz najważniejsze? Zadanie to otrzyma numer **2** – i tak dalej.

Uwaga Przy okazji – inne widoki, które nie korzystają z nowego pola, nie zostaną zmienione i będą zachowywać się dokładnie tak jak poprzednio, bez względu na wartości wpisane w to pole.

3. Przy kolejnych krokach mogą się pojawić wątpliwości, które zadanie jest kolejnym najważniejszym. Nie trać zbyt wiele czasu na zastanawianie się – po prostu zdecyduj. Nie istnieje żadne „stuprocentowo poprawne" rozwiązanie. Wszystko, co próbujesz zrobić, to utworzenie *przybliżonego* rankingu zadań poprzez porównywanie ich istotności. Ćwiczenie czyni mistrza. Może też się zdarzyć, że spojrzysz na jakieś zadanie i natychmiast zdasz sobie sprawę, że jest to *najmniej* ważne z pozostałych nieponumerowanych zadań. Jaką pozycję powinno otrzymać? W takim przypadku nie powinieneś się nawet przejmować całkowitą liczbą zadań. Po prostu wpisz wartość **99** (zakładając, że nie masz 150 zadań na dziś...). Kolejne, nieco mniej nieważne zadanie, otrzyma ocenę **98** i tak dalej. Nawet jeśli łączna liczba zadań na dziś wynosi 7, przy takiej numeracji Outlook posortuje je poprawnie.

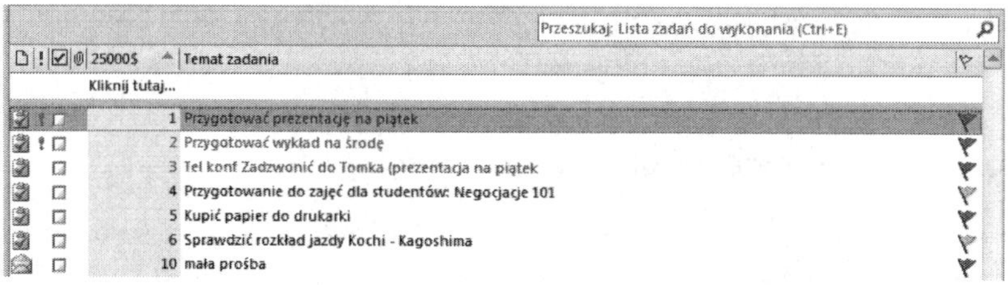

RYSUNEK 2-10 Porządkowanie zadań w widoku 25000$

W rozdziale 4, podczas omawiania procesu planowania dziennego, zajmiemy się dalszym udoskonalaniem metody 25000 dolarów, ale zanim do tego dojdziemy, będziemy musieli najpierw zmierzyć się z planowaniem tygodniowym w rozdziale 3.

Inne sposoby stosowania metody 25000 dolarów

Jeśli ktoś lubi szczegółowe planowanie, metoda ta przydaje się również do tworzenia rankingu zadań dla całego tygodnia lub stanowiących część określonego, dużego projektu. Jak wyjaśniliśmy, możemy utworzyć dodatkowe widoki (na przykład „Projekt A – 25000$") i wstawić do nich odpowiednie pole numeryczne, nazywając je odpowiednio (np. „Ranking A"). W ten sposób zapewnimy sobie właściwy wgląd w złożone sytuacje: to samo zadanie może mieć numer 1 w obrębie projektu, numer 5 w skali tygodnia i numer 2 w bieżącym dniu. Wskazówka ta jest adresowana do tych czytelników, którzy chcieliby zagłębić się w szczegóły planowania i którym nie wystarczają wskazówki i proste metody opisane przed chwilą. Inni powinni pamiętać, by nie przesadzać z planowaniem, gdyż jego nadmiar może stać się bardziej szkodliwy, niż pomocny. Szczególnie dla początkujących jeden widok tego typu zupełnie wystarczy (i najlepiej, by był to widok dla jednego dnia). Zadbajmy o to, by wszystko pozostało proste.

Lista zadań do wykonania – wyświetlanie maili i zadań z wielu folderów w tym samym czasie

Począwszy od wersji Outlook 2007 (a więc również w wersji 2010), wyeliminowano dwie największe przeszkody pojawiające się przy korzystaniu z wielu folderów. Outlook potrafi obecnie używać przypomnień/alarmów dla zadań bez względu na to, w jakim folderze są zlokalizowane (w wersjach wcześniejszych alarmy były wywoływane tylko dla zadań umieszczonych w domyślnym folderze *Task*). Można wreszcie zobaczyć jednocześnie wszystkie zadania ze wszystkich folderów, a nie tylko z jednego wybranego. To naprawdę pomaga w zachowaniu porządku.

Jeśli przejdziesz do modułu zadań w programie Outlook i zaczniesz zmieniać widoki, będziesz mógł widzieć tylko zadania zawarte we właśnie wskazanym folderze, podczas gdy domyślna **Lista zadań do wykonania** pokazuje wszystkie zadania. Podobnie jak dla w przypadku wiadomości, można utworzyć nowe foldery dla zadań (patrz rozdział 1, „Jak nie utonąć w zalewie maili") na przykład po to, by móc nadać indywidualne prawa dostępu dla kolegów z zespołu (jeden folder na własne zadania, jeden z prawem odczytu dla całego zespołu i trzeci współdzielony z najbliższym współpracownikiem). Można też wykorzystać foldery, aby uzyskać dodatkowy poziom sortowania i porządkowania zadań (inny niż kategorie) – na przykład oddzielić od siebie zadania prywatne i profesjonalne przynależne do określonego produktu/projektu, które następnie są grupowane według kategorii w obrębie folderu. Jednak używanie wielu folderów zadań może łatwo prowadzić do nieporozumień i dlatego jest to raczej kwestia gustu – tylko z rzadka może być to faktycznie użyteczne. W ogólności zalecamy raczej stosowanie tylko jednego folderu zadań i wykorzystanie filtrów do ukrywania tych zadań, które w danym momencie mogłyby tylko przeszkadzać.

Jeśli przejdziesz do panelu **Moje zadania** i klikniesz czerwoną flagę obok wpisu **Lista zadań do wykonania** (bezpośrednio nad listą dostępnych widoków w panelu nawigacyjnych w programie Outlook 2007 lub tuż poniżej Wstążki w Outlook 2010), zostaną wyświetlone wszystkie zadania zawarte w folderach poniżej. Pojawią się tu także wszystkie wiadomości, które zostały oznaczone flagą monitującą (więcej informacji o flagach i odpowiadających im terminach wykonania zawiera rozdział 1). Te same wiadomości i zadania wyświetlane są w panelu **Do wykonania** po prawej stronie ekranu (patrz rozdziały 1 i 4).

Uwaga Oflagowane wiadomości będą widoczne w widoku zadań tylko wtedy, gdy jako źródło wybierzesz listę zadań do zrobienia, a nie indywidualny folder zadań. Aby zobaczyć zadania z określonego folderu, należy w panelu Moje zadania zaznaczyć ten właśnie folder.

Teraz twój ruch

1. Zastanów się nad zadaniem, które naprawdę pozwoliłoby posunąć się do przodu. Jakie zadania mogą na koniec okazać się niezwykle korzystne, gdyż pozwalają oszczędzić czas i pieniądze lub zwiększyć wydajność w innych obszarach (przykładem może być uporządkowanie poczty i wyczyszczenie skrzynki odbiorczej, usprawnienia marketingowe lub nauka nowych technik lub umiejętności)?
2. Utwórz zadanie klasy B dla przy najmniej jednego takiego działania (czegoś, co chciałeś zrobić od dawna – na przykład wysprzątać skrzynkę odbiorczą) i określ realistyczną datę wykonania w obrębie najbliższych trzech tygodni.
3. Jeśli dotychczas nie korzystałeś z zadań programu Outlook, zacznij tworzyć i zarządzać swoją listą zadań właśnie tutaj. Wpisz około dwudziestu czynności

(nadając im zrozumiałe tematy), które będziesz musiał wykonać w następnym tygodniu (jeśli już korzystasz z zadań, włącz wyświetlanie tylko tych, które mają być zrobione w następnym tygodniu).

4. Dla wszystkich tych zadań ustaw niski priorytet. Wyszukaj wśród nich nie więcej niż trzy zadania kategorii A (ważne i pilne zarazem) i ustaw dla nich priorytet wysoki. Wśród pozostałych wyszukaj nie więcej niż pięć zadań kategorii B (ważne, ale niekoniecznie pilne) i ustaw im priorytet normalny. Zadania te powinieneś zrealizować przed wszystkimi pozostałymi (najpóźniej w ich planowanym dniu ukończenia). Im mniej zadań ocenisz jako ważne lub ważniejsze i pilniejsze od innych, tym większe prawdopodobieństwo, że rzeczywiście zdołasz wszystkie wykonać w ciągu tygodnia.
5. Posortuj listę według priorytetu, wyświetl tylko zadania kończące się w tym tygodniu (używając filtru) i ukryj wszystkie zadania wykonane.
6. Utwórz widok typu „25000 dolarów" dla dzisiejszego dnia, pokazujący tylko zadania z terminem ukończenia w dniu dzisiejszym, wstaw pole numeryczne, ustal ranking tych zadań i posortuj według tej kolumny.

ROZDZIAŁ 3

Jak uzyskać więcej czasu na rzeczy istotne przy użyciu planu tygodniowego

W tym rozdziale pokażemy, jak:

- Używać kategorii.
- Śledzić ważne kategorie.
- Filtrować i grupować według kategorii.
- Zastosować Zasadę Kiesel.
- Przygotować listę zadań na tydzień.
- Planować zadania i terminy przy użyciu programu Outlook.

„Nie mam na to czasu!"

W PRZECIWIEŃSTWIE DO PRZYSZŁEGO MIESIĄCA, następny tydzień jest dostatecznie blisko, aby móc dokładnie i realistycznie planować terminy i zadania. Z drugiej strony tydzień jest dostatecznie długi, by zachować równowagę i uwzględnić w nim zagadnienia dotyczące wszystkich obszarów życia. Dzień często okazuje się zbyt krótki, szczególnie gdy coś pójdzie źle (więcej na ten temat zawiera rozdział 4, „Jak sprawić, aby plan dnia zadziałał w prawdziwym świecie"). W tygodniu jest dość czasu, aby naprawić plan dnia, nad którym straciłeś kontrolę lub który po prostu był przepełniony. Możesz więc wykorzystać tydzień jako przestrzeń szczegółowego planowania, zaś Microsoft Outlook stanowi narzędzie, w którym możemy to zrealizować.

Udało ci się ustawić priorytety, ale nadal są jakieś zadania z kategorii B, które nie mają przypisanej daty ukończenia i z tego względu pozostają niezrobione? Czy twoje codzienne sprawy nie zostawiają wiele wolnego miejsca na liście zadań?

Robin znowu nie ma czasu...

Robin Wood nie ma już sił i czuje się zupełnie wykończony. Uporczywy upał i wszystkie te podróże... Gdy był młodszy, znacznie łatwiej przychodziło mu poradzić sobie z tym wszystkim. Regularnie biegał i grywał w kosza. Jego koleżanka, Holly Holt, niedawno wróciła z podróży zdrowotnej i twierdzi, że wszystko jest powiązane. – Powinieneś znów zacząć ćwiczyć – mówi. – W ten sposób zeszczuplejesz i będziesz mieć więcej sił do pracy. Miałoby to przynajmniej tyle samo sensu, co pójście na kurs maszynopisania, jeśli się pisze tak dużo jak ty – dodała żartem. Łatwo powiedzieć! W każdym razie, i tak nie ma na to czasu, przynajmniej teraz. Może w przyszłym roku.

Dział Robina ma 152 klientów – z których dziesięciu daje 56 procent wszystkich przychodów – i są oni zadowoleni. Jakiś czas temu Robin postanowił wyszukać sposoby, by zapewnić tej dziesiątce jeszcze lepszą obsługę i dodatkowe indywidualne rozwiązania. Ostatecznie, powinno to nie tylko oznaczać postęp z punktu widzenia klientów, ale także większe przychody i zyski jego działu. Jednak żadna z tych rzeczy nie nastąpi dzisiaj i w nawale codziennych spraw nie ma już ani odrobiny czasu na nic innego.

Robin naprawdę lubi telekonferencje – szczególnie że łatwo je przeprowadzać z pokoju konferencyjnego obok, wyposażonego w bezprzewodowe słuchawki. Mniej podróżowania, a ponadto takie rozmowy zwykle są bardziej uporządkowane i szybciej się kończą, niż tradycyjne zebrania. Z drugiej strony jego żona poskarżyła się, że telekonferencje zaczynają być również jego preferowaną, a być może niedługo jedyną, formą komunikacji także z nią...

Co jest naprawdę ważne – i dlaczego cały czas nie jest zrobione?

W odróżnieniu do przekopywania się przez codzienną górę maili czy inne elementy codziennego planu, gdzie coś niemal zawsze zostanie niewykonane, gdy nadchodzi wieczór, problemy w planowaniu tygodniowym nie są od razu tak oczywiste. Wiele osób nie robi żadnego planowania tygodniowego: używają planów rocznych lub kwartalnych (jeśli w ogóle) i tylko w zakresie życia zawodowego. Cokolwiek wpisze się w kalendarzu Outlook z wyprzedzeniem wielu tygodni lub miesięcy, będzie to widoczne w widokach miesięcznych, tygodniowych i dziennych. Po co właściwie tworzyć oddzielne plany tygodniowe?

Planowanie tygodniowe jest kluczem do osiągnięcia długoterminowych celów, zrównoważonego życia i zrealizowania zadań klasy B – nawet jeśli nie przypisałeś im daty ukończenia. Jeśli takie zadania pozostają niewykonane przez nieokreślony czas, efektywne planowanie tygodniowe jest najlepszym sposobem przeciwdziałania temu zjawisku. Jeśli zaniedbujesz swoje życie prywatne lub zdrowie z powodu zbytniego zaangażowania zawodowego lub gdy potrafisz osiągać tylko krótkoterminowe cele, w planach tygodniowych możesz uwzględnić również cele prywatne i dalekosiężne.

Wyniki badań naukowych w tej dziedzinie dotyczą nawet pracoholików, dla których zrobienie kariery zawodowej jest najważniejszym celem życia: ludzie uprawiający jakąś formę aktywności ruchowej (bieganie, pływanie, taniec i temu podobne) trzy razy w tygodniu, którzy mają uporządkowane życie osobiste i znajdują czas dla rodziny i przyjaciół, nie tylko osiągają więcej „na godzinę", ale także na dłuższą metę. Oznacza to, że mogą wykonać więcej pracy w ciągu 45 godzin pracy w tygodniu, niż pozbawiony równowagi pracuś zdoła zrobić w 70 godzin. Ludzie tacy są również bardziej kreatywni, pracują bardziej odpowiedzialnie i łatwiej sobie radzą z sytuacjami kryzysowymi.

Zacznij to zmieniać!

W tym rozdziale pokażemy, jak:

- Korzystać z kategorii programu Outlook do podzielenia wszystkich zadań według projektów lub podziału na życie zawodowe i prywatne.
- Zbudować własny system kategorii i uzyskać ogólny obraz działań w skali tygodnia.
- Zapewnić równowagę pomiędzy różnymi obszarami życia.
- Łącznie planować działania dotyczące życia zawodowego i prywatnego.
- Wykorzystać zadania kluczowe do posuwania się naprzód we wszystkich obszarach w sposób ciągły i długoterminowy.
- Przygotować bloki czasowe w kalendarzu dla tych zadań kluczowych, dzięki czemu zawsze będzie można znaleźć czas na rzeczy ważne, nawet w sytuacjach stresogennych.

Wskazówka Zawczasu zarezerwuj około 20 do 30 minut w każdym tygodniu na przygotowanie planu tygodniowego. Przekonasz się, że zwróci się to w postaci większej równowagi, zadowolenia, zwiększonej wydajności i długoterminowych sukcesów (nie tylko zawodowych) w ciągu kilku miesięcy.

Wykorzystanie kategorii do łączenia zadań

Zanim pokażemy, jak zaplanować tydzień za pomocą kategorii i Zasady Kiesel, zaprezentujemy podstawy koncepcji kategorii. Są one bardzo pomocne przy śledzeniu wielu zadań w różnych obszarach i umożliwiają zachowanie równowagi i całościowego widoku.

Dzięki kategoriom można przypisywać zadaniom „tematy" lub „słowa kluczowe". Jest to ta cecha, która jest najbardziej pomocna. Gdy już poczujemy się pewnie przy ich stosowaniu, będzie można zacząć używać ich wobec innych elementów programu Outlook, takich jak terminy. Przykłady kategorii zaprezentujemy dalej w tym rozdziale w części „Budowanie własnego systemu kategorii".

Uzyskiwanie perspektywy dzięki kategoriom

Zanim zaczniemy korzystać z filtrowania i grupowania przy użyciu kategorii, przyjrzyjmy się najpierw przypisywaniu i wybieraniu kategorii na kilku przykładach. W Microsoft Office Outlook 2007 system kategorii został rozszerzony o nowe funkcje i w wielu przypadkach jego obsługa (na przykład techniki przypisywania kategorii) uległy zmianie. Jednak strategie pracy z kategoriami pozostają takie same we wszystkich wersjach programu. Trzeba jednak zauważyć, że procedury dla wersji Outlook 2010 i 2007 pokazane na następnych stronach różnią się znacząco od sposobu postępowania w Outlook 2003. Ponadto w tym ostatnim nie ma wielu dodatkowych funkcji (takich jak Szybkie kliknięcie i dostosowywalne klawisze skrótów dla przypisywania poszczególnych kategorii). Z tego względu najpierw zademonstrujemy system kategorii w wersjach Outlook 2010/Outlook 2007, a dopiero później przedstawimy techniki pracy w Outlook 2003. W podrozdziale „Budowanie własnego systemu kategorii" w dalszej części rozdziału wyjaśnimy praktyczne strategie korzystania z kategorii, które są wspólne dla wszystkich wersji. Osoby korzystające z Outlook 2003 mogą pominąć kilka następnych stron i przejść do podtytułu „System kategorii w Outlook 2003: jak przypisywać kategorie".

W wersjach Outlook 2010/Outlook 2007 nie można już kliknąć w widoku tabeli ani po prostu zacząć pisać w polu Kategoria dla zadania (lub terminu albo kontaktu) – zarówno otwartego we własnym oknie, jak i w widoku tabeli, jak w wersjach wcześniejszych. Jednak w nowszych wersjach Outlook korzystanie z dostosowanej listy kategorii stało się znacznie prostsze.

Przypisywanie kategorii do zadań

Kategorie nie są już zlokalizowane w prawym dolnym rogu domyślnego formularza zadania – odpowiednie polecenie jest obecnie reprezentowane ikoną czterokolorowego kwadratu (Kategoryzuj), który jest zlokalizowany w grupie **Znaczniki** (Outlook 2010) lub **Opcje** (Outlook 2007) na karcie **Zadanie** (patrz rysunek 3-2 w dalszej części podrozdziału). Po kliknięciu tego przycisku można przypisywać nowe kategorie i zmieniać już przypisane (opcja **Wszystkie kategorie** pod koniec listy powoduje przejście do listy kategorii, którą zajmiemy się bardziej szczegółowo w dalszej części rozdziału).

Wszystkie przypisane kategorie są teraz wyświetlane bezpośrednio nad wierszem tematu zadania w pasku pokolorowanym zgodnie z barwą kategorii.

W widoku listy (tabelarycznym) kliknięcie kolumny **Kategorie** prawym przyciskiem myszy w wierszu należącym do zadania pozwala bezpośrednio przypisać kategorię poprzez menu podręczne. Kliknięcie już przypisanej kategorii usuwa przypisanie.

„Szybkie kliknięcie"

Po kliknięciu kolumny Kategorie prawym przyciskiem myszy można zauważyć polecenie **Ustaw szybkie kliknięcie** w menu podręcznym (patrz rysunek 3-1). Polecenie to umożliwia zdefiniowanie domyślnej (najczęściej używanej) kategorii, która jest nadawana po kliknięciu kolumny **Kategorie** lewym przyciskiem myszy (ponowne kliknięcie usuwa kategorię).

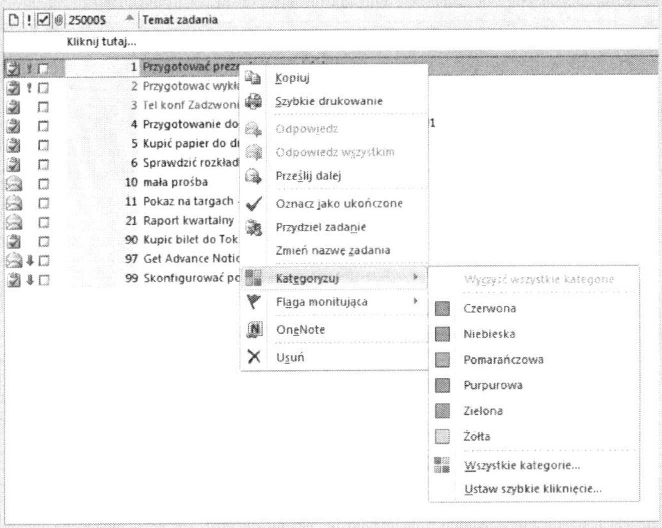

Rysunek 3-1 Przypisywanie kategorii do zadań przy użyciu prawego przycisku myszy; szybkie kliknięcie powoduje nadanie domyślnej kategorii.

Przypisywanie kategorii w kalendarzu

Po otwarciu terminu (na przykład podwójnym kliknięciu) w jego własnym oknie znajdziesz przycisk **Kategoryzuj** w grupie **Znaczniki** na karcie **Terminy** (Outlook 2010, patrz rysunek 3-2) lub w grupie **Opcje** (Outlook 2007). Po jego kliknięciu zobaczysz menu umożliwiające wybór kategorii. Wszystkie inne działania (na przykład dostęp do listy kategorii i wyświetlanie przypisanych kategorii bezpośrednio w wierszu tematu) są takie same jak dla zadań.

W dziennym, tygodniowym i miesięcznym widoku kalendarza można również kliknąć termin prawym przyciskiem myszy i wybrać **Kategoryzuj** z menu podręcznego.

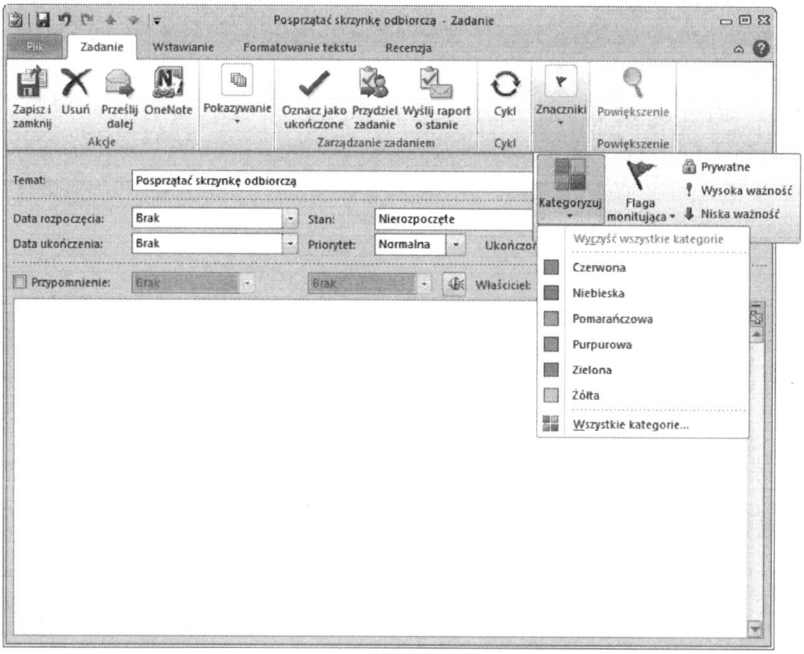

RYSUNEK 3-2 Przypisywanie kategorii do terminu przy użyciu polecenia Kategoryzuj w grupie Znaczniki.

Przypisywanie kategorii do wiadomości pocztowych

Przypisywanie kategorii dla wiadomości zawartych w skrzynce odbiorczej programu Outlook 2010/Outlook 2007 (i w innych folderach zawierających pocztę) wykorzystuje technikę analogiczną do zadań: wiadomości mają kolumnę **Kategorie**, po kliknięciu której prawym przyciskiem myszy pojawia się menu podręczne. Warto zauważyć, że tu również działa mechanizm szybkiego kliknięcia z tą samą domyślną kategorią wybraną dla zadań.

Po otwarciu istniejącej wiadomości pocztowej w jej własnym oknie znajdziesz przycisk **Kategoryzuj** (dla otrzymanych wiadomości) w grupie **Znaczniki** (Outlook 2010) lub **Opcje** (Outlook 2007) na karcie **Wiadomość**. Jeśli jednak dopiero tworzysz nowego maila, trzeba przejść do karty **Wiadomość** i kliknąć małą strzałkę w dół (zwaną czasem „starterem okna dialogowego") na prawo od nazwy grupy **Znaczniki** (lub **Opcje**, zależnie od wersji Outlook), aby otworzyć okno dialogowe **Właściwości** (Outlook 2010) lub **Opcje wiadomości** (Outlook 2007).

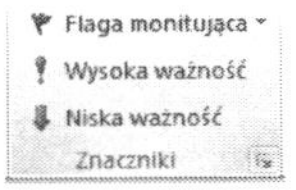

Przycisk **Kategoryzuj** znajdziesz w lewym dolnym rogu tego okna dialogowego, wraz z listą z aktualnie przypisanych kategorii obok niego.

Główna lista kategorii w Outlook 2010/Outlook 2007

W odróżnieniu od wcześniejszych wersji Outlook, początkowa lista kategorii zawiera tylko kilka podstawowych kolorów (Kategoria czerwona, niebieska, żółta i tak dalej). Aby utworzyć nową kategorię, należy otworzyć menu podręczne (tak jak opisano wcześniej) i wybrać **Wszystkie kategorie**, co spowoduje wyświetlenie głównej listy kategorii w oknie dialogowym **Kategorie oznaczone kolorem**. W oknie tym można zaznaczyć lub wyczyścić odpowiednie pole wyboru, aby przypisać kategorię do aktualnie wybranego elementu (zadania, wiadomości lub terminu). Co więcej, można bezpośrednio modyfikować listę, dodając nowe, zmieniając nazwy istniejących kategorii, przypisane im kolory lub usuwając kategorie z listy, posługując się odpowiednio przyciskami **Nowy**, **Zmień nazwę** lub **Usuń** (rysunek 3-3). Położone niżej listy **Kolor** i **Klawisz skrótu** pozwalają bezpośrednio zmodyfikować kolor oraz skrót dla aktualnie zaznaczonej kategorii.

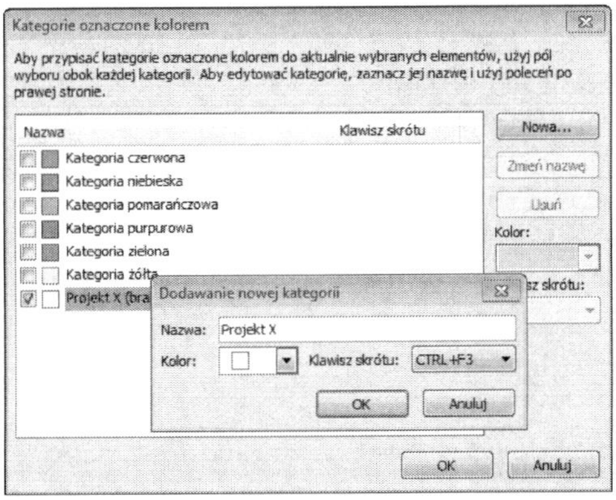

Rysunek 3-3 Główna lista kategorii w Outlook 2010/Outlook 2007 pozwala zmieniać ich nazwy, kolory i klawisze skrótów.

Korzystanie z klawiszy skrótów do szybkiego przypisywania najważniejszych kategorii

Poszczególnym kategoriom można przypisać klawisze skrótów w postaci sekwencji Ctrl+klawisz funkcyjny od F2 do F12.

Po przypisaniu skrótów można użyć tych kombinacji klawiszy, aby przypisać kategorię do aktualnie zaznaczonego (klikniętego) zadania na liście, wskazanego terminu lub elementu otwartego we własnym oknie. Ponowne naciśnięcie skrótu usuwa kategorię z elementu. Skróty te nie działają przy pisaniu nowej wiadomości pocztowej (tylko przy otwarciu otrzymanego maila), gdyż zostałyby przechwycone przez edytor i zinterpretowane w odmienny sposób (na przykład Ctrl+F2 powoduje przełączenie się do widoku stron).

Wypełnianie listy własnymi kategoriami

1. W oknie **Kategorie oznaczone kolorem** kliknij przycisk **Nowa**.
2. Wpisz nazwę kategorii w polu **Nazwa** okna dialogowego **Dodawanie nowej kategorii**.
3. W razie potrzeby wybierz kolor i klawisz skrótu dla nowej kategorii, klikając odpowiednie listy, po czym zamknij okno klikając **OK**.
4. Powtórz te czynności dla innych kategorii, które chcesz dostać.
5. Zamknij główną listę kategorii kliknięciem **OK**. Przykłady możliwych zestawów kategorii możesz znaleźć w podrozdziale „Budowanie własnego systemu kategorii" w dalszej części rozdziału.

Przeglądanie głównej listy kategorii

Łatwo się przekonać, że warto dostosować wyświetlaną listę kategorii. W ten sposób łatwiej będzie później przypisywać własne kategorie bez konieczności przewijania długiej listy. Jeśli ktoś chce zachować domyślne „barwne" kategorie (Czerwona, Niebieska, Zielona, Żółta, Pomarańczowa i Purpurowa) do celów kolorowania terminów (patrz kolejny podrozdział), może je po prostu zostawić na liście. Jeśli nie są one potrzebne, najlepiej będzie je usunąć:

1. Na liście zadań kliknij prawym klawiszem wiersz należący do zadania (kursor myszy nie musi wskazywać kolumny **Kategorie** – może równie dobrze znajdować się w innej kolumnie) i wybierz polecenie **Kategoryzuj/Wszystkie kategorie**. Jeśli zadanie jest otwarte w swoim własnym oknie, zamiast tego kliknij przycisk **Kategoryzuj** i wybierz **Wszystkie kategorie** z wyświetlonego menu.
2. Kliknij pierwszą niepotrzebną kategorię, o ile nie jest już zaznaczona (na przykład **Kategoria purpurowa**) i kliknij przycisk **Usuń** (rysunek 3-4).

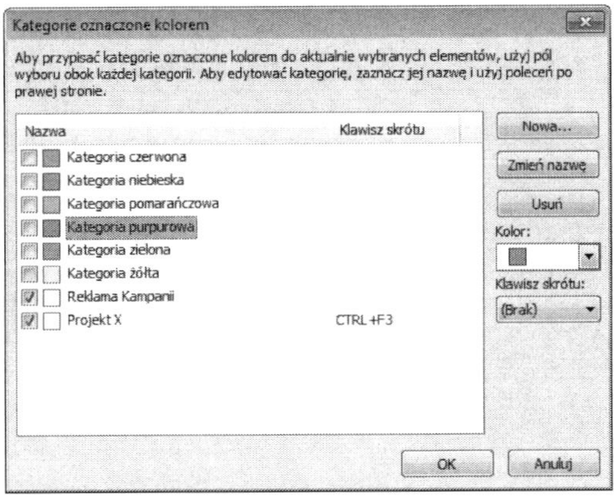

RYSUNEK 3-4 Usuwanie zbędnych kategorii domyślnych

3. Powtórz krok 2 dla pozostałych niepotrzebnych kategorii, po czym zamknij główną listę kategorii, klikając **OK**.

Śledzenie najważniejszych kategorii przy użyciu kolorów

W Outlook 2010/Outlook 2007 wpisy przypisane do kategorii są automatycznie oznaczane kolorem. W ten sposób widać od razu, do jakiej kategorii należy dany wpis, bez konieczności czytania jego nazwy; przy szybkim przeglądaniu listy zadań lub maili można szybciej uzyskać ogólny wgląd w sytuację.

Jak Outlook wyświetla kolory kategorii

Jeśli otworzysz element w jego własnym oknie, kategorie są wyświetlane w postaci kolorowych pasków bezpośrednio nad tematem (nagłówkami w nowej wiadomości mail lub nazwą kontaktu). Przy pisaniu nowej wiadomości kategorie są ukryte i osiągalne tylko przez okno dialogowe **Właściwości** (Outlook 2010) lub **Opcje wiadomości** (Outlook 2007), jak opisaliśmy wcześniej w podrozdziale „Przypisywanie kategorii do wiadomości pocztowych".

W widokach tabeli/listy (takich jak lista zadań lub wiadomości w skrzynce odbiorczej) w kolumnie **Kategorie** umieszczany jest kolorowy prostokąt, uzupełniony nazwą kategorii. Jeśli dany element należy do kilku kategorii, w polu tym zobaczymy kilka kolorowych prostokątów jeden obok drugiego, a na prawo od nich nazwy. Jeśli kolumna nie ma dostatecznej szerokości, informacja jest obcinana na prawej krawędzi. Najpierw znikają nazwy, a jeśli kolumna jest zbyt wąska na zbyt dużą liczbę kategorii, również prostokąty z prawej strony mogą zniknąć. Kolejność kategorii nie jest alfabetyczna ani hierarchiczna – gdy dodajemy kategorię, ostatnia umieszczana jest z lewej strony (na początku). Oznacza to, że by zapewnić widoczność kategorii, która została przypisana wcześniej, wystarczy ją usunąć i nadać na nowo – stanie się wówczas najświeższą, a tym samym zostanie umieszczona na pierwszej pozycji.

W pasku **Do zrobienia** (patrz rozdział 1, „Jak nie utonąć w zalewie maili", oraz rozdział 4, „Jak sprawić, aby plan dnia zadziałał w prawdziwym świecie") oraz dziennej liście zadań, wyświetlanej poniżej terminów dnia w widoku kalendarza, miejsca jest bardzo niewiele, toteż pole **Kategorie** mieści wówczas tylko jeden kolorowy prostokąt. W odróżnieniu do sytuacji w innych widokach, Outlook nie ogranicza wyświetlania tylko do tego koloru, który jest umieszczony z lewej, ale zamiast tego kondensuje kolorowe ikony. W przypadku czterech lub więcej kategorii widoczne będą tylko trzy ostatnio nadane kategorie.

Kolorowanie terminów w zależności od kategorii

W widokach dziennym, tygodniowym i miesięcznym kalendarza terminy otrzymują tło wynikające z ostatniej przypisanej do nich kategorii. Dodatkowe kategorie są wyświetlane jako małe kolorowe prostokąty w prawym dolnym rogu (tylko w widoku dziennym i tygodniowym, nie w miesięcznym). Gdy termin zostanie przypisany do jakiejś kategorii – nawet jeśli kolor tej kategorii to „Brak" – kolor kategorii zastępuje wyniki wszystkich reguł warunkowego formatowania (Outlook 2010) lub automatycznego formatowania (Outlook 2007) dla poszczególnych widoków (patrz „Automatyczne kolorowanie terminów" dalej w tym rozdziale).

Unikanie problemów przy użyciu kolorów kategorii

Aby móc korzystać z kategorii w zrozumiały i sensowny sposób, trzeba się zastanowić nad systemem kolorystycznym. Zwykłe przypisanie koloru do każdej kategorii może łatwo doprowadzić do chaosu, gdyż kolor determinuje kategoria przypisana jako ostatnia. Oznacza, że to, czy będziesz w stanie zobaczyć ważne kategorie w aktualnie ustalonej szerokości kolumn, jest czystą grą.

Wystarczy jedna kategoria przypisana w nieprzemyślany sposób, aby zrujnować cały efekt warunkowego/automatycznego formatowania terminów. W Outlook 2010/Outlook 2007 można wykorzystać dowolne kryteria do automatycznego określenia kolorów, jakimi terminy są prezentowane w kalendarzu (patrz „Automatyczne kolorowanie terminów" dalej w tym rozdziale). Na przykład ktoś, kto stale podróżuje pomiędzy czterema różnymi miastami, może zechcieć wyróżnić zewnętrzne terminy na podstawie wartości wpisanej w polu **Lokalizacja**: na przykład kolorem zielonym dla Warszawy, żółtym dla Wiednia, czerwonym dla Berlina i niebieskim dla Pragi. Jeśli potrzebujesz zarezerwować pokoje konferencyjne na spotkania, możesz wybrać oznaczanie kolorem czerwonych wszystkich terminów, w których wartość lokalizacja to „Do zarezerwowania", zaś pomarańczowego dla tych, w których użyłeś zwrotu „Potwierdzone". Jednak gdy przypiszesz kategorię do takiego terminu (nawet gdy kategoria ta nie ma zdefiniowanego koloru), wyniki automatycznego formatowania zostaną nadpisane; w takiej sytuacji można łatwo przeoczyć fakt, że ciągle nie zarezerwowaliśmy pokoju na konferencję w odległym mieście, dalekim od naszego biura.

Uwaga Outlook nie zachowuje się spójnie w odniesieniu do „bezbarwnych" kategorii (tych, w których ustawiono brak koloru). Na przykład, jeśli pokolorujesz termin na czerwono za pomocą kategorii i następnie nadasz (jako drugą) kategorię zieloną, termin będzie wyświetlany na zielono. Jeśli następnie dodasz kategorię pozbawioną koloru, termin nadal będzie wyświetlany w kolorze zielonym. Jeśli jednak przypiszesz kategorię bez koloru do terminu pokolorowanego na żółto w drodze warunkowego formatowania, Outlook wyświetli ten termin w kolorze domyślnym (tła kalendarza), a nie żółtym, dopóki nie usuniesz wszystkich kategorii z tego terminu.

Kolory w górę listy

Jeśli ktoś korzysta z rozbudowanej głównej listy kategorii, warto uzupełnić kategorie kolorystyczne o prefiks nazwy, który sprawi, że będą zawsze umieszczane na początku listy. W trakcie edycji głównej listy kategorii w Outlook 2010/Outlook 2007 nowo utworzone kategorie początkowo pojawiają się końcu listy. Jeśli jednak zamkniesz i ponownie otworzysz listę, okaże się, że została ona posortowana alfabetycznie.

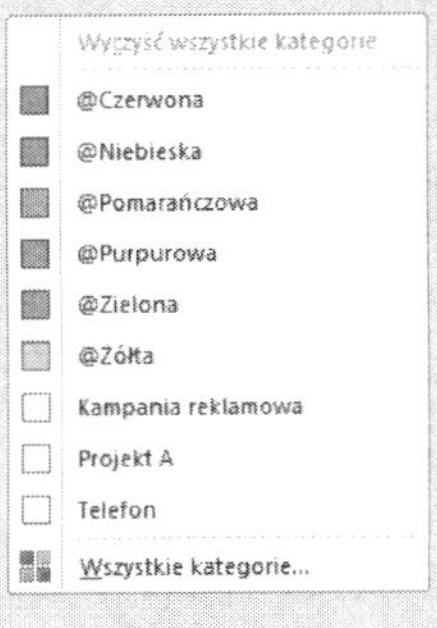

Oto jak możemy uniknąć „strzelenia sobie w kolano": jeśli chcesz pokolorować termin zgodnie z kryteriami, które nie są zakodowane w kategoriach, ale wynikają z reguł automatycznego formatowania (patrz wcześniejsze przykłady), jedynym wyjściem jest *nie nadawanie* żadnemu terminowi żadnej kategorii. Gdy choć kilka terminów będzie miało przypisaną jakąś (nawet bezbarwną) kategorię, zniszczy to efekty automatycznego formatowania. Aby móc skorzystać z formatowania warunkowego, musisz zrezygnować z kategorii w odniesieniu do terminów. Z drugiej strony kolorowanie przy użyciu kategorii jest zwykle prostsze do zrozumienia i łatwiejsze w konfiguracji, niż formatowanie warunkowe. Jeśli na przykład chcesz stosować kolory zależnie od projektów, terminy dotyczące konkretnego projektu możesz szybko wyróżnić, nadając im kolor danego projektu, jednocześnie usuwając kolory ze wszystkich innych terminów. W ten sposób można łatwo rozpoznać terminy związane z tym projektem i żaden inny kolor nie zastąpi przypadkowo barwy projektu.

Ostatnią możliwością jest ręczne nadawanie koloru (na przykład wtedy, gdy ktoś przyzwyczaił się do korzystania z przestarzałego pola Etykieta w wersji Outlook 2003 i wcześniejszych): najpierw nadaj wszystkim własnym kategoriom na głównej liście brak koloru. Następnie uzupełnij listę o kategorie, których jedyną treścią będzie kolor (tak jak kilka już wbudowanych, o ile jeszcze nie zostały skasowane – patrz rysunek 3-4 wcześniej w tym rozdziale). W ten sposób możesz używać tych kategorii do oznaczania kolorystycznego terminów, zadań i innych elementów, bez tworzenia chaosu wynikającego z faktu, że inną (własną) kategorię przypisaliśmy później – ta, jako bezbarwna, nie zmieni już nadanego koloru.

Osoby używające programu Outlook 2010/Outlook 2007 mogą pominąć kilka następnych stron i przejść do części „Budowanie własnego systemu kategorii". Reszta tego podrozdziału poświęcona jest systemowi kategorii w Outlook 2003.

System kategorii w Outlook 2003: jak przypisywać kategorie

1. Na liście zadań znajdź to, któremu chcesz przypisać nową lub zmienioną kategorię.
2. Kliknij pole **Kategoria** należące do tego zadania (w kolumnie **Kategorie**, jak na rysunku 3-5).

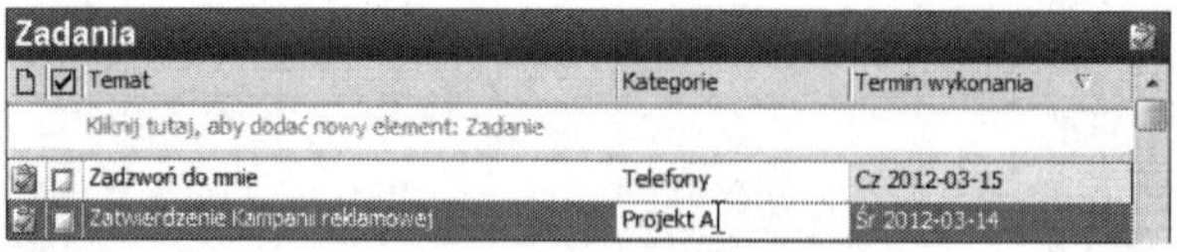

RYSUNEK 3-5 Pole Kategoria zadania pozwala na bezpośrednią edycję.

3. Migający kursor tekstowy zostaje umieszczony w polu **Kategoria** wybranego zadania, zatem możesz od razu zacząć pisać. Jeśli chcesz przypisać zadanie do kilku kategorii, należy rozdzielać je średnikami.

4. Kliknij inne zadanie lub przełącz się na inny widok (na przykład kalendarza), aby automatycznie zapisać zmiany.

UWAGA Jeśli otworzysz zadanie w jego własnym oknie, pole **Kategorie** wyświetlane jest w prawym dolnym rogu obok przycisku o tej samej nazwie. Również tu można bezpośrednio wpisywać i edytować kategorie.

Temat zadania, datę ukończenia i inne elementy można zmieniać w ten sam sposób. Metodą tą można również modyfikować indywidualne pola terminów pokazywanych w widoku listy (więcej na ten temat w rozdziale 4).

Jednak ta metoda modyfikowania i zmieniania kategorii ma również swoje wady:

- W przypadku dłuższych nazw (takich jak „Szablon kontraktu dostawcy") wpisywanie całej nazwy za każdym razem może być nużące.
- Jeśli popełnisz błąd (literówkę) przy wpisywaniu nazwy, powiązane filtry nie będą w stanie znaleźć tego zadania, a gdy włączysz grupowanie według kategorii, ten wpis pojawi się jako oddzielna grupa.
- Dla osób dopiero zaczynających korzystanie z kategorii trochę czasu może zabrać nabranie wprawy w stosowaniu ujednoliconych nazw. Jeśli raz wpiszesz „Spotkanie", a innym razem „Spotkania", spowoduje to utworzenie dwóch oddzielnych kategorii.

Do uniknięcia tych problemów można wykorzystać główną listę kategorii, aby uniknąć tych problemów – co pozwoli także nadawać kategorie w wygodniejszy sposób.

Przypisywanie kategorii przy użyciu głównej listy kategorii w programie Outlook 2003

1. Prawym przyciskiem myszy kliknij wiersz należący do zadania (nie trzeba koniecznie trafić kursorem myszy w pole **Kategorie**) i z menu podręcznego wybrać **Kategorie**.

   Jeśli zadanie zostało otwarte w jego własnym oknie (formularzu), zamiast tego kliknij przycisk **Kategorie** (w prawym dolnym rogu formularza).
2. Zaznacz pola wyboru przy odpowiednich polach formularza (rysunek 3-6).
3. Jeśli potrzebnej kategorii nie ma jeszcze na liście, możesz dopisać ją w polu **Elementy należące do tych kategorii**. Nowy wpis umieszczony w tym polu można dodać do listy głównej, klikając **Dodaj do listy**.
4. Zamknij okno dialogowe **Kategorie** klikając **OK**.

Rysunek 3-6 Przypisywanie kategorii poprzez listę – w ten sposób unikniesz literówek i mylenia liczby pojedynczej i mnogiej.

Czyszczenie głównej listy kategorii w Outlook 2003

Wyświetlaną listę kategorii warto dostosować do własnych potrzeb. W ten sposób będzie można dodać swoją (zdefiniowaną przez siebie) kategorię jednym kliknięciem i wyeliminować potrzebę przewijania długiej listy kategorii, które nigdy nie zostaną użyte.

1. Prawym przyciskiem myszy kliknij wiersz należący do zadania i wybierz polecenie **Kategorie** z menu podręcznego. Jeśli zadanie zostało otwarte w jego własnym oknie (formularzu), zamiast tego kliknij przycisk **Kategorie** (w prawym dolnym rogu formularza).
2. W oknie dialogowym **Kategorie** kliknij przycisk **Główna lista kategorii**.

   Jeśli jeszcze nie dokonałeś żadnych zmian w głównej liście kategorii, powinieneś zacząć od usunięcia domyślnych wpisów, o ile nie planujesz ich stosowania, a następnie wprowadzić swoje własne kategorie pasujące do twojego stylu pracy.
3. Kliknij pierwszy wpis na liście.
4. Przytrzymaj klawisz Shift i kliknij ostatni wpis na liście.

   Teraz wszystkie wpisy są zaznaczone (rysunek 3-7).
4. Kliknij przycisk **Delete**.

Budowanie własnego systemu kategorii

Warto poświęcić pół godziny (najlepiej wspólnie z kolegą, który ma podobne obowiązki i styl pracy) na przemyślenie tego, jakie kategorie są potrzebne i najlepiej będą spełniać swoje zadania. Następnie trzeba przygotować niestandardową listę kategorii zgodnie z wcześniejszym opisem. Należy starać się utworzyć dostatecznie

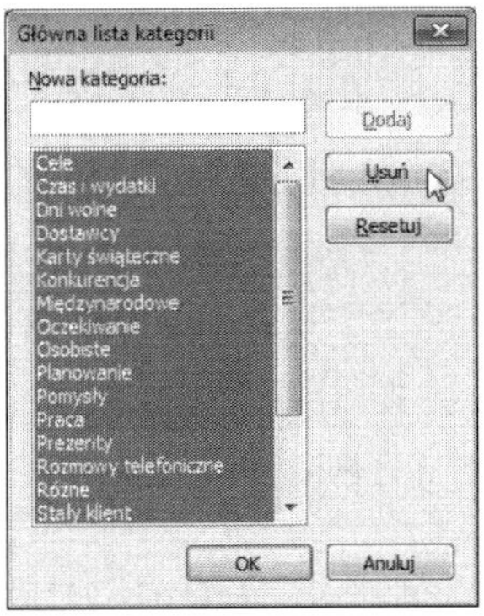

RYSUNEK 3-7 Usuwanie niepotrzebnych wpisów z głównej listy kategorii w celu przygotowania miejsca na własne.

dużo kategorii, aby każde zadanie dało się sklasyfikować, ale nie więcej. W tym podrozdziale pokażemy kilka przykładów takich systemów. Można je wykorzystać, ale równie dobrze można starać się utworzyć własny schemat.

Niemal w każdej sytuacji ma sens utworzenie kategorii dla najważniejszych projektów, funkcji pełnionych w firmie i różnych obszarów życia (patrz rysunek 3-8, a także „Siedem dni, siedem postaci" dalej w tym rozdziale).

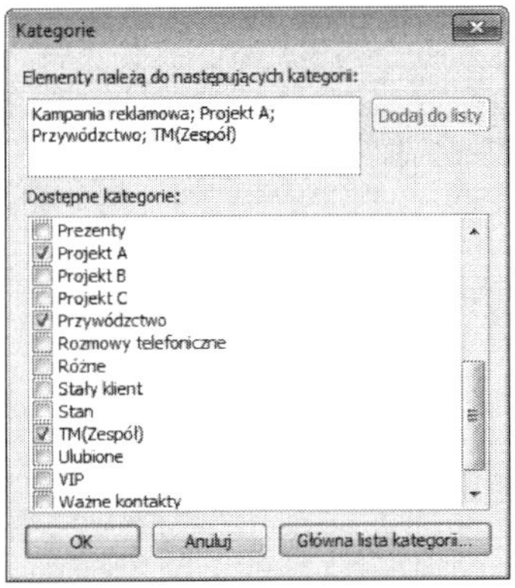

RYSUNEK 3-8 Tworzenie kategorii dla najważniejszych projektów i obszarów życia

> **UWAGA** Nie należy pozwalać, aby liczba kategorii stała się zbyt duża, gdyż trudno będzie zapanować nad zbyt wielkim zróżnicowaniem. Spróbuj tworzyć nie więcej niż pięć do dziewięciu wpisów dla każdego obszaru (na przykład dla projektów lub funkcji w przedsiębiorstwie). Im mniej, tym lepiej.

Może się zdarzyć, że niektóre zadania można realizować tylko w ustalonej porze dnia (jak na przykład telefonowanie do współpracowników zlokalizowanych w oddalonych strefach czasowych); takie zadania warto oddzielić odpowiednimi kryteriami.

Grupowanie kategorii

Jeśli zdecydujesz się korzystać z „zasady lokalizacyjnej" i przypisywać kategorie oparte na miejscu do większości zadań, warto utworzyć także kategorię „Wszędzie", aby nie znaleźć się w sytuacji, gdy jakieś zadanie nie zostało sklasyfikowane i w rezultacie przeoczone, bo nie należy ono w istocie do żadnej konkretnej lokalizacji.

Umieszczenie na jednej liście kategorii dotyczących czasu (pór dnia) i miejsc spowodowałoby chaos, jako że kategorie są automatycznie sortowane alfabetycznie. Aby tego uniknąć, można wykorzystać dodatkowy „znak porządkujący" – prefiks nazwy kategorii, zapewniający właściwe położenie na liście (rysunek 3-9). Outlook uporządkuje kategorie o tym samym prefiksie alfabetycznie. W przypadku bardziej rozbudowanej listy kategorii można wykorzystać te prefiksy do przesunięcia najczęściej stosowanych kategorii na początek listy. Znak @ jest wyświetlany przed cyframi i literami. Można też użyć cyfr, aby ustawić konkretne wpisy na wybranej pozycji lub podzielić całą listę na grupy (na przykład kategorie dotyczące projektów poprzedzić cyfrą 1, zobowiązania rodzinne cyfrą 2 i tak dalej). Znakiem umieszczanym najwyżej (sortowanym przed wszystkimi innymi) jest wykrzyknik, po którym następują inne znaki interpunkcyjne (jednak kropka na początku nazwy wyglądałaby dość dziwnie). Umieszczenie na początku nazwy litery „z" przenosi wpis na koniec listy – zaś te z dwiema lub więcej wiodącymi znakami „z" spadają jeszcze niżej.

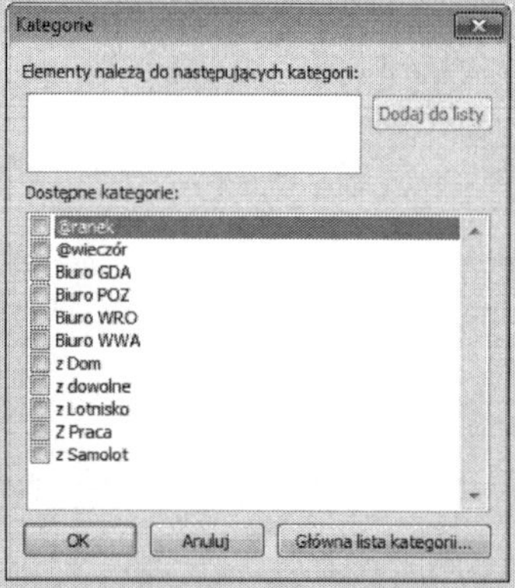

Rysunek 3-9 Kategorie wykorzystujące porę dnia, lokalizacje oraz możliwość wykonania w różnych miejscach – zwraca uwagę zastosowanie prefiksu do właściwego posortowania kategorii (@ dla początku i „z" dla miejsc na końcu listy).

Można też rozważyć budowę systemu kategorii opartego na lokalizacjach. Może być to bardzo przydatne dla kogoś, kto pracuje w kilku różnych biurach, jest odpowiedzialny za kilka placów budowy lub serwisowanie urządzeń zainstalowanych w wielu różnych budynkach, często dokonuje zakupów w różnych hurtowniach lub odbywa wiele podróży w interesach, spędzając 10 do 20 godzin tygodniowo w samolotach. Jakimi zadaniami można zająć się tylko w macierzystym biurze, a jakie można równie dobrze wykonać siedząc w samolocie? (to ostatnie może być nawet lepsze dla niektórych czynności, gdyż mniejsze jest ryzyko rozpraszania przez inne zdarzenia, no i nikt nie wejdzie do pokoju, domagając się zrobienia czegoś „natychmiast").

Wyobraź sobie, że zarządzasz zespołem złożonym z kilku kolegów i musisz nadzorować zadania przynależne do konkretnej osoby. Wprawdzie zadanie zostało już oddelegowane do tej osoby, jednak sensowne wydaje się utworzenie we własnym środowisku odpowiednich kategorii (rysunek 3-10). Nawet jeśli nie chcesz ich wyświetlać w widoku zgrupowanym przez „delegowane do", ale razem z innymi kategoriami, możliwość wyświetlania zadań delegowanych wraz z tymi, którymi zajmujesz się osobiście, może być wygodna.

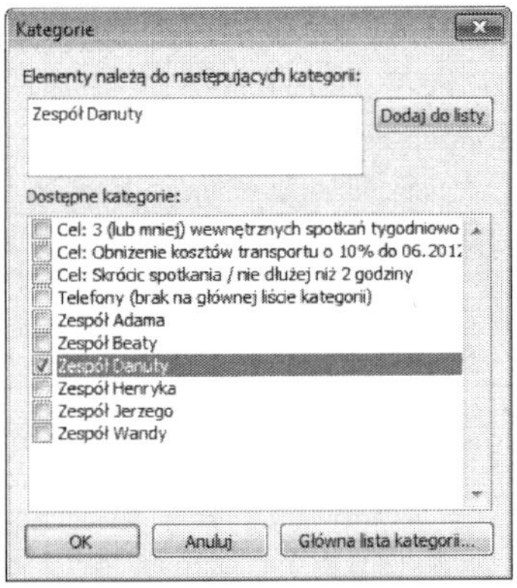

Rysunek 3-10 Tworzenie kategorii odpowiadających członkom zespołu i najważniejszym celom połowy roku.

Inny typ kategorii, który bywa użyteczny, to określenie najważniejszych długo- i średnioterminowych celów, jeśli każdemu odpowiada wiele zadań składowych i chcemy mieć możliwość łatwego wydzielania zadań dotyczących konkretnego celu. Należy tu wybrać tylko najważniejsze cele – nie powinniśmy tworzyć kategorii dla wszystkich możliwych celów, ale tylko tych ważnych – liczba ich nie powinna przekraczać pięciu, aby lista nie stała się zbyt długa (można też w ogóle nie oznaczać celów jako kategorii; więcej informacji na temat celów znajduje się w rozdziale 6, „Jak wykorzystać OneNote do zapisywania celów, notowania pomysłów i przechowywania notatek").

Ostrzeżenie Nie należy stosować znaków przecinek (,) ani średnik (;) w nazwach kategorii, choć mogłyby się wydawać przydatne, szczególnie w przypadku kategorii stanowiących cele. Średnik i przecinek pełnią w programie Outlook funkcję separatorów i ich użycie w nazwie kategorii spowodowałoby powstanie *dwóch* kategorii (jednej z części nazwy przed średnikiem/przecinkiem, a drugiej z części po – oczywiście bez samego średnika/przecinka). Ze względu na zachowanie kompatybilności wstecznej znaki te są zabronione w Outlook 2010/Outlook 2007. Dozwolone separatory to kropka (.), dwukropek (:) i dywiz (-).

Dla osób pracujących na własny rachunek wygodny może być zestaw kategorii odpowiadający różnym typom aktywności zawodowej (rysunek 3-11).

Rysunek 3-11 Dla wolnych strzelców wygodne mogą być kategorie dotyczące typów aktywności, takie jak pokazana lista niezależnego dziennikarza.

Powyższe sugestie są oczywiście tylko wstępem. Trzeba połączyć je z własnymi potrzebami, aby zbudować taką listę kategorii, która będzie dobrze działać. Nie należy tworzyć zbyt wielu kategorii od razu. Na początek powinno wystarczyć około dziesięciu – mniej niż piętnaście. W miarę nabierania wprawy i zdobywania doświadczeń będzie można precyzyjniej określić, jakie jeszcze kategorie są potrzebne i stopniowo dodawać je w miarę potrzeby.

Filtrowanie i grupowanie przy użyciu kategorii

Filtrowanie i grupowanie ułatwia przeglądanie tylko wybranych zadań z całej listy. Dzięki połączeniu filtrów i grup można utworzyć bardziej szczegółowe widoki pozwalające na szybszy i lepszy wgląd w zadania, które są istotne w danym momencie.

Filtrowanie widoków

Filtry umożliwiają wyświetlanie tylko tych wpisów, które pasują do wybranych kryteriów. Dostępna jest zarówno opcja „kategoria zawiera", jak i „kategoria nie zawiera", co od razu pozwala utworzyć filtry dwóch praktycznych typów: pozytywne (pokazujące elementy należące do jakiejś grupy) i negatywne (pokazujące wszystko *oprócz* jakiejś grupy; innymi słowy, ukrywające elementy spełniające kryteria).

Dzięki filtrowaniu negatywnemu można na przykład utworzyć widok „Przedpołudnie", w którym zostaną ukryte wszystkie zadania z przypisaną kategorią „@Wieczór".

- Jeśli mieszkasz i pracujesz w Europie, telefonowanie do partnera biznesowego w Los Angeles pomiędzy 8:00 a 16:00 nie miałoby zbyt wiele sensu, gdyż tam jest wtedy środek nocy (9 godzin różnicy czasu). Takie wpisy powinny być zatem ukryte w tym czasie.
- Zadania bez określonej „kategorii czasowej" – na przykład przygotowanie kolejnego fragmentu przygotowywanej prezentacji, nad którą możesz pracować w dowolnej chwili – powinny nadal być wyświetlane. Stąd filtr pozytywny dla kategorii „@Przedpołudnie" nie zadziałałby prawidłowo – wprawdzie ukryłby te zadania, które trzeba zrobić wieczorem, ale także te, które w ogóle nie mają przypisanego czasu.

Definiowanie pozytywnych filtrów dla kategorii

1. Otwórz dowolny widok zadań, prawym przyciskiem myszy kliknij któryś nagłówek kolumny (na przykład **Data ukończenia**) i wybierz polecenie **Ustawienia widoku** (we wcześniejszych wersjach programu Outlook **Dostosuj bieżący widok**) z menu podręcznego. Alternatywnie można kliknąć **Ustawienia widoku** w grupie **Widok bieżący** na karcie **Widok** we Wstążce programu Outlook 2010. W wersjach Outlook 2007/Outlook 2003 można posłużyć się łączem **Dostosuj bieżący widok** w panelu nawigacyjnym po lewej stronie.
2. Kliknij przycisk **Filtruj** w oknie dialogowym **Zaawansowane ustawienia widoku**.
3. W oknie dialogowym **Filtr** liknij zakładkę **Więcej opcji**, po czym kliknij przycisk **Kategorie** (patrz rysunek 3-12).
4. Zaznacz pola wyboru przy kategoriach, które mają być wyświetlane (na przykład przy wszystkich prowadzonych projektach).
5. Zamknij kolejno wszystkie okna dialogowe, klikając **OK**.

Widok będzie odtąd pokazywał tylko te zadania, które są przypisane do wybranych kategorii (w tym przykładzie zadania należące do jednego z najważniejszych projektów).

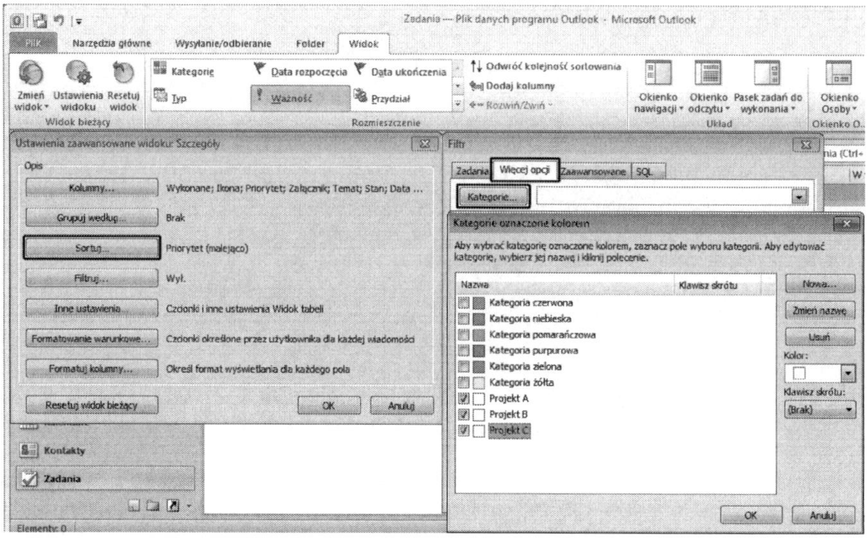

RYSUNEK 3-12 Ustawianie filtru wyświetlającego tylko zadania przypisane do jakiegoś projektu.

Usuwanie filtru

Niekiedy przy tworzeniu filtru popełni się błąd (szczególnie wtedy, gdy zawiera on inne, bardziej złożone kryteria, niż przynależność do kategorii) i filtr zachowuje się „dziwacznie" (ukrywa zadania, które miał pokazywać, bądź odwrotnie). Jeśli trudno zlokalizować błąd lub nie jesteś do końca pewien, jak go naprawić, czasem najprostszym wyjściem jest usunięcie wszystkich filtrów zdefiniowanych dla danego widoku:

1. Przejdź do dowolnego widoku zadań, prawym przyciskiem myszy kliknij jeden z nagłówków kolumn, po czym wybierz **Ustawienia widoku** (lub **Dostosuj bieżący widok** w wersjach wcześniejszych niż Outlook 2010) z menu podręcznego. Polecenie to jest również dostępne w grupie **Widok bieżący** na karcie **Widok** (w Outlook 2010; w wersjach wcześniejszych można użyć łącza **Dostosuj bieżący widok** w panelu nawigacyjnym po lewej).
2. Kliknij przycisk **Filtruj**.
3. W dolnej części okna dialogowego kliknij **Wyczyść** (nie należy się martwić – to tylko czyści [usuwa] kryteria filtrowania, nic więcej).
4. Zamknij wszystkie okna dialogowe klikając **OK**. Można teraz zbudować filtry zaczynając od stanu wyjściowego (lub pozostawić widok bez filtrowania).

Tworzenie filtrów negatywnych

Filtry negatywne pozwalają ukrywać pewne wpisy (pozostawiając widoczne wszystkie elementy, które *nie* spełniają wskazanych warunków) i ich definiowanie odbywa się nieco inaczej.

1. Otwórz okno dialogowe **Ustawienia zaawansowane widoku**, jak w punkcie 1 poprzedniej procedury.
2. Kliknij przycisk **Filtruj**.
3. Kliknij zakładkę **Zaawansowane**.
4. Kliknij przycisk **Pole** i w menu podręcznym wybierz **Pola najczęściej wykorzystywane**, a następnie **Kategorie** z menu drugiego poziomu (lub inne pole, według którego chcesz filtrować); jeśli pola nie ma na liście, na pewno można je znaleźć w liście **Wszystkie pola zadań**).
5. Na liście rozwijanej **Warunek** wybierz **nie zawiera**.
6. W polu **Wartość** wpisz odpowiednią wartość, na przykład nazwę kategorii lub jej część, taką jak **Projekt** albo **@Przed**.

UWAGA Wszystkie kategorie, które zawierają to słowo jako część nazwy, zostaną ukryte. Użycie słowa **Projekt** ukryje nie tylko kategorie *Projekt A* i *Projekt B*, ale także *Programy do projektowania* lub *Książka projektu*, choć zamierzałeś tylko ukryć same projekty robocze.

7. Kliknij **Dodaj do listy**, aby dołączyć to kryterium do filtru (rysunek 3-13).

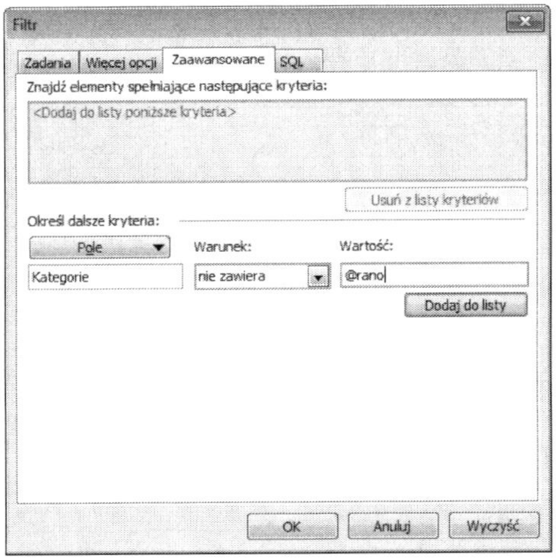

RYSUNEK 3-13 Nie zapominaj o dodaniu kryterium do listy po jego zdefiniowaniu.

8. Zamknij otwarte okna dialogowe klikając **OK**. Wszystkie zadania, których kategorie pasują do słowa wpisanego w filtrze, zostaną usunięte z widoku.

Zaawansowane filtrowanie przy użyciu SQL

Jeśli zdefiniujesz w jednym filtrze wiele kryteriów sprawdzających kategorie, Outlook użyje operatora *lub* do łączenia kryteriów (to samo dotyczy zastosowania kilku kryteriów do każdego innego pola, na przykład gdy użyjesz sprawdzenia, że wartość pola Stan wynosi *Nierozpoczęte* bądź *W trakcie wykonywania*). Różne pola łączone są przy użyciu operatora *i* (czyli obydwa warunki muszą być spełnione, na przykład *Data ukończenia w tym tygodniu* i *Stan: nie wykonane*).

Zaawansowani użytkownicy, którzy mają doświadczenie w korzystaniu z baz danych lub po prostu z języków zapytań, mogą również definiować szczegółowe kryteria, bezpośrednio edytując wyrażenie SQL:

1. W oknie dialogowym **Filtr** kliknij zakładkę **SQL** (rysunek 3-14).
2. Zaznacz pole wyboru **Edytuj te kryteria bezpośrednio**.
3. Wykonaj edycję wyrażenia SQL, do którego teraz uzyskałeś dostęp, na przykład zastępując operator **OR** (lub) przy łączeniu różnych kryteriów operatorem **AND** (i).
4. Zamknij wszystkie otwarte okna dialogowe klikając **OK**.

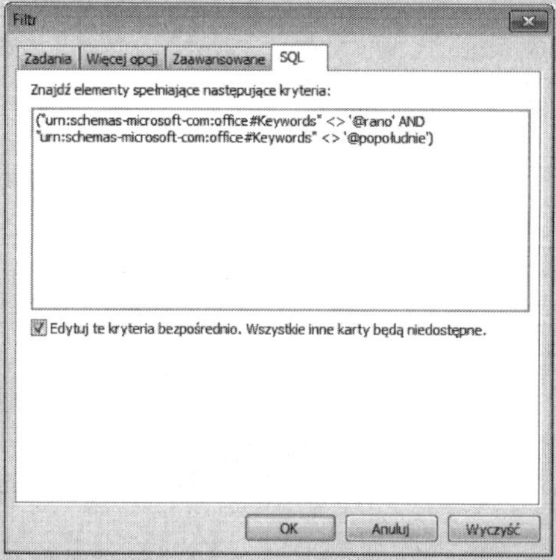

RYSUNEK 3-14 Zaawansowani użytkownicy mają do dyspozycji więcej możliwości poprzez bezpośrednią edycję wyrażenia SQL definiującego filtr.

Włączenie edytowania wyrażenia SQL blokuje dostęp do innych zakładek okna dialogowego. Aby móc z nich skorzystać ponownie, trzeba wyczyścić pole wyboru **Edytuj te kryteria bezpośrednio**. Powoduje to wyczyszczenie wszystkich kryteriów filtrowania dla bieżącego widoku.

Korzystanie z widoków grupowanych

Grupowanie widoków umożliwia szybkie rozdzielanie wpisów na podstawie tematyki, wyświetlanie i ukrywanie, a także sortowanie na podstawie kategorii. Grupowanie jest szczególnie wygodne, jeśli:

- Chcesz posortować zadania według priorytetów, ale w tym samym czasie widzieć zadania należące do szczególnie ważnego projektu przed wszystkimi zadaniami ze stosunkowo mniej ważnych projektów. Niekiedy zaś po prostu pragniesz utrzymać podział tematyczny. W takim wypadku trzeba wykonać sortowanie według priorytetu i grupowanie według kategorii. W ten sposób każda kategoria utworzy grupę zawierającą wewnątrz wszystkie zdania z nią skojarzone, uporządkowane według priorytetu.
- Chcesz szybko sprawdzić, jakie zadania oczekują na wykonanie dla 10 bieżących projektów (zdefiniowanych jako pojedyncze kategorie). Definiowanie 10 różnych filtrowanych widoków i przełączanie się pomiędzy nimi zajęłoby zbyt wiele czasu. Zamiast tego możesz pogrupować zadania według kategorii, zwinąć wszystkie grupy (czyli ukryć elementy wewnątrz grup), po czym jednym kliknięciem wyświetlać i ukrywać zadania należące do każdego projektu (rozwijać lub zwijać grupę).
- Chciałbyś posortować całą listę zadań według kategorii. Jednak nie jest to możliwe przy użyciu funkcji sortowania w programie Outlook, gdyż jeden wpis może należeć do wielu kategorii (i nie jest wykonalne nawet wtedy, gdy dopilnujemy, aby każde zadanie należało do tylko jednej kategorii). Jeśli jednak pogrupujemy zadania według kategorii, zadanie pojawi się w każdej grupie/kategorii, do której należy. Grupy są samoczynnie sortowane alfabetycznie, zatem cel został osiągnięty.

Grupowanie zadań według kategorii

- Otwórz widok zadania, prawym przyciskiem myszy kliknij nagłówek kolumny **Kategorie** i wybierz polecenie **Grupuj według tego pola** z menu podręcznego (rysunek 3-15).

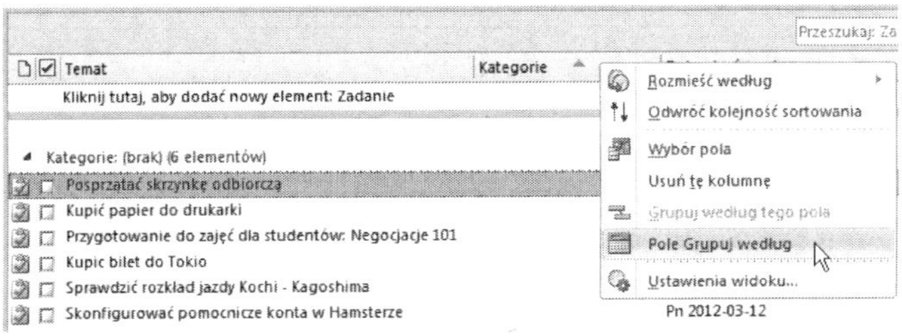

Rysunek 3-15 Grupowanie listy zadań za pomocą odpowiedniego polecenia w menu podręcznym

Można też użyć techniki „przeciągnij i upuść":

1. Jeśli potrzeba, wyświetl **pole Grupuj według** (patrz „Wyświetlanie i ukrywanie pola Grupuj według" zaraz po tej procedurze).
2. Kliknij nagłówek **Kategorie** i przeciągnij go do pola **Grupuj według** (rysunek 3-16).

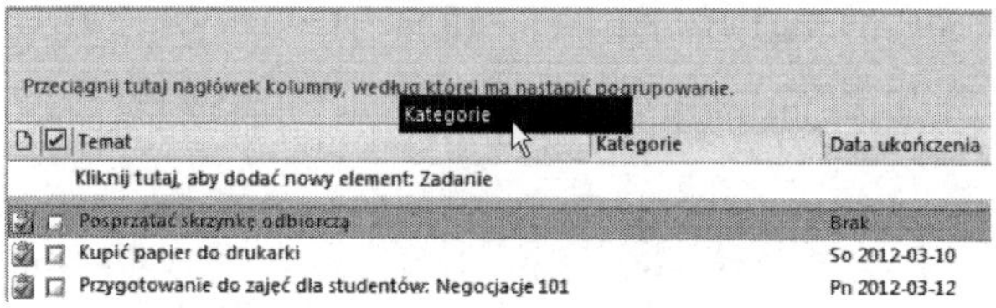

RYSUNEK 3-16 Przeciąganie nagłówka kolumny do pola Grupuj według w celu pogrupowania wpisów na podstawie tego pola.

WSKAZÓWKA Aby anulować grupowanie, wystarczy przeciągnąć pole grupujące poza pole Grupuj według – podczas przeciągania pole będzie przekreślone czarnym znakiem X.

Wyświetlanie i ukrywanie pola Grupuj według

Co istotne – istniejące grupowanie nie zostanie usunięte, jeśli to wykonasz:

- Otwórz widok zadań, prawym przyciskiem myszy kliknij dowolny nagłówek kolumny i wybierz polecenie **Pole Grupuj według** z menu podręcznego (rysunek 3-17).

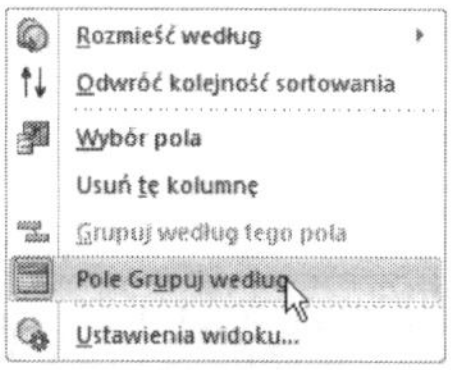

RYSUNEK 3-17 Aby móc korzystać z techniki przeciągania i upuszczania przy grupowaniu elementów, należy wyświetlić pole Grupuj według. Później można je ukryć, aby oszczędzić miejsce na ekranie.

UWAGA Niektóre wstępnie zdefiniowane widoki są automatycznie pogrupowane zgodnie z uporządkowaniem. Aby zmienić ustawienie grupowania dla takiego widoku, trzeba najpierw wywołać polecenie **Ustawienia widoku** (Outlook 2010) lub **Dostosuj bieżący widok** (Outlook 2007/Outlook 2003) z menu podręcznego (rysunek 3-17; polecenie to jest umieszczone poniżej polecenia **Pole Grupuj według**). W wyświetlonym oknie dialogowym należy kliknąć przycisk **Grupuj według** i w nim wyczyścić pole wyboru **Automatycznie grupuj zgodnie z rozmieszczeniem**.

Rozwijanie i zwijanie grup

- Kliknij mały trójkąt (w programach Outlook 2007/Outlook 2003 symbol plus lub minus) przed nazwą grupy w jej nagłówku (patrz grafika poniżej). Outlook rozwinie grupę (czyli pokaże jej wszystkie elementy), jeśli grupa była uprzednio zwinięta, bądź zwinie (ukryje wszystkie elementy), jeśli była rozwinięta.

- Aby rozwinąć lub zwinąć wszystkie grupy jednocześnie, kliknij trójkąt (symbol plus lub minus w Outlook 2007/Outlook 2003) lub etykietę grupy i wybierz odpowiednie polecenie z menu podręcznego (rysunek 3-18).

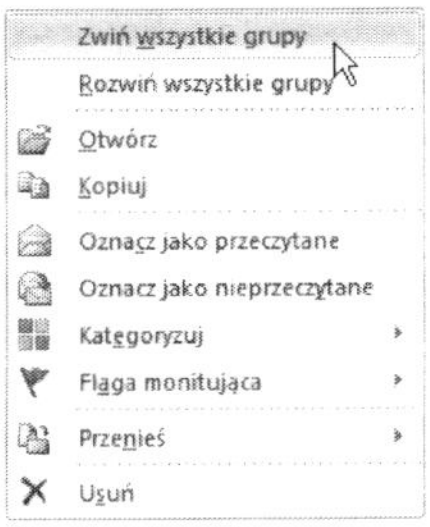

Rysunek 3-18 Zwijanie wszystkich grup jednocześnie, dzięki czemu można później skupić się na jednej grupie.

Łącząc te działania, można na przykład najpierw rozwinąć wszystkie grupy i zwinąć kilka, aby skupić się na pozostałych, albo też zwinąć wszystkie i rozwinąć tylko jedną, dzięki czemu można skupić się na niej, nie będąc rozpraszanym przez żadną z pozostałych grup.

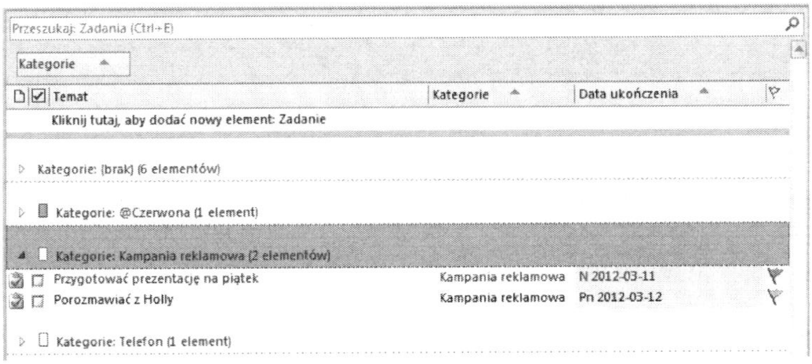

Rysunek 3-19 Rozwijanie indywidualnych grup, gdy pozostałe są zwinięte, daje szybki dostęp do zadań należących do określonego projektu.

Wskazówka Ponieważ można przypisać kilka kategorii do jednego zadania, indywidualne zadanie dołączone do kilku kategorii pojawi się w każdej grupie kategorii (zaś inne kategorie tego zadania nie są wówczas wyświetlane w polu **Kategorie**). Trzeba jednak pamiętać, że choć zadanie jest widoczne dwa (lub więcej) razy, jest to nadal pojedyncze zadanie. Załóżmy, że widzimy *Przykładowe zadanie* zarówno w grupie *Projekt A*, jak i *Szef działu*. Jeśli ustawimy datę ukończenia w grupie *Szef działu*, przy tym zadaniu w grupie *Projekt A* również pojawi się ta sama data ukończenia.

Zasada Kiesel – zdobądź więcej czasu na to, co istotne

Potrzeba około 30 minut, aby zaplanować cały tydzień. Początkowo może wymagać to nieco więcej czasu, ale po kilku tygodniach stanie się to rutyną. Wtedy też zainwestowany wysiłek zacznie się zwracać, gdyż przydzielając czas dla rzeczy ważnych pozostawisz w kalendarzu nieco czasu niezdefiniowanego, tym samym chroniąc się przed sytuacją, gdy drobne, ale pilne sprawy odrywają cię od naprawdę istotnych zajęć – na te nieprzewidziane drobiazgi zarezerwowałeś trochę czasu. A co ważniejsze, unikniesz jakże dobrze znanej sytuacji, gdy rzecz naprawdę ważna, ale niezbyt pilna, nigdy nie zostaje zrobiona, gdyż nigdy nie przydzieliłeś jej czasu z powodu zbyt wielu mniej ważnych, ale pilniejszych rzeczy.

Utrzymuj swoje życie w równowadze

Znasz to uczucie, gdy nie jesteś w stanie znaleźć choć odrobiny czasu dla przyjaciół, dla rodziny, nawet dla tej drugiej najważniejszej osoby? Nawet jeśli rozpatrywać to wyłącznie z punktu widzenia wydajności pracy, zachowanie równowagi pomiędzy życiem zawodowym i prywatnym jest istotne. Oczywiście, każdy jest w stanie całkowicie skoncentrować się na pracy na kilka tygodni i odrzucić wszystko inne. Jednak co najwyżej po kilku miesiącach będzie można zauważyć znaczący spadek wydajności. Ktoś, komu zależy na tym, aby mniej godzin spędzać w biurze, często w rzeczywistości robi więcej w krótszym czasie dzięki silniejszej motywacji, lepszemu zrównoważeniu umysłu i odporności na stres. Szybkość i jakość pracy zwiększa się i podejmowane decyzje są lepsze.

Ważne Zadbaj o to, aby podział dostępnego czasu obejmował wszystkie sfery życia – nie tylko zawodowe, ale i prywatne.

Wspólne planowanie życia profesjonalnego i prywatnego

Planowanie pracy, życia prywatnego i wszystkich innych sfer trzeba wykonywać razem i w jednym miejscu, aby uniknąć nakładania się terminów, nieporozumień i nie zapomnieć o niczym.

Czasy, gdy wszyscy pracowali każdego dnia dokładnie do 9 do 17, minęły bezpowrotnie – podobnie jak czasy, gdy przeciętni obywatele żenili się w wieku dwudziestu paru lat i jedno z małżonków było odpowiedzialne za pracę i utrzymanie, a drugie zostawało w domu z dziećmi, zajmowało się domem i organizacją prywatnych spraw. Czas zawodowy i prywatny nie są już odseparowane od siebie, ale (przynajmniej częściowo) „wymieszane" i rozproszone:

- Nieoczekiwanie musisz zająć się kilkoma sprawami w zastępstwie kolegi, który dotrze do firmy kilka godzin później z powodu śnieżycy, co oznacza pozostanie trzy godziny dłużej w pracy. Tym razem jest to dla ciebie wręcz okazja, gdyż obiecałeś córce, że pojutrze przyjdziesz do szkoły na trzecią po południu obejrzeć jej występ – łatwiej będziesz mógł zwolnić się wcześniej, „odbierając" dzisiejsze nadgodziny.
- Wizyta u dentysty, zostawienie samochodu w warsztacie lub jego odebranie po naprawie – żadna z tych rzeczy nie wymaga wprawdzie całego dnia, ale rozrywa cykl pracy.
- W przyszłym tygodniu masz odbyć czterodniową podróż w interesach i planujesz kilka spotkań późno wieczorem. Z tego względu telefon do rodziny zaplanowałeś na późne popołudnie, przed spotkaniami.

Wszystko w jednym miejscu

Jeśli planowanie wykonujesz w Outlooku, planuj tu wszystko – chyba że prywatne planowanie na komputerze firmowym jest zabronione lub nie można uzyskać dostępu do niego w weekendy lub wieczorami. Jeśli nie dysponujesz smartfonem, który potrafi zsynchronizować się z Outlookiem lub mamy dostęp tylko do takiego komputera, który nie dysponuje możliwością połączenia i synchronizacji z telefonem, można zawsze wydrukować sobie terminarz na najbliższy miesiąc lub tydzień czy też listę zadań na weekend, aby dysponować ich wykazem i mieć gdzie nanosić notatki i uwagi. W poniedziałek rano należy przenieść nowo zaplanowane terminy i zadania do Outlooka, po czym (to ważne) zniszczyć notatki, aby uniknąć wątpliwości, która wersja jest najbardziej aktualna. Takie podejście wymaga sporo samodyscypliny. Trzeba zadbać o to, aby nie zaplanować różnych spraw w tych samych terminach i nie zapominać o nich (co łatwo się może zdarzyć, gdy termin wpisałeś w inny kalendarz niż ten, na który właśnie patrzysz).

Randkę lub zabawy z dziećmi powinieneś traktować przynajmniej tak samo poważnie, jak spotkanie z zespołem na temat ważnego projektu. Zawczasu należy zarezerwować na to czas i dbać o to, by pozostał on wolny, wraz z niezbędnym zapasem. Zaplanowanie regularnych godzin po prostu na rozmowę, bez żadnych specjalnych zajęć, sprawiło cuda w życiu wielu skrajnie zapracowanych małżonków i poprawiło jakość ich wzajemnych kontaktów.

Wczesne i zobowiązujące planowanie nie obniża wartości życia prywatnego; wręcz przeciwnie, pozwala je ulepszyć. W ten sposób unikniesz zapominania lub odkładania na potem wspólnych zajęć z rodziną lub przyjaciółmi i nie musisz ich skracać ani odwoływać z powodu pracy zawodowej lub innych obowiązków.

Spróbuj podzielić różne rodzaje aktywności pomiędzy różne „życiowe stroje" – różne obszary życia (patrz „Siedem dni, siedem postaci..." dalej w tym rozdziale), zamiast rozdzielać je tylko na zawodowe i prywatne, i zadbaj o to, aby zachować równowagę pomiędzy czterema głównymi obszarami życia.

Planuj również swoje życie prywatne!

W pierwszej chwili może się to wydawać dziwactwem, ale nie oznacza to, że porozmawiać z przyjaciółmi będzie można tylko wtedy, gdy taka rozmowa została wcześniej wpisana do harmonogramu. Dla osób bardzo zajętych problem w rzeczywistości polega na czymś odwrotnym. Jeśli czujesz, że musisz wcześnie zakończyć przyjemną, ale nieoczekiwaną rozmowę telefoniczną lub wizytę, gdyż jeszcze tak wiele zostało do zrobienia, powinieneś od razu zaplanować termin w najbliższej przyszłości na dokończenie tej rozmowy, mając tym razem pewność, że nie zabraknie na to czasu.

Cztery obszary życia dla życia w równowadze

Cztery główne obszary życia (patrz rysunek 3-20) to:

- Praca
- Kontakty (osoby kochane, rodzina, przyjaciele)
- Przyczyna (Dlaczego robię to, co robię? Czy istnieje jakaś wyższa siła albo Bóg i co to oznacza dla mnie? Co mogę zrobić dla dobra innych ludzi, aby ten świat stał się odrobinę lepszy i choć trochę piękniejszy?)
- Ja sam (sport, zajęcia rekreacyjne, hobby, samodoskonalenie poza środowiskiem pracy)

Jeśli krótkoterminowy silny wpływ w jednym obszarze doprowadza cię do szału, możesz próbować przeciwstawić mu energię wywodzącą się z innych obszarów. Właściwa równowaga pomiędzy wszystkimi obszarami życia nie tylko sprawi, że poczujesz się lepiej, ale staniesz się również bardziej skuteczny w każdym z nich. Nie jest konieczne (i zwykle wręcz niemożliwe) dzielenie czasu na równe części dla każdego z obszarów. Jakość czasu jest postrzegana bardzo różnie – 45-minutowy spacer wokół jeziora w cichym zmierzchu lub lekcja tańca ze współmałżonkiem może zrównoważyć cztery godziny szarpiących nerwy negocjacji kontraktu w pracy.

Rysunek 3-20 Dzięki wyważonemu zaplanowaniu tygodnia można utrzymać równowagę pomiędzy czterema głównymi obszarami życia. Tak jest nie tylko wygodniej – jest to podstawa dla długoterminowego sukcesu (także zawodowego).

Siedem dni, siedem postaci...

Koncepcja „postaci" pomaga rozdzielać dość czasu i energii na wszystkie obszary życia w zapchanym dniu i skoncentrować się na kluczowych zadaniach. Na dłuższą metę warto zajmować się każdym z tych obszarów w sposób regularny. W przeciwnym razie znaczący deficyt w jednym obszarze ostatecznie wpłynie na ogólne poczucie zadowolenia i produktywności także w innych obszarach.

„Życiowa postać" to po prostu nazwa podobszaru, który jest dla kogoś ważny. Spróbuj znaleźć postaci, w które „wcielasz się" w różnych chwilach życia, ale nie więcej niż siedem, aby dać radę być wszystkimi kolejno. Sięgając po język techniczny, każda „życiowa postać" opisuje określoną funkcję, którą realizujesz. Zmieniasz postać, gdy przechodzisz do innej funkcji.

Aby zachować równowagę, trzeba uwzględnić wszystkie obszary życia. Postacie życiowe to mogą być na przykład:

- Menedżer, specjalista w wybranej dziedzinie, działacz związkowy, kolega z pracowni
- Narzeczony/narzeczona, małżonek, matka/ojciec, córka/syn, brat/siostra
- Wolontariusz w programie antynarkotykowym, ratownik, opiekun w świetlicy dla dzieci

- Hobbystyczny fotograf, kucharz-amator, entuzjasta sportów ekstremalnych (takich jak wspinaczka lub kolarstwo górskie)

Pamiętaj, aby nie pozwolić zajęciom prywatnym (szczególnie sportowym) stać się dodatkowym źródłem stresu (chyba że potrzebujesz tego typu wyzwań i potrafisz sobie z nimi radzić). Przede wszystkim powinieneś zadbać o relaks i równowagę psychiczną. Trzeba też pamiętać o długoterminowym rozwoju zawodowym i osobistych finansach.

Życiowe postaci pozwalają utrzymać te obszary na widoku (tak jak realizowany projekt) i umożliwiają przydzielanie im czasu także wtedy, gdy akurat nie ma żadnego pilnego zadania do wykonania. Załóżmy, że ktoś podjął następujące postanowienie (i natychmiast wprowadził je w życie): „Jeśli moje dziecko będzie miało problemy w szkole, zawsze będę pod ręką, aby mu pomóc, wspierać je, a gdyby to było konieczne, odłożę na potem zadania związane z pracą". Co jednak, jeśli dziecko *nigdy* nie będzie miało żadnych problemów szkolnych? Jeśli w taki sposób sformułujesz „bycie pod ręką", miesiące lub nawet lata później możesz stwierdzić, że ów pilny i specjalny przypadek nigdy się nie zdarzył i – w rezultacie – nigdy nie byłeś „pod ręką" dla swojego dziecka. Lepszym pomysłem jest regularne przeznaczenie czasu dla każdego obszaru. Jeśli nie będziesz się trzymać harmonogramu w ważnym projekcie w pracy, wkrótce klient, koledzy z zespołu lub menedżer zaczną się skarżyć. W życiu prywatnym jednak często dopiero zbyt późno zauważamy, że zignorowaliśmy ważny obszar – z upływem czasu skompensowanie tego staje się coraz trudniejsze, a w którejś chwili może się stać zupełnie niemożliwe. Dotyczy to szczególnie związków z ukochanymi i kontaktów z przyjaciółmi, ale wypoczynek i zdrowie są równie ważnymi obszarami, w które należy zainwestować.

Życiowe postaci pomagają zwrócić uwagę na wszystkie obszary życia nawet w gorączkowych czasach. Warto też zdefiniować dwie postaci zawodowe; na przykład dla kontynuacji edukacji i planowania kariery, a jeśli już zajmujesz stanowisko menedżera, by dać sobie czas na osobistą interakcję z pracownikami i ich postępy (nawet jeśli nie ma teraz potrzeby dokonania żadnej oceny, przekazania obowiązków, „ochrzanu" czy wręcz przeciwnie, pochwały).

Regularnie zajmuj się tym, co naprawdę się liczy

Każdego dnia masz 24 godziny, które możesz wypełnić podobnie lub zupełnie odmiennie. Różne postaci życiowe/obszary będą się zamieniać, przenikać i łączyć częściowo w różne formy aktywności. Na przykład grając w piłkę z synem, a potem idąc na długi spacer na lody, nie tylko wcielasz się w postać „ojciec", ale jednocześnie robisz coś dla swojego odpoczynku i zdrowia. Gdy spróbujesz regularnie przeznaczyć czas na wszystkie życiowe postaci, przyda się Zasada Kiesel (patrz ramka na sąsiedniej stronie).

Zasada Kiesel

Mówiąc metaforycznie, typowy dzień naszego bohatera Robina Wooda wygląda mniej więcej tak:

Wyobraźmy sobie bardzo wielki szklany dzban – mniej więcej rozmiarów wiadra. Oto co robi Robin:

1. Wlewa do niego sporo wody.
2. Następnie wrzuca trochę piachu do wody.
3. Teraz dodaje kilka garści żwiru (*Kiesel* w języku niemieckim).
4. Na koniec chciałby jeszcze dodać dwie spore cegły – jednak dzban jest już niemal całkowicie pełny. Niekiedy udaje mu się wcisnąć do połowy jedną cegłę, jeśli jest naprawdę ostrożny, ale zazwyczaj błotna mieszanka, którą stworzył, po prostu się rozlewa. A druga cegła nie mieści się tak czy inaczej.

Zatem jak moglibyśmy poprawić tę sytuację? Ilekroć Robin nie wie, co ma zrobić dalej, pyta swoją asystentkę Melissę MacBeth, która ma następującą radę:

1. Gdy dzban jest jeszcze pusty, po prostu włóż do niego dwie albo i trzy cegły, nie martwiąc się o nic – jeśli nic tam jeszcze nie ma, zmieszczą się bez trudności.
2. Teraz dodaj żwir, który wypełni przerwy pomiędzy cegłami.
3. Teraz wsyp piach.
4. I dopiero teraz wlej wodę. W ten sposób dookoła nadal jest czysto i przeżyliśmy mniejszy stress.

Nawet jeśli nie wszystko zawsze się zmieści, to co zostanie na zewnątrz, to będzie trochę piasku i część wody. Cegły (wielkie sprawy) zmieściły się w całości.

Łatwo się domyślić, co ten obrazek ilustruje: z jednej strony „płynięcie z prądem", a z drugiej planowe podejście, w którym najpierw wybiera się i kończy najważniejsze zadania, o największym przełożeniu na to, co – w tym czy innym sensie – nazywamy „sukcesem". Zasada Kiesel pomaga zilustrować ważną maksymę: *Największe kawałki na początku, bo tylko w ten sposób się pomieszczą*! (mamy na myśli *najważniejsze* zadania, a nie te, które zajmują najwięcej czasu).

Dlaczego więc mówimy „Zasada Kiesel", a nie „Zasada najważniejszych"? Po prostu dlatego, że naszym zdaniem „Zasada Kiesel" brzmi lepiej. No i nauczyłeś się przynajmniej jednego niemieckiego słowa...

Zasady Kiesel można użyć do planów wszystkich typów; na przykład do wstępnego, przybliżonego podziału długoterminowych projektów. Jest szczególnie skuteczna przy tworzeniu planów tygodniowych, co pokażemy w dalszej części rozdziału. Jeśli ktoś zna podejście Stephena Covey'a do zarządzania czasem (omówionego w *First*

Things First autorstwa Stephena R. Covey'a, A. Rogera Merrila i Rebeki R. Merril, Fireside, 1995*), zapewne zauważył, że nasze podejście jest podobne, zatem może łatwo zastosować wskazówki znalezione w jego książkach do planowania czasu w programie Outlook. Swoją taktykę nazywa „duże rzeczy najpierw", jego „role" są podobne do naszych „postaci" i – ogólnie – nasz sposób postępowania jest zbieżny z jego.

Wykorzystaj zasadę Kiesel, aby pozostać w równowadze. Zdefiniuj siedem życiowych postaci. Każdego dnia poświęć jedną lub dwie godziny dla jednej z postaci jako jedno lub dwa zadania klasy B. Zaplanuj jedno zadanie klasy B dla każdej postaci życiowej – będziemy je nazywać kluczowymi zadaniami dla tego tygodnia i tej konkretnie postaci. Używając zasady Kiesel będziesz mógł wówczas zagwarantować, że w każdą z życiowych postaci wcielisz się przynajmniej raz w tygodniu. Jeśli konkretny dzień jest zbyt wypełniony (i nie ma sposobu, aby znaleźć w nim wolną godzinę), przenieś tę godzinę na inny dzień w tym samym tygodniu. Tydzień jest wystarczająco długi, aby móc wyrównać takie efekty.

Oczywiście byłoby znacznie lepiej i przyjemniej, gdyby udało się poświęcić więcej niż jedną godzinę tygodniowo na każdą z postaci życiowych. Zasada Kiesel nie została pomyślana, by reprezentować górne ograniczenie – ma ona pomóc w zdobyciu *przynajmniej* jednej godziny dziennie, nawet jeśli twój plan jest bardzo napięty i masz tak wiele do zrobienia w biurze.

Jedna godzina tygodniowo na każdą życiową postać – siedem godzin tygodniowo na te rzeczy, które są najważniejsze: zawsze uda się znaleźć tyle czasu, jeśli naprawdę zechcesz. I opłaci się to na dłuższą metę.

Planowanie tygodnia w programie Outlook

Po przedstawieniu podstaw łatwo będzie utworzyć zgrubny plan tygodniowy w programie Outlook, na którego bazie będzie można budować szczegółowe plany dzienne (w następnym rozdziale).

To, kiedy konkretnie siądziesz do zaplanowania kolejnego tygodnia, zależy od osobistego gustu i rytmu pracy, a także środowiska, w którym funkcjonujesz. Niektórzy ludzie mają nieco spokojnego czasu w poniedziałki rano i łatwo jest im wykorzystać ten czas na zaplanowanie zajęć bieżącego tygodnia. Inni będą woleli zająć się tym w piątek po południu poprzedniego tygodnia albo w sobotnie południe w domu (i w tym przypadku mogą wykorzystać możliwość planowania tygodnia wspólnie ze swoim partnerem).

Ważne jest tylko to, aby zaplanować tydzień, zanim się rozpocznie, albo najpóźniej w poniedziałek rano. Próbując znaleźć idealny czas na to zadanie, pamiętaj o jednym: jeśli w ramach planu tygodniowego chcesz dopasować jakieś prywatne lub biznesowe spotkania (i nie zostały one jeszcze zaplanowane), zainteresowane

* Wydanie polskie: *Najpierw rzeczy najważniejsze*, wyd. Rebis, 2005.

osoby muszą być (co oczywiste) osiągalne w wybranym przez nas czasie; konieczne może się okazać podzielenie planowania spotkań – na przykład skoordynowanie terminów biznesowych w trakcie godzin pracy w piątek, zanim będziesz mógł zaplanować cały tydzień w sobotę, bądź wybranie terminów prywatnych, które jeszcze nie zostały sprecyzowane na ten tydzień, w poprzedzający wieczór, zanim sporządzisz cały plan tygodniowy w piątkowy ranek.

Przygotowywanie listy zadań na tydzień

W poniższych procedurach zakładamy, że Czytelnik opanował i zapamiętał instrukcje filtrowania i grupowania widoków, przedstawione we wcześniejszych podrozdziałach i w rozdziale 2. Z tego względu przedstawimy skrótowe instrukcje zamiast szczegółowych wskazówek krok po kroku.

Planowanie tygodnia zacznij od oceny minionego tygodnia

Aby móc sprawdzić, jak wiele już zostało zrobione (wykonane zadania normalnie ukrywamy natychmiast w naszych dostosowanych widokach, dzięki czemu możemy się skoncentrować na tym, co jest przed nami), wykonaj następujące działania:

- Zdefiniuj widok nazwany np. **Ukończone w tym tygodniu**, pokazujący tylko zadania, które mają stan **Wykonane** i datę wykonania z bieżącego tygodnia (rysunek 3-21; zakładamy, że planowanie robimy pod koniec, a nie na początku tygodnia). Outlook automatycznie rejestruje datę wykonania zadania w polu **Data wykonania**. Pole to możemy znaleźć po otwarciu zadania w jego własnym oknie i kliknięciu **Szczegóły** w grupie **Pokazywanie** na karcie **Zadanie**, a w wersji Outlook 2003 po kliknięciu zakładki **Szczegóły**.

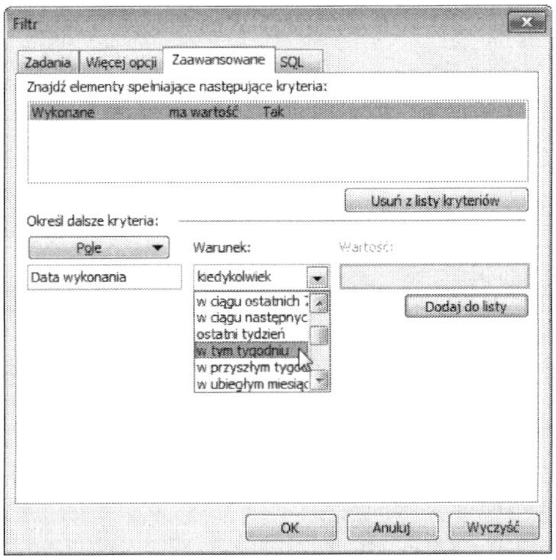

Rysunek 3-21 Definiowanie widoku pokazującego zadania wykonane w tym tygodniu

Jeśli dodatkowo zgrupujesz ten widok według kategorii, będziesz mógł szybko zobaczyć, czy byłeś zmuszony pominąć określony obszar lub wykonać nietypowo wielką liczbę zadań z innego obszaru.

UWAGA Poniższa informacja stosuje się także do pozostałej części tego rozdziału: jeśli gdzieś jest mowa o „tym tygodniu" jako kryterium filtrowania programu Outlook, zakładamy, że planujemy kolejny tydzień pod koniec bieżącego tygodnia. Tym samym „następny tydzień" obejmuje zadania na ten tydzień, na który przygotowujemy plan, zaś „ten tydzień" to ten, który już się prawie skończył. Jeśli ktoś woli sporządzać plan w poniedziałek rano, powinien zastąpić „ten tydzień" „poprzednim tygodniem", gdyż w poniedziałek nowy tydzień już się zaczął. Analogicznie, wskazania dotyczące „następnego tygodnia" trzeba zmienić na „ten tydzień".

Wstaw ponownie do planu zadania niedokończone w minionym tygodniu

Zdefiniuj widok pokazujący zadania mające termin ukończenia w tym tygodniu, ale nadal niewykonane. Tydzień się już prawie skończył – wyszukaj zadania, których nie zdołałeś dotąd wykonać (i których raczej nie wykonasz w czasie pozostałym do weekendu):

- Czy jest to zadanie tak ważne, że musisz (lub chcesz) je zrealizować bez względu na przeszkody?
  - Jeżeli tak: Ustaw nową, realistyczną datę ukończenia.
  - Jeśli nie: usuń je.
- Na liście mogą być zadania, które są wprawdzie ważne, ale nie muszą być zrealizowane szybko lub nie należą do kluczowych zadań. Może początkowo planowałeś, że dasz radę zrobić to w tym tygodniu, ale ostatecznie okazało się, że pracy jest zbyt wiele. Jeśli nie udaje się zrealizować takiego zadania od dłuższego czasu, nie istnieje jakiś wymuszony (zewnętrzny) „deadline" i najbliższe tygodnie są już całkowicie zarezerwowane:
  - Przypisz je do kategorii *Główne zadania* (jeśli trzeba, utwórz taką kategorię).
  - Usuń planowaną datę ukończenia (spowoduje to ukrycie zadania we wszystkich widokach używanych do planowania dziennego lub tygodniowego, gdyż te używają filtru „do ukończenia dziś", „do ukończenia w tym tygodniu" i tak dalej).
  - Skonfiguruj widok, który pokazuje tylko główne zadania i sprawdzaj go przynajmniej raz w miesiącu (aby nie zapomnieć, można wstawić to jako cykliczny termin do kalendarza), zastanawiając się, którym z tych zadań należy przypisać określony termin realizacji i wreszcie je wykonać.

Planowanie zadań na następny tydzień

1. Przełącz się do widoku zadań do wykonania w następnym tygodniu.
2. Pomyśl, jakich zadań jeszcze nie ma na wyświetlonej liście i dodaj je (najlepiej wpisywać każdą rzecz do listy zadań natychmiast po tym, jak o tym pomyślisz!).
3. Kolejnym krokiem jest zdefiniowanie i zaplanowanie kluczowych zadań (patrz „Spotkanie z samym sobą" dalej w tym rozdziale). Zrób to teraz, aby uniknąć odłożenia na później zadań kluczowych w następnym kroku.
4. Przejrzyj kolejno listę zadań i sprawdzenie kalendarza, aby uzyskać pojęcie o ustalonych już terminach i dostępnym czasie. Następnie zastanów się, czy liczba zadań jest realistyczna:
   - ❐ Które zadania można usunąć, gdyż ich ważność się zmieniła?
   - ❐ Które zadania można usunąć (lub odłożyć), gdyż jest ich po prostu zbyt wiele? W pierwszym kroku odrzuć mniej ważne zadania; w drugim sprawdź, jak wiele zadań możesz odłożyć – ale nie wszystkie, gdyż inaczej wyjdzie na to, że się ociągasz.
   - ❐ Niekiedy sytuacja może być odwrotna: jest tylko niewiele zadań oczekujących na wykonanie lub nagle jakieś zadania i terminy zostały anulowane. W takim przypadku zajrzyj do listy głównych zadań lub do listy rzeczy zaplanowanych na ten miesiąc lub następnych. Które z oczekujących rzeczy są szczególnie ważne? Czy dasz radę wykonać je w tym tygodniu? W ten sposób możesz zwolnić miejsce w kolejnych tygodniach i zyskać margines bezpieczeństwa na wypadek zmian lub przynajmniej wtedy nie będzie potrzeby odkładania lub rezygnowania z jakichś zadań. Ustaw datę wykonania wybranych zadań na odpowiedni dzień w następnym tygodniu. Nie ma nic złego w zajmowaniu się zadaniem, które nie jest ani ważne, ani pilne, ale po prostu sprawia frajdę.
5. Finalny krok to ponowne ustalenie priorytetów zadań na następny tydzień (przynajmniej niektóre z nich zostały wprowadzone kilka tygodni temu, zaś priorytet zawsze oceniany jest w porównaniu do innych bieżących zadań, z których wiele jest zupełnie nowych i nawet nie myślałeś o nich przy tworzeniu oryginalnego zadania). Najpierw przejrzyj całą listę i wykorzystaj macierz Eisenhowera (patrz rozdział 2) do przypisania im wysokiego, normalnego lub niskiego priorytetu. Im więcej zadań otrzyma niski priorytet, tym mniejsza liczba zostanie zaliczona do normalnego lub wysokiego, a tym samym większe będą szanse, że wszystkie zadania tego poziomu zostaną zrealizowane, bez względu na to, co pójdzie źle.

Wspólne i wyważone planowanie zadań i terminów

Kalendarz programu Outlook 2010/Outlook 2007 w widoku dziennym lub tygodniowym udostępnia dzienną listę zadań (widoczną jako panel **Zadania**), który wyświetla zadania z ustawioną datą ukończenia (lub, jeśli tak wybierzemy, wykonane) w konkretnym dniu. Ten nowy widok lepiej wykorzystuje dostępną przestrzeń ekranu niż blok zadań w starszych wersjach programu i jest szczególnie użyteczny przy planowaniu tygodniowym:

- Widzisz wszystkie zadania przewidziane w danym tygodniu i to, jak są rozłożone, a także czy nie ma potrzeby wprowadzenia zmian (na przykład w sytuacji, gdy poniedziałek jest przepełniony terminami i dodatkowo ma wpisanych 20 zadań, podczas gdy we wtorek i środę są tylko po dwa krótkie spotkania i łącznie pięć zadań).
- Aby wygładzić takie nierówności, możesz użyć techniki przeciągania i upuszczania do bezpośredniego przeniesienia zadania (lub kilku zadań zaznaczonych jednocześnie) ze zbyt wypełnionego dnia na inny, mniej zajęty dzień.
- W Outlook 2010 kliknięcie zadania w panelu otwiera kartę **Dzienna lista zadań** we Wstążce. Można następnie użyć przycisków z tej karty, na przykład w celu oznaczenia zadania jako wykonane lub zmiany jego priorytetu.

Czy masz oko na wszystko?

Zależnie od rozdzielczości ekranu, wielkości okna Outlook oraz wysokości i szerokości obszaru zajmowanego przez dzienną listę zadań, widoczne może być tylko jedno lub dwa początkowe słowa tematu zadania, a także tylko pierwsze cztery czy pięć z (być może) piętnastu zadań przewidzianych na ten dzień (rysunek 3-22). Jeśli początek tematu zadania nie jest wystarczająco zrozumiały, aby przypomnieć, o co w nim chodziło, możesz wskazać zadanie kursorem myszy – po krótkiej chwili Outlook wyświetli „etykietę" z pełnym brzmieniem tematu zadania. Etykieta ta jest wyświetlana tylko parę sekund – jeśli chcesz zobaczyć ją ponownie, należy odsunąć kursor dalej, po czym ponownie wskazać zadanie. Jeśli na prawym brzegu panelu uaktywni się pasek przewijania, oznacza to, że istnieją dodatkowe zadania, które nie mieszczą się na ekranie. Można je wyświetlić, przewijając zawartość panelu lub zmieniając jego wysokość, ciągnąc myszą za podwójną linię oddzielającą panel od właściwego kalendarza. Jeśli panel Zadania nie ma aktywnego paska przewijania, wiadomo na pewno, że żadne ci nie umknęło i widzisz wszystkie. To samo dotyczy listy zadań wyświetlanej w pasku zadań do wykonania, wyświetlanym po prawej stronie innych widoków programu Outlook (nie w widoku Kalendarz).

RYSUNEK 3-22 Codzienne listy zadań ułatwiają równomierne rozdzielenie zadań pomiędzy wszystkie dni tygodnia.

Wyświetlanie i ukrywanie dziennej listy zadań

Przełącz się do widoku tygodnia w Kalendarzu. Kliknij małą strzałkę w prawym górnym rogu panelu Zadania, aby go zminimalizować. Jeśli panel jest zminimalizowany, na jego prawym końcu widoczna jest strzałka w górę, której kliknięcie ponownie go otwiera (rysunek 3-23). Niezależnie od tego we Wstążce na karcie **Widok** w grupie **Układ** znajduje się przycisk **Dzienna lista zadań**. Po jej kliknięciu wyświetlane jest menu, a w nim oprócz poleceń minimalizacji i przywrócenia także opcja **Wyłączona**, powodująca całkowite ukrycie panelu (co daje jeden dodatkowy wiersz na terminy). W programie Outlook 2007 należy użyć polecenia **Widok/Dzienna lista zadań/ Wyłączona**.

Jeśli dzienna lista zadań nie jest wyświetlana, można ją włączyć ponownie poleceniem **Widok/Układ/Dzienna lista zadań/Normalna** w Outlook 2010 lub **Widok/ Dzienna lista zadań/Normalna** w Outlook 2007.

RYSUNEK 3-23 Zminimalizowana lista zadań pozwala oszczędzić miejsce, a zarazem może zostać jednym kliknięciem rozwinięta do pełnego rozmiaru.

Dostosowywanie dziennej listy zadań

Rozmiar panelu zajmowanego przez dzienną listę zadań można zmienić, przeciągając podwójną linię oddzielającą panel od kalendarza (rysunek 3-22). Działa to tylko w widoku normalnym, nie w zminimalizowanym (czyli wtedy, gdy strzałka w prawym górnym rogu panelu jest skierowana w dół). Kliknięcie nagłówka listy prawym przyciskiem myszy pozwala wybrać, czy zadania mają być wyświetlane w dniu ich przypisanego rozpoczęcia, czy zakończenia i czy mają być również wyświetlane zadania oznaczone jako wykonane (dzięki czemu będzie widać nie tylko to, co jeszcze jest do zrobienia, ale także to, co już zrobiłeś).

Spotkanie z samym sobą

Na pierwszy rzut oka taki pomysł wydaje się dziwny, ale ma głęboki sens – w ten sposób (planując spotkanie i wpisując je w kalendarz, ale nie wybierając żadnych innych uczestników) możesz zarezerwować czas na te zadania, które są związane z „postaciami życiowymi", o których była mowa wcześniej. Dla każdej postaci utwórz oddzielną kategorię. W tym podrozdziale zajmiemy się bardziej szczegółowo planowaniem kluczowych zadań:

1. Przełącz się do widoku zadań do wykonania w przyszłym tygodniu, zgrupowanych według kategorii (jeśli sprawia ci problem widoczność zbyt wielu elementów, po prostu utwórz jeszcze jeden widok, pokazujący tylko zadania dotyczące jednej z postaci życiowych).
2. Jeśli któraś z postaci życiowych nie ma przydzielonego na ten tydzień żadnego zadania klasy B, spróbuj takie znaleźć. Takim zadaniem może być na przykład przygotowanie wycieczki/niespodzianki z partnerem(ką) lub weekend na plaży.
3. Teraz, gdy każda postać życiowa ma już przynajmniej jedno zadanie klasy B w tym tygodniu, wybierz po jednym najistotniejszym dla każdej postaci i przypisz je do kategorii **Kluczowe zadanie** (oczywiście musisz utworzyć tę kategorię przed pierwszym użyciem).
4. Przełącz się do kalendarza, aby zaplanować terminy (spotkania z sobą samym) dla tych zadań kluczowych.

Tworzenie odpowiednich widoków zadań dla planowania tygodniowego w kalendarzu

1. Po przejściu do trybu kalendarza przełącz się do widoku **Tydzień roboczy** lub **Tydzień**, klikając odpowiedni przycisk na karcie **Rozmieszczanie** (Outlook 2010) lub w domyślnym pasku narzędzi (Outlook 2007/Outlook 2003). Przełącz się na następny tydzień (przypomnijmy – jest piątek i planujesz następny tydzień).

2. Outlook 2010/Outlook 2007: jeśli nie widzisz swoich zadań na prawo od terminów, wywołaj polecenie **Widok/Układ/Pasek zadań do wykonania/Normalny** (w wersji Outlook 2007: **Widok/Pasek zadań do wykonania/Normalny**). Outlook 2003: jeśli Blok zadań nie jest wyświetlany, użyj polecenia **Widok/Blok zadań**.
3. Powiększ Pasek zadań do wykonania (lub Blok zadań), przeciągając linię podziału pomiędzy nim a kalendarzem, aby zmieścić (w miarę możliwości) wszystkie zadania.
4. Outlook 2010/Outlook 2007: w Pasku zadań do wykonania (po prawej) prawym przyciskiem myszy kliknij nagłówek **Rozmieść według** i wybierz **Ustawienia widoku** (**Niestandardowe** w Outlook 2007) z menu podręcznego. Outlook 2003: w pasku tytułu Bloku zadań kliknij prawym przyciskiem myszy słowo **Blok** i wybierz **Dostosuj bieżący widok** z menu podręcznego.
5. W wyświetlonym oknie dialogowym kliknij przycisk **Grupuj według** i wyczyść pole wyboru **Automatycznie grupuj zgodnie z rozmieszczeniem**.
6. Z listy **Grupuj elementy według** wybierz **Kategorie**.
7. W lewej dolnej części okna dialogowego **Grupowanie według** z listy **Domyślne ustawienia zwijania/rozwijania** wybierz **Wszystko zwinięte**.
8. Zamknij wszystkie otwarte okna dialogowe klikając **OK**, po czym rozwiń grupę **Kluczowe zadania** w pasku zadań do wykonania (lub w Bloku zadań w Outlook 2003) na prawo od kalendarza, zgodnie z opisem wcześniej w tym rozdziale w części „Korzystanie z widoków grupowanych". Można też dodać filtr, ograniczając wyświetlanie tylko do zadań mających ustawioną datę końcową w przyszłym tygodniu, ale ponieważ wcześniej zaliczyłeś do kategorii kluczowych zadań właśnie takie zadania, sam warunek na tę kategorię jest wystarczający i nie ma potrzeby dodatkowo komplikować widoku.

Teraz widzisz wszystkie już ustalone terminy (spotkania, terminy innych zadań) na przyszły tydzień (patrz rysunek 3-24), a obok nich kluczowe zadania, które chcesz zrealizować w tym tygodniu. Możesz więc przydzielić konkretny czas tym zadaniom, tworząc terminy na ich wykonanie jako spotkania ze sobą samym. Staraj się umieścić przynajmniej jedno kluczowe zadanie w każdym dniu. Jeśli któryś dzień jest zbyt przepełniony, możesz umieścić dwa zadania w innym dniu, w którym znajdzie się więcej miejsca.

RYSUNEK 3-24 Planowanie terminów dla samego siebie dla kluczowych zadań, zgodnie z zasadą Kiesel.

Konwertowanie wpisów z paska zadań do wykonania na terminy

1. Kliknij zadanie (w Outlook 2003 – małą ikonę przed nazwą zadania), aby je zaznaczyć, ale bez przełączania się na tryb edycji jednego z pól. Zadanie otrzyma niebieskie tło.
2. Naciśnij Ctrl+X, aby przenieść wpis do schowka Microsoft Office.
3. Wyszukaj odpowiednią lukę w kalendarzu i kliknij jej początek (bardzo szybko, aby nie pojawił się migający kursor tekstowy, ale by przedział czasowy został zaznaczony) – na przykład w środę o 11:00 na rysunku 3-24.
4. Naciśnij Ctrl+V, aby wstawić wpis ze schowka. W Outlook 2010/Outlook 2007 zostanie utworzony termin o temacie skopiowanym z zadania. W Outlook 2003 zostanie otwarty formularz **Termin**.

   Program Outlook wstawił już pewne informacje do nowo utworzonego terminu:

   - Nowy termin został utworzony we wskazanym czasie wskazanego dnia.
   - Temat zadania został skopiowany do tematu terminu.
   - Wszystkie kategorie przypisane do zadania zostały skopiowane do terminu.
   - Całe zadanie zostało przeniesione do terminu jako załącznik. Można znaleźć je w polu notatki w formularzu terminu i można jest stamtąd otworzyć podwójnym kliknięciem.

- Jeśli zadanie było oznakowane jako prywatne, nowy termin również będzie prywatny (patrz rozdział 5, „Jak planować zebrania, aby były wygodne, efektywne i przyjemne").
- Zadanie zostało usunięte z listy zadań. Jeśli wolałbyś, aby tak się nie stało, na przykład dlatego, że może być potrzebne do zarejestrowania wykonania, wystarczy użyć Ctrl+C zamiast Ctrl+X w kroku 2. Jednak w ten sposób zadanie nie zostaje dołączone do terminu jako załącznik – jedynie tekst z zadania zostaje skopiowany. Ten sam efekt uzyskasz przeciągając zadanie myszą. Alternatywnie można przeciągnąć zadanie do kalendarza z przytrzymanym *prawym* przyciskiem myszy – po jego zwolnieniu pojawi się menu podręczne, z którego można wybrać polecenie **Kopiuj tutaj jako termin z załącznikiem** – w ten sposób oryginalne zadanie zostanie na liście, a w terminie pojawi się pełna kopia jako załącznik. W Outlook 2003 należy zaznaczyć odpowiedni termin docelowy w kalendarzu przed skopiowaniem i wklejenie poprzez przeciąganie myszą.

5. W programie Outlook 2003 można przeedytować temat terminu w razie potrzeby, po czym zamknąć formularz kliknięciem **Zapisz i zamknij**.
6. Kliknij nowo utworzony termin, by go zaznaczyć, następnie wskaż dolną krawędź terminu i pociągnij w dół, aby uzyskać właściwy czas trwania, na przykład od 10:00 do 12:00.
7. Powtórz powyższe działania dla pozostałych zadań kluczowych.

Pozwól sobie na dzień odpoczynku – nic oprócz spraw prywatnych

Dotyczy to także, a może nawet przede wszystkim wolnych strzelców: daj sobie jeden wolny dzień w tygodniu! Odłóż całą pracę na bok tego dnia – i tak, chodzi o cały dzień (zatem żadnych drobnych wyjątków typu godzinka lub dwie).

Nie musi to być niedziela – często w niedzielę właśnie pracuje się najlepiej, bo nikt nie przeszkadza. Z drugiej jednak strony koncepcja niedzieli jako dnia odpoczynku ma oczywiste zalety: to właśnie tego dnia większość ludzi dysponuje czasem dla przyjaciół i różnych zajęć, szczególnie gdy są związani ścisłymi godzinami pracy. Z tego względu warto dobrze się zastanowić i znaleźć lepszą alternatywę niż poświęcenie niedzieli na pracę zawodową.

Nie musi to być nawet ten sam dzień w każdym tygodniu, choć pewna regularność i ustalony schemat wielu ludziom pomaga lepiej się zrelaksować i naprawdę odpocząć. Zatem warto się postarać, aby dzień odpoczynku stale wypadał w ten sam dzień tygodnia, o ile tylko jest to możliwe.

Automatyczne kolorowanie terminów

Często przydatna jest możliwość stwierdzenia jednym rzutem oka (i bez konieczności czytania tekstu dla wszystkich terminów), kiedy będzie trzeba zdążyć na samolot lub być na spotkaniu, patrząc na widok całego tygodnia lub miesiąca (porównaj z rysunkiem 3-24 wcześniej w tym rozdziale). Funkcja warunkowego/automatycznego formatowania terminów w kalendarzu może być tu bardzo pomocna (Outlook 2010 i 2007 automatycznie kolorują terminy według kategorii, ale mogą również zmieniać kolor terminu na podstawie innych kryteriów, o ile nie przypisałeś do nich kategorii).

1. Użyj przycisku **Tydzień roboczy** (lub **Tydzień**), aby przełączyć się do właściwego widoku (w Outlook 2010 znajdziemy go na karcie **Widok** w grupie **Rozmieszczanie**).
2. Outlook 2010: W grupie **Widok bieżący** kliknij **Ustawienia widoku**, po czym kliknij **Formatowanie warunkowe** w nowo otwartym oknie dialogowym. Outlook 2007/Outlook 2003: otwórz menu **Edycja** i wybierz **Formatowanie automatyczne**.

   Okno dialogowe **Formatowanie warunkowe** (w starszych wersjach **Formatowanie automatyczne**) umożliwia zdefiniowanie nowych reguł kolorystycznych dla bieżącego widoku. W programach Outlook 2007/Outlook 2003 okno to można również otworzyć z okna dialogowego **Dostosowywanie widoku** poprzez kliknięcie przycisku **Formatowanie automatyczne**.
3. Kliknij przycisk **Dodaj**, aby utworzyć nową regułę.
4. W polu **Nazwa** wpisz opisową nazwę reguły, na przykład **Telefony konferencyjne**, i kliknij przycisk **Warunek**.
5. W otwartym oknie dialogowym **Filtr** zdefiniuj kryteria wybierania terminu, który ma zostać pokolorowany. Zasady działania są takie same, jak przy definiowaniu filtrów dla widoków: jeśli na przykład w pole **Wyszukaj wyraz/wyrazy** wpiszemy **Konf. tel.** (zostawiając domyślną wartość kolejnego pola **tylko w polu tematu**), wszystkie terminy zawierające w polu tematu zwrot *Konf. tel.* zostaną pokolorowane.
6. Zatwierdź filtr klikając **OK**.
7. W oknie dialogowym **Formatowanie warunkowe** (lub w oknie **Formatowanie automatyczne** w Outlook 2007/Outlook 2003), które pojawi się teraz, wybierz barwę z listy **Kolor** (w Outlook 2003 lista ta nosi nazwę **Etykieta**) – na przykład **Czerwony**.
8. Zamknij okno dialogowe klikając **OK**.

Od tego momentu wszystkie terminy spełniające kryteria zdefiniowanej reguły zostaną pokolorowane wybranym kolorem.

W Outlook 2003 na prawo od nazwy koloru wyświetlana jest tekstowa etykieta, którą można dowolnie zmienić. W tym celu należy w menu **Edycja** wybrać **Etykieta/ Edytuj etykietę** bezpośrednio po kroku 1. przedstawionej przed chwilą procedury.

Program Outlook 2003 umożliwia bezpośrednie określenie koloru dla każdego wpisu terminu poprzez pole **Etykieta**; w tym celu należy kliknąć termin prawym przyciskiem myszy. W wersjach Outlook 2010/Outlook 2007 kolory terminów wynikają z ostatnio przypisanej kategorii. Kolor nadany ręcznie lub związany z kategorią zawsze ma pierwszeństwo przed formatowaniem warunkowym. Nawet jeśli kategoria nie ma określonego koloru (**Kolor: Brak**), nadpisze formatowanie warunkowe. Oznacza to, że w Outlook 2010/Outlook 2007 nie należy przypisywać kategorii do terminów, jeśli chce się korzystać z kolorowania na podstawie treści.

Teraz twój ruch

1. Powróć do dwóch pierwszych zadań wymyślonych w finale rozdziału 2. Jakie długoterminowe działania, które mogłyby mieć wielki wpływ na inne obszary twojego życia zawodowego/prywatnego, odłożyłeś na „święty nigdy" po prostu dlatego, że „zwyczajnie nie mam czasu" lub „to trwałoby zbyt długo" (albo dowolna inna typowa wymówka, którą się tłumaczysz)? Nie ma czegoś takiego jak „brak czasu" – są tylko różnice priorytetów. Tak więc, jeśli zadanie jest wystarczająco ważne, co cię powstrzymuje? Przykłady: zacznij wreszcie codziennie biegać; posprzątaj swoje biurko i utwórz system dla dokumentów (na przykład wiszącą półkę na skoroszyty – mamy na myśli te papierowe dokumenty, nie te w komputerze), aby wyeliminować szybki powrót chaosu i mieć pewność, że potrzebny papier będziesz mógł odnaleźć bez trudu i odłożyć na miejsce jednym ruchem ręki.
2. Następnie podziel tę „misję" na mniejsze kluczowe zadania z realistycznymi datami wykonania, na przykład: znaleźć pomocnego kolegę; opracować przy jego (jej) pomocy skuteczny system; zdobyć i przygotować niezbędne materiały, takie jak rynienki na dokumenty i kosz na śmieci; znaleźć wolny dzień w sierpniu, gdy jest mniej pracy, aby posprzątać i zainstalować nowy system; umówić się z kolegą, żeby nas kontrolował co miesiąc i w razie potrzeby pomógł poprawić działanie...
3. Opracuj odpowiedni dla siebie zestaw kategorii (zacznij od wyczyszczenia domyślnej głównej listy kategorii).
4. Zamapuj odpowiednie kategorie do zadań (w przyszłości rób to w trakcie tworzenia nowego zadania).

5. Zdefiniuj swoje życiowe postaci (co najmniej jedną dla każdego obszaru życia, nie więcej niż siedem), utwórz dla nich kategorie i wyszukaj zadania do zrealizowania w niedalekiej przyszłości dla każdej z nich.
6. Utwórz widok pokazujący niedokończone zadania z terminem ukończenia w przyszłym tygodniu, zgrupowane według kategorii. Wyświetl pasek zadań do wykonania w kalendarzu i ustaw w nim ten sam widok (z tymi samymi filtrami i grupami).
7. Zaplanuj kolejny tydzień zgodnie z opisem zawartym w tym rozdziale (usuń nadmiarowe zadania lub zmień ich daty ukończenia, wpisz nowe zadania w razie potrzeby i skoryguj priorytety). Posłuż się zasadą Kiesel (zaplanuj najpierw kluczowe zadania dla postaci życiowych i wpisz do kalendarza terminy spotkań ze sobą dla tych zadań).

ROZDZIAŁ 4

Jak sprawić, aby plan dnia zadziałał w prawdziwym świecie

W tym rozdziale pokażemy, jak:

- Opanować podstawy skutecznego planowania dnia.
- Łączyć podobne zadania w bloki.
- Używać list terminów.
- Dostrajać mechanizm planowania.
- Korzystać z paska zadań do zrobienia w Outlook.

„Wszystko i tak pójdzie inaczej!"

UTWORZYŁEŚ JUŻ LISTĘ zadań, przypisałeś im daty ukończenia i priorytet (patrz rozdział 2, „Jak efektywnie określać priorytety zadań"). Zaplanowałeś też cały tydzień, uwzględniając zarówno dawno oczekiwane terminy, jak i dopiero co zapowiedziane spotkania, a także swoje „spotkania ze sobą", zgodnie z zasadą Kiesel („duże kamyki najpierw"; patrz rozdział 3, „Jak uzyskać więcej czasu na rzeczy istotne przy użyciu planu tygodniowego"). Ufny i pełen energii rozpoczynasz kolejny dzień – i nagle okazuje się, że jest już wieczór. Udało ci się dotrzymać wielu terminów i spotkań, ale znaczna liczba elementów z listy zadań pozostała nietknięta...

Nie wszystko w tym życiu działa doskonale. Pomimo tego wiele osób zakłada, że rzeczy potoczą się właśnie tak, jak chcieliby, gdyż częściej niż rzadziej tak się rzeczywiście dzieje, co pozostawia miejsce na ambitniejsze plany. Ponadto ciągłe zakładanie najgorszego nikomu nie sprawia przyjemności. Jeśli jednak będziesz zakładać, że coś, co raz zadziałało perfekcyjnie i bez żadnych zgrzytów w rekordowym czasie (i przy ogromnym szczęściu) będzie tak samo działać w przyszłości, nie powinieneś czuć się zawiedziony czy nawet zaskoczony tym, że następnym razem nie pójdzie tak łatwo.

Typowy dzień w biurze Robina...

Jest już 9:26, gdy Robin Wood w kiepskim nastroju wchodzi do pokoju konferencyjnego, by zacząć swój dzień pracy. Zwykle wystarcza, gdy wyjdzie z domu o 8:10 – dojazd do pracy zajmuje normalnie dokładnie 50 minut. Jednak dziś jeden pas ruchu był zamknięty z powodu kręcenia jakiejś reklamówki – o tej porze dnia, wyobraźcie sobie! – a żeby jeszcze pogorszyć sprawę, ruch był wyjątkowo duży...

– Przepraszam, utknąłem w korku – wymamrotał.

– Codziennie rano jest tak samo – szef zdecydowanie nie okazał współczucia.

– Ale to naprawdę nie jest moja wina. Takie rzeczy po prostu się zdarzają, zwłaszcza mnie. Dlaczego zawsze tak się zdarza mnie i Fredowi, ale rzadko komu innemu? – zadumał się Robin. Przynajmniej jego koleżanka Holly Holt przywitała się normalnie i jej uśmiech trochę poprawił mu humor. Kolejnych kilka godzin stanowiło w jego mniemaniu dowód, że niemożliwe jest dobre zaplanowanie dnia, bez względu na wybraną technikę: po raz kolejny zebranie trwało godzinę dłużej, niż zakładano. Następnie zamierzał dokończyć prezentację do swojego wystąpienia na jutrzejszym pokazie. Jednak gdy siadł do komputera, najpierw „rzucił okiem" na nowe maile, które pojawiły się w międzyczasie.

Czterdzieści pięć minut później czytanie maili przerwał mu kolega, który potrzebował pomocy z jakimś problemem. Naturalnie telefon nie przestawał dzwonić. Nagle zorientował się, że ma jeszcze jedno spotkanie za 15 minut. To spotkanie jednak odbywa się w innym budynku i że dotarcie tam wymaga 20 minut – fakt, którego nie wziął pod uwagę, gdy odpowiadał potwierdzająco na zaproszenie na spotkanie o 15:30. Przynajmniej to spotkanie zakończyło się o czasie i w drodze powrotnej przynajmniej udało mu się zjeść jakiegoś hot doga z przydrożnej budki – trzy godziny po czasie lunchu.

Po powrocie do biurka mógł wreszcie zacząć pracę nad prezentacją – przynajmniej w teorii – ale było jeszcze kilka innych rzeczy, które powinny być zrobione wcześniej, zatem starał się załatwić to naprawdę szybko. Po pewnym czasie zorientował się, jak cicho zrobiło się dokoła. Chyba nie może już być po 18? Oczywiście, że może. OK, zróbmy to wreszcie. Robin wreszcie zaczyna tworzyć nowy slajd. Gdy zajęcie to zaczyna być nużące, sprawdza skrzynkę odbiorczą w Outlook i odpisuje na kilka pytań, co nie powinno potrwać zbyt długo. Później przegląda kilka interesujących stron o specjalnych ofertach kredytowania samochodów... Ups! jest już 19:30. Robin zdaje sobie sprawę, że nie da rady dziś ukończyć prezentacji – a w każdym razie nie w biurze. Wszystko jedno, kogo to obchodzi. Nie będzie to pierwszy raz, gdy zabierze pracę do domu... „Jaki sens ma planowanie? Przecież wszystko i tak pójdzie inaczej!"

Próba dogonienia w połowie dnia kompletnie niemożliwego planu dnia ze zbyt wieloma nienaruszalnymi terminami poprzez pracę w nadgodzinach lub przesunięcia tych zadań i terminów na kolejne (równie wypełnione) dni jest chyba jeszcze mniej zabawne i bardziej stresogenne, niż zakładanie, że niektóre rzeczy mogą pójść źle lub zająć nieco więcej czasu.

Możesz jednak uchronić się przed przynajmniej niektórymi przeszkodami, przerwami i rozpraszaniem. Nie powinieneś pozwalać sobie na rozpraszanie czymkolwiek, jednak nigdy nie uda się całkowicie wyeliminować „przeszkadzajek". Należą do nich zarówno nieoczekiwane okazje, jak i problemy, które naprawdę wymagają natychmiastowego działania i są dostatecznie ważne, aby odłożyć wszystkie inne sprawy. Rozsądne planowanie dnia powinno być nastawione na realizm i brać pod uwagę takie sytuacje – w określonych granicach.

Realistyczne planowanie dnia – a raczej jego implementacja, właściwe podejmowanie działań – jest trudnym i rozległym wyzwaniem. Witajcie, długoterminowe plany i cele (i planowanie tygodniowe): pozwólcie przedstawić sobie szorstką prawdę życia. Wyzwanie polega na scaleniu obu wymienionych bez zagubienia się w krótkoterminowych zakłóceniach oraz atrakcyjnych lub nagłych, choć nieważnych sprawach. Ponad wszystko trzeba podejmować spójne decyzje, by mówić „Nie" rzeczom mało istotnym i dzięki temu móc powiedzieć „Tak" temu, co jest naprawdę ważne dla ciebie, twojej firmy, szefa, klientów, rodziny lub przyjaciół. Rzeczywista implementacja celów (zadań klasy B) i wprowadzanie planów w życie wtedy, gdy sam to wybierzesz, wymaga znacznej dawki samodyscypliny. W tym punkcie zarządzanie czasem albo działa dobrze, albo całkowicie zawodzi.

Oto, co stoi na zawadzie samemu planowaniu i realizacji – przyczyny, z powodu których ludziom nie udają się ich plany:

- Pragnienie robienia wszystkiego na raz.
- Spóźnienia, pomyłki i to, gdy „coś poszło źle" (takie rzeczy się zdarzają od czasu do czasu i nic nie można na to poradzić, ale powinieneś zawsze mieć plan na taką okoliczność i być gotów, gdy już się wydarzy; większość osób po prostu zakłada, że wszystko zadziała zgodnie z planem).
- Przecenienie własnych możliwości lub nierealistyczna ocena wymagań czasowych.
- Tylko reagowanie na to, co się dzieje (bez wychodzenia naprzeciw), wykonywanie zadań klasy C w pierwszej kolejności, nieodpowiedzialność, utrzymywanie postawy defensywnej i próby oskarżania kogoś innego o własne błędy i niepowodzenia.
- Nieoczekiwane zakłócenia i przerwy, rozpraszanie się, zmieniający się poziom koncentracji.

- Ostra niechęć do niektórych zadań, brak samodyscypliny, apatia i „kunktatorstwo": wykonywanie wszystkich kompletnie nieważnych, ale łatwych i zabawnych rzeczy (zadań D) na początek, a tym samym marnowanie czasu i odwlekanie trudniejszych, być może nudnych lub ryzykownych, ale znacznie ważniejszych zadań.

Zacznij to zmieniać!

Efektywne planowanie dnia wymaga wzięcia pod uwagę następujących elementów:

- Plan musi uwzględniać możliwość opóźnień, zgrzytów, zakłóceń i przerw. Takie rzeczy nie tylko mogą się zdarzyć – one się zdarzą (prędzej lub później), zatem spróbuj im przeciwdziałać. Powinieneś znaleźć strategię chroniącą przed tymi niepożądanymi zdarzeniami, których możesz uniknąć, i przygotowującą do radzenia sobie z takimi, na które nie masz wpływu.
- Skoncentruj się na tym, co jest istotne, zaplanuj to najpierw, a następnie konsekwentnie zajmij się tym zagadnieniem.
- Realistycznie oceniaj wymagania czasowe i swoją własną wydajność.
- Znajdź sposób połączenia mniejszych zadań razem i pozostaw wolne przedziały czasu jako strefy buforowe.
- Rozwiąż problem i weź za to odpowiedzialność, bądź przewidywalny i wyćwicz samodyscyplinę konieczną do realizacji nudnych lub mozolnych rzeczy, gdy to konieczne, aby uzyskać więcej czasu na takie zadania lub aktywność, które są po prostu zabawne, pozwalają zrealizować cele, skończyć pracę o czasie i wcześniej wrócić do domu (to robi różnicę; patrz rozdział 7, „Jak wynieść prawdziwą korzyść z lektury tej książki").

Teraz, gdy zebraliśmy już niezbędne składniki solidnego harmonogramu dziennego, najwyższy czas zacząć go wdrażać.

Podstawy udanego planowania dnia

Zbuduj bloki czasowe dla grup podobnych zadań i wykonuj je w skoncentrowany sposób za jednym zamachem (patrz ramka „Czym jest blok?" w rozdziale 1, „Jak nie utonąć w zalewie maili"). Naucz się poprawnie oceniać rzeczywiste wymagania czasowe poszczególnych zadań – wiele osób próbuje opierać się na swojej intuicji i w efekcie stosuje zupełnie nierealistyczne wartości.

Do wybrania najlepszej pory dnia, w której będziesz w stanie odizolować się od zakłóceń i skupić na najbardziej istotnych zajęciach, użyj swojej krzywej wydajności w połączeniu z krzywą zakłóceń (omówimy je nieco dalej w tym podrozdziale). Zgrupuj rozmowy telefoniczne i mniejsze codzienne zadania w kategorie, dzięki czemu będzie można je wykonać blokowo albo w czasie oczekiwania lub w wolnych „buforowych" przedziałach, a tym samym uzyskać optymalne wykorzystanie czasu pomiędzy większymi zadaniami.

Łączenie podobnych zadań w bloki

Jak wiele czasu marnujesz na drobiazgi? „Szybki" telefon tu, „krótki" mail tam i zanim się obejrzysz, minęło 20 minut. Dlatego należy łączyć podobne małe zadania w bloki zadań.

Postępowanie takie daje następujące korzyści:

- Będziesz szybciej robić postępy, gdyż nie będziesz musiał przestawiać się na inny rodzaj pracy przy każdym małym zadaniu. Na przykład przejście od edytowania raportu do odpowiadania na maile wymaga zwykle dwóch do trzech minut, zanim uzyskasz „normalne" tempo pisania odpowiedzi. Jeśli odpowiesz tylko na jeden lub dwa maile i zajmiesz się czymś innym, będziesz ponownie potrzebować tych trzech minut, gdy wrócisz do pracy przy poczcie. Napisanie odpowiedzi na piętnaście maili jeden po drugim zajmuje znacznie mniej czasu, niż opracowanie tych maili w przerwach pomiędzy zupełnie innymi zadaniami. Efekt ten jest jeszcze wzmacniany możliwością uzyskania szerszego widoku sytuacji. Na przykład będziesz automatycznie dążyć do skrócenia i zakończenia konwersacji, gdy wszystkie sprawy związane z daną rozmową zostały wyjaśnione lub przekazane, jeśli wiesz, że pozostało ci jeszcze osiem innych rozmów do wykonania w ciągu następnych trzydziestu minut.
- W odróżnieniu od sytuacji, gdy „naprawdę szybko zajmę się kilkoma drobnymi sprawami pomiędzy większymi zadaniami", utworzenie bloku pozwala się przekonać, jak wiele wiadomości można opracować w 30 minut lub ile naprawdę trwa pięć „krótkich" rozmów telefonicznych. Jeśli poobserwujesz się przez pewien czas, uzyskasz dobrą średnią, której będziesz mógł następnie użyć do oszacowania wymagań czasowych, a tym samym tworzyć bardziej efektywne i realistyczne plany działań. Łatwiejsze też stanie się wyszukiwanie obszarów, w których miałoby sens zoptymalizowanie procedur, przycięcie wielkości zarezerwowanego czasu lub przeciwnie, zainwestowanie więcej czasu.
- Jeśli zaplanujesz bloki o tej samej (w przybliżeniu) porze każdego dnia, uzyskasz dodatkowe korzyści wynikające z rutyny. Cała praca stanie się czymś w rodzaju rytuału i nada stałą strukturę rozkładowi dnia. Takie powtarzające się działania o tej samej porze każdego dnia mają pozytywny wpływ na wydajność pracy. Dają poczucie pewności w miarę upływu dnia i pomagają lepiej i szybciej się koncentrować na kolejnych zadaniach.
- Można zauważyć, że łatwiej będzie się skoncentrować na dużych, istotnych zadaniach, a także prostsze będzie powstrzymanie rozpraszania przez inne

rzeczy, którymi masz zająć się później w ramach bloku. Na przykład gdy ustalisz, że konieczne będzie wykonanie jakiejś rozmowy telefonicznej, ale ona nie musi odbyć się już w tym momencie, po prostu dodaj ją do listy. Dzięki temu nie będziesz musiał zajmować się inną sprawą przez dłuższą chwilę, ale nadal będziesz skoncentrowany na właśnie wykonywanym zadaniu.

Korzystanie z kategorii przy tworzeniu bloków

Pomyśl o obszarach, dla których można utworzyć sensowne bloki. Istnieją typy zadań, dla których warto zaplanować co najmniej jeden blok każdego dnia (na przykład czytanie i odpowiadanie na maile). Dla innych jeden do trzech bloków na tydzień powinno wystarczyć, jeśli na dzień nie przypada wystarczająco wiele zadań, mogą one poczekać parę dni lub po prostu nie możesz poświęcić im uwagi każdego dnia. Pewne bloki mają sens jedynie raz w miesiącu lub na kwartał – na przykład podsumowywanie wydatków.

Wskazówka Warto dodać sufiks *Blok* do nazwy kategorii budującej blok w Outlook (budowaniem bloku zajmiemy się w dalszej części rozdziału w części „Ukrywanie zadań przeznaczonych do budowania bloków w widoku tygodnia/dnia"). To najbardziej praktyczny sposób uniknięcia frustracji i innych problemów, gdy korzystasz z kategorii budujących bloki i zechcesz później użyć filtrów.

Wprowadź nazwy bloków, które będą występować częściej – takich jak „Telefony (Blok)" dla rozmów telefonicznych przekraczających trzy minuty – do głównej listy kategorii (więcej informacji na temat kategorii zawiera rozdział 3). Teraz, gdy pomyślisz o nowym zadaniu, które chciałbyś wstawić do najbliższego bloku tego typu, wystarczy nacisnąć Ctrl+Shift+K, by utworzyć nowe zadanie – choćby w środku pisania wiadomości mail. Dodaj szczegóły (patrz rozdział 3) i przypisz do odpowiedniego bloku, używając kategorii, takiej jak „Telefony (Blok)".

Kiedy będzie to potrzebne – na przykład gdy nadejdzie godzina przewidziana w planie dnia na rozmowy telefoniczne – możesz się wygodnie przełączyć na widok posortowany i pogrupowany według kategorii, zwinąć inne kategorie i przefiltrować widok na podstawie daty realizacji, aby zobaczyć blok telefonów ze wszystkimi rozmowami, które musisz wykonać w ciągu najbliższych pięciu dni (patrz rysunek 4-1). Definiowanie odpowiednich widoków jest omówione w dalszej części rozdziału w części „Porządek musi być".

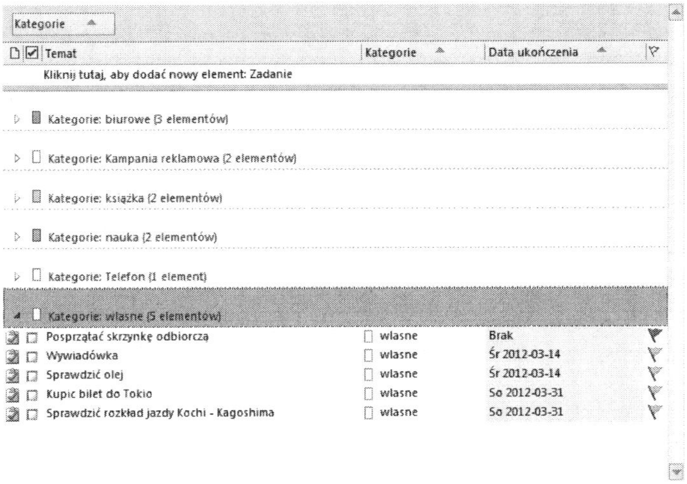

RYSUNEK 4-1 Zaledwie kilkoma kliknięciami można utworzyć listę zadań pokazującą tylko działania do realizacji w ciągu najbliższych dni w ramach określonego bloku (grupowanie według kategorii).

Specjalny blok zadań: Lista akcji

Co zrobić z tymi wszystkimi drobiazgami, które zajmują maksymalnie do 10 minut (i nie pasują do innych, już utworzonych bloków)? Połącz je w specjalny blok za pomocą kategorii „Lista akcji (Blok)". Blok ten stanowi wyjątek pod tym względem, że nie będziesz go przetwarzać w jednym ciągu, gdyż zawiera on najrozmaitsze drobne sprawy z różnych obszarów. Zamiast tego możesz zawsze sięgnąć do niego, gdy pojawi się krótki czas bez zajęcia – na przykład ostatnie 10 minut przed zebraniem lub 8 minut przed umówionym, ważnym telefonem, gdy nie chcesz zaczynać nic większego, co trzeba by było przerwać. W ten sposób można obsłużyć te wszystkie drobne sprawy pomiędzy większymi zadaniami, jednocześnie nie pozwalając im na zakłócanie pracy nad większymi problemami i wypełniając chwile oczekiwania.

Sedno sprawy: protokoły czasowe

Prowadzenie protokołów czasowych – czy też mówiąc ściślej, protokołów *zużycia* czasu – to prosta procedura, ale o wielkim wpływie:

- Po ukończeniu zadania i zarejestrowaniu potrzebnego na to czasu można dokładniej oszacować czas potrzebny na inne nadchodzące zadania podobnego typu. Można rozróżnić indywidualne przypadki i to, jak wiele czasu było potrzebne na ich rozwiązania – te wartości często różnią się co nieco lub wręcz dramatycznie od oszacowanej wielkości. W połączeniu z tworzeniem bloków można zauważyć, że „odpowiadanie na cztery krótkie pytania klientów", które oceniłeś na 20 do 25 minut, w rzeczywistości zajęło pełną godzinę.
- Po pewnym czasie będziesz mógł zupełnie wyraźnie zobaczyć, w których obszarach powinieneś zaplanować większy przydział czasu, a gdzie można zredukować czas już alokowany. Będziesz mógł stwierdzić, które zadania zabierają większość czasu i gdzie warto poszukać możliwych sposobów optymalizacji pracy.

Tworzenie protokołu czasowego jest proste: wybierz bardzo typowy dzień pracy i po prostu rejestruj wszystko, co robisz – każdą rzecz zajmującą więcej niż 10 minut. Jeśli wystąpi kilka krótszych wykonanych zadań, choćby w formie „osiem minut na trzy krótkie telefony z Listy akcji", to również należy je wpisać do protokołu. Ważne, aby zawsze mieć swój protokół czasowy ze sobą, mierzyć czas dokładnie i wpisywać bez ociągania, jak tylko coś zostanie wykonane (stoper nie jest konieczny, ale powinieneś spojrzeć na zegarek na początku i końcu każdego zadania). Od twojej decyzji zależy, czy będziesz rejestrował swój protokół czasowy na papierze, wpisywał w Microsoft Excel Mobile na swoim smartfonie czy korzystał z funkcji dziennika w programie Outlook.

W najprostszej wersji po prostu zapisuj czas rozpoczęcia i zakończenia zadania oraz szczegółowy opis (inaczej mówiąc, nie wystarczy po prostu „rozmowa"). Wyjątek stanowią bloki zawierające wiele drobnych działań zebranych w całość, gdzie zbiorcza nazwa będzie zupełnie wystarczająca (taka jak „blok mailowy"). Jednak i tu pomocne będą dodatkowe szczegóły jako dodatkowa kolumna we wpisie dziennika; na przykład „10 wiadomości usuniętych od razu, 5 małe z szybką odpowiedzią, 3 duże opracowane". Tyle wystarczy na początek. Protokół stanie się bardziej znaczący (aczkolwiek bardziej złożony), jeśli dodamy priorytet zadania zgodnie z macierzą Eisenhowera (patrz rozdział 2). Wstaw kolumnę zawierającą czas trwania. W kolejnej kolumnie wpisz, co zaplanowałeś na ten przedział czasu, zaś w innej opisz swoją ocenę zadania (na przykład „doskonale: wykonane w 100% jak planowano, ale szybciej" lub „nie było naprawdę potrzebne już teraz i zajęło dużo czasu"). Możesz też zarejestrować swój fizyczny lub emocjonalny stan („zmęczenie i trudności z koncentracją", „rozbudzony i bardzo kreatywny", „ciągle zmęczony, ale rutynowe prace idą sprawnie i szybko").

Jeśli twój problem polega na odpychaniu od siebie ważnych zadań, łatwemu uleganiu rozproszeniu przez inne sprawy lub niezdolność do utrzymania samodyscypliny, protokół czasowy może być bardzo pomocny. Gdy spojrzysz do swojego planu, zobaczysz „pisanie raportu na zebranie zarządu", zaś w protokole znajdziesz zamiast tego „15 minut spędzonych na bezsensownym klikaniu w skrzynce odbiorczej", uświadomisz sobie właśnie tam i wtedy, podczas wpisywania tych uwag, że wymigujesz się od prawdziwego zadania. Coś takiego powinno cię pobudzić i – miejmy nadzieję – spowodować, że przestaniesz odkładać to niemiłe, ale – co tu dużo mówić – *bardzo ważne* zadanie.

Prowadź protokół czasowy jednolicie przez przynajmniej trzy, a najlepiej pięć typowych dni roboczych, zapisując każdą czynność trwającą 10 minut lub więcej. Być może nie będzie to nadmiernie zabawne, ale warto!

Dla zaawansowanych użytkowników: Wykorzystanie funkcji dziennika do półautomatycznego protokołowania czasu

Aby ograniczyć konieczność ciągłego przełączania się pomiędzy różnymi aplikacjami i nieustannego spoglądania na zegarek, możesz wykorzystać funkcję dziennika programu Outlook do utworzenia protokołu czasu (patrz rysunek 4-2).

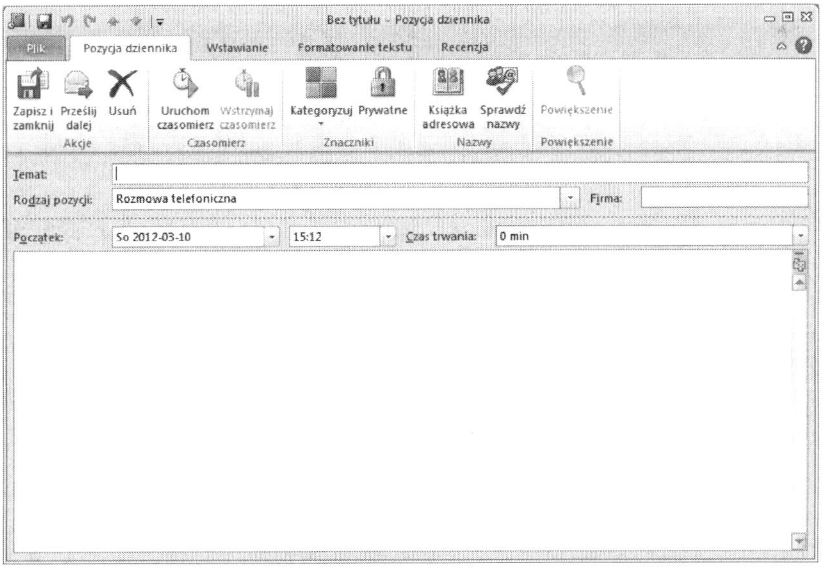

Rysunek 4-2 Funkcja dziennika programu Outlook umożliwia automatyczne rejestrowanie czasu.

Za każdym razem, gdy zaczynasz nowe zadanie, naciśnij Alt+Tab, by przełączyć się na Outlook (jeśli Outlook nie jest jeszcze na pierwszym planie, naciskaj Tab ponownie i zwalniaj przytrzymując wciśnięty klawisz Alt). Następnie naciśnij Ctrl+Shift+J. Outlook otworzy formularz tworzenia wpisu dziennika, zawierający już aktualną datę i godzinę. Wpisz unikatowy temat. Lista **Rodzaj pozycji** zawiera wszystkie typy zadań, które Outlook może protokołować automatycznie. Zignoruj to pole, gdyż nie da się go dostosować dodając nowe typy, a tym samym jest zbyt ograniczające. Zamiast tego kliknij **Kategoryzuj** (albo w programie Outlook 2003 przycisk **Kategorie** w prawym dolnym rogu) i wybierz odpowiednią kategorię lub kategorie z listy.

Następnie kliknij przycisk **Uruchom czasomierz** (lub w Microsoft Office Outlook 2003 naciśnij Alt+M). Przy użyciu Alt+Tab przełącz się ponownie do okna otwartego przed utworzeniem wpisu dziennika, podczas gdy okno z aktywowanym rejestrowaniem czasu pozostaje otwarte w tle. Po ukończeniu zadania ponownie naciśnij Alt+Tab, aby powrócić do otwartego okna dziennika i kliknij **Wstrzymaj czasomierz** (w Outlook 2003 po prostu ponownie naciśnij Alt+M). Outlook automatycznie doda czas trwania. Teraz możesz wpisać dodatkowe komentarze opisujące zadanie przed zapisaniem i zamknięciem wpisu dziennika. Ponieważ pole **Firma** w protokole czasowym zapewne nie będzie potrzebne, można użyć go do zanotowania czegoś innego, takiego jak priorytet zadania lub poziom satysfakcji z jego realizacji, dzięki czemu będzie można później posortować poszczególne wpisy dziennika według tego kryterium i użyć ich do celów oceniania. Można tu również wstawić informację, do jakiego projektu lub jakiej części życia należało właśnie wykonane zadanie (patrz rozdział 3).

Aby ocenić dzienny protokół, należy przełączyć się do widoku **Lista pozycji** dziennika. Typowy widok **Osi czasu** nie jest zbyt praktyczny, gdy próbujesz zajmować się wieloma krótkimi zadaniami, a nie całymi blokami. Warto zdefiniować sobie nowy widok typu *Tabela*, który można będzie sortować lub grupować na przykład według kategorii lub czasu trwania, aby zobaczyć, które zadania trwały najdłużej lub jaki typ (kategoria) pochłania najwięcej czasu w ciągu dnia. Dziennik można również przenieść do pliku Microsoft Excel, by dalej go przetwarzać, sumować czasy, tworzyć diagramy dla szybkiego oglądu i wiele więcej. W tym celu w Outlook 2010 wybierz polecenie **Opcje** na karcie **Plik** i następnie w oknie dialogowym **Opcje programu Outlook** kliknij **Zaawansowane**. W sekcji Eksport kliknij **Eksportuj** i postępuj zgodnie z dalszymi instrukcjami wyświetlanymi na ekranie. W Microsoft Office Outlook 2007/Outlook 2003 należy użyć polecenia **Import i Eksport** w menu **Plik**.

Krzywa wydajności i krzywa zakłóceń

Są ludzie, którzy są w pełni rozbudzeni i czują się świetnie wczesnym rankiem; inni potrzebują nieco czasu, aby się pozbierać i osiągają swój najwyższy potencjał, maksymalną wydajność i koncentrację, gdy inni zaczynają już czuć się zmęczeni, „zużyci" i z trudnością tylko mogą się skupić. Każdy ma swoją własną, indywidualną krzywą wydajności, powiązaną z jego lub jej rytmem dobowym. Jeśli będziesz pamiętać o tej krzywej podczas planowania rozkładu dnia, dasz radę przydzielić czas maksymalnej koncentracji i wydajności najbardziej istotnym zadaniom.

Na krzywą wydajności nakładają się inne efekty. Ktoś, kto o 11:30 wyszedł z mamuciego zebrania po trzech godzinach negocjacji bez żadnej przerwy w źle wentylowanym pomieszczeniu, będzie raczej wyczerpany, nawet jeśli w innym przypadku właśnie osiągałby szczytową formę o tej porze dnia. Jeśli przynajmniej połowa dni roboczych rozpoczyna się podobną sekwencją, będziesz miał do czynienia z podobną krzywą wydajności. Z tego względu musisz uwzględnić jedną z najsilniejszych nakładek – krzywą zakłóceń, która zwykle jest także dość regularna. Być może najlepiej pracowało ci się pomiędzy 10:00 a 11:00, gdy wszyscy inni byli na urlopie. Teraz jednak nie możesz już swobodnie wykorzystywać tego czasu, gdyż w czasie normalnych dni roboczych koledzy i klienci nieustannie zawracają głowę różnymi pytaniami, a szef ciągle zwala na ciebie nowe i nowe zadania.

Pójdź dalej i narysuj własne krzywe wydajności i zakłóceń. Nie musi to być wypracowany naukowy wykres – to może być wręcz improwizacja (rysunek 4-3). Można też połączyć doświadczenie z protokołem czasowym, jeśli chcesz to zrobić nieco bardziej ściśle: dodaj kolumnę na możliwości wydajnościowe i wielkość/intensywność zakłóceń. W razie potrzeby możesz wykonać ocenę, czy zauważone przerwy mogą być przesunięte do innego przedziału czasu. Ocenę taką możesz wykonać słownie lub użyć skali numerycznej, na przykład od 1 do 10, co ułatwi późniejsze oszacowania.

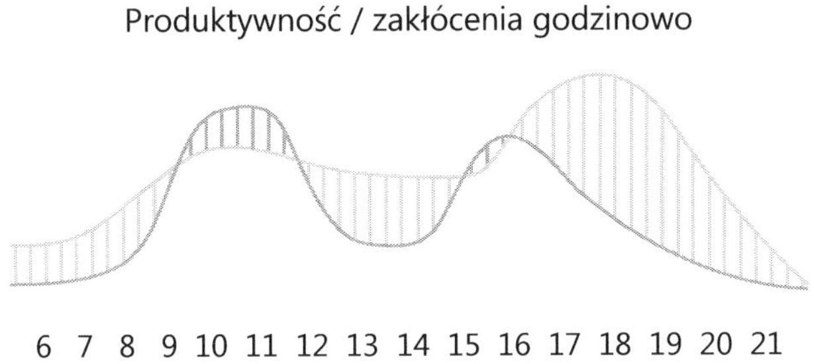

RYSUNEK 4-3 Rysowanie krzywej wydajności i zakłóceń w celu ustalenia optymalnego czasu na najtrudniejsze zadania

Skupienie się na ważnych zadaniach bez przerw

Zadziwiające, jak wiele da się zrobić w czasie, gdy nie ma przerw ani zakłóceń żadnego typu. Szczególnie wtedy, gdy w tym czasie znacznie mniejsza jest liczba potencjalnych „rozpraszaczy", które mogłyby cię zachęcić do ucieczki od niemiłych zadań. Na przykład w podróży biznesowej do Phoenix w Arizonie, gdy nie ma wspólnych „biznesowych obiadów" wieczorami, nagle masz mnóstwo czasu po piątej po południu. Wszyscy przyjaciele i rodzina, z którymi mógłbyś chcieć pogadać, dawno śpią (piąta po południu w Arizonie to pierwsza w nocy w Europie; dla mieszkańca USA taki sam efekt dałaby służbowa podróż do Australii czy Japonii). Ponieważ firmy w Arizonie właśnie kończą pracę, nie pojawiają się już żadne nowe wiadomości ani sprawy – z wyjątkiem może automatycznego biuletynu (a także trochę śmieci, które i tak są w większości filtrowane automatycznie). Co tu robić, jeśli nie masz chęci do zwiedzania nieznanych (i mało przyjaznych) miast? Nagle, po dwóch lub trzech dniach, okazuje się, że skończyłeś złożony i raczej nieprzyjemny, ale bardzo ważny plan marketingowy, którego nieprzekraczalny termin wypada za dwa tygodnie i którego wykonanie odkładałeś od ośmiu tygodni...

Nie musisz jednak posuwać się tak daleko, jak lot na drugą półkulę raz w miesiącu lub zamykanie się w biurze na weekend. Wystarczy ustalić jedną lub dwie Godziny Produktywności (idealnie od 45 do 90 minut) i w tym czasie skupić się nad tym, co jest naprawdę ważne. To może również pomóc w takich sytuacjach, w których podróż nie da efektu (jeśli twoi klienci i partnerzy są rozproszeni po całym świecie, ktoś z nich zawsze będzie pracował...).

W celu zdefiniowania godzin produktywności należy znaleźć okres, w którym krzywa wydajności jest zauważalnie wyżej, niż krzywa zakłóceń. Zazwyczaj będziesz miał do dyspozycji „dostosowaną krzywą"; innymi słowy, automatycznie ocenimy swoją wydajność niżej podczas silnych zakłóceń, więc w efekcie wysoka ocena wydajności wypada w okresie o niskim poziomie zakłóceń. Jeśli czas wysokich zakłóceń nakłada się na czas wyższej wydajności, spróbuj przesunąć krzywą zakłóceń. Na przykład możesz poprosić swoją szefową, czy mogłaby przesunąć codzienny briefing na wcześniejszą lub późniejszą godzinę. Alternatywnie, jeśli absolutnie nie ma innego sposobu, możesz spróbować przesunąć krzywą wydajności, na przykład gdy szefowa powie „nie", może dasz radę wstawać godzinę wcześniej i odpowiednio zaczynać pracę.

Chroń swoje godziny produktywności

Rygorystycznie zablokuj przynajmniej jedną, a jeśli to możliwe, dwie godziny produktywności każdego dnia:

- Wpisz swoje godziny produktywności jako cykliczny termin w swoim kalendarzu, aby przypadkowo nie zaplanować czegoś innego w tym czasie i nie proponować żadnych spotkań ani przyjmować zaproszeń na spotkania (co najwyżej robić to z pełną świadomością, gdy nie ma innego wyjścia). Najlepiej porozmawiać z kolegami, co chcesz zrobić, ustalić standardowy termin dla spotkań (patrz rozdział 5, „Jak planować zebrania, aby były wygodne, efektywne i przyjemne"), tak by każdy mógł ochronić swoje godziny produktywności poza tym przedziałem i umówić się, że takie terminy (godziny produktywności) będą wzajemnie respektowane. Alternatywnie możesz oznaczyć te godziny jako prywatne lub po prostu nie opisuj ich wcale. Odwagi: często krótkie, przyjacielskie wyjaśnienie połączone z prośbą o respektowanie tego zastrzeżonego czasu to wszystko, czego potrzeba.

- Jeśli mimo wszystko pojawi się żądanie spotkania w tym czasie, zaproponuj inny termin lub odmów (chyba że naprawdę nie ma innej możliwości).
- Staraj się wybrać czas, w którym fakt, że ktoś jest nieosiągalny, wydaje się w miarę normalny. Na przykład, jeśli twoja krzywa wydajności ma maksimum wczesnym rankiem, idź wcześniej do biura. Pora lunchu, gdzieś pomiędzy 11:00 a 14:00, też może być niezła (zależnie od tego, jak wcześnie lub jak późno będziesz zaczynać). Jeśli ktoś nie będzie mógł się z tobą skontaktować o 7:30, w południe lub po 17:30, nie będzie tego traktował jako dziwnego zdarzenia, ale raczej spróbuje ponownie o innej porze.
- Jeśli nie spodziewasz się szczególnie pilnego i ważnego telefonu w ciągu następnych kilkudziesięciu minut, na czas swojej godziny produktywności wyłącz swój telefon, przełączając go na pocztę głosową lub numer kolegi/asystenta. Oczywiście dotyczy to również komórki!
- Pamiętaj, że pierwsze trzy tygodnie są najważniejsze. Przypominaj kolegom – uprzejmie, ale twardo – że w tym czasie nie jesteś dostępny. Na początku współpracownicy będą mieli skłonność do lekceważenia twoich życzeń, nawet jeśli zaakceptują samą koncepcję i będą próbować to respektować – zmiana przyzwyczajeń zawsze wymaga czasu. Konsekwencja, z jaką będziesz odrzucał wszystkie przerwy i zakłócenia, określa to, czy twoje „ciche godziny" zaczną działać na dłuższą metę. W razie potrzeby zwróć się do zwierzchnika o zgodę, a jeśli on(a) odmówi przestrzegania twoich godzin produktywności, wybierz taki termin, gdy jeszcze lub już nie ma go w biurze.
- Upewnij się, że nie będziesz sam sobie przeszkadzał:
  - W czasie godzin produktywności ignoruj wszystko, co trafi do twojej skrzynki odbiorczej.
  - Skup się całkowicie na zaplanowanym zadaniu (typu A lub B). Zajmij się nim natychmiast i nie pozwalaj sobie na robienie czegokolwiek innego w tym czasie (zobacz także „Dostrajanie dziennego planowania" dalej w tym rozdziale).

- Kiedykolwiek będziesz chciał „szybko wyszukać lub napisać" (albo odpowiedzieć, zamówić i tak dalej) coś, zrób to przed lub po, ale nigdy w czasie godziny produktywności.

- Jeśli dużo podróżujesz i ustalone terminy godzin produktywności nie jest możliwe, wykorzystaj czas podróży. To, że nie musisz nikomu tłumaczyć, dlaczego nie jesteś obecny i dostępny, wręcz to ułatwia. Pojedź na lotnisko lub dworzec godzinę wcześniej (albo zarezerwuj powrót godzinę później) i siądź w poczekalni lub kawiarni, by spokojnie popracować. Wyłącz komórkę i wytrzymaj pokusę „szybkiego sprawdzenia poczty". Jeśli jedziesz własnym samochodem, możesz po prostu wyjechać nieco wcześniej (lub wrócić nieco później) i gdzieś po drodze wybrać wygodne miejsce na wygodny odpoczynek od jazdy i spokojną pracę.

Porządek musi być

Jedną z głównych zalet wykorzystania programu Outlook do zarządzania czasem jest niezwykła elastyczność, jaką uzyskujemy dzięki widokom. Każdy wpis musisz wprowadzić tylko jeden raz, ale później możesz zobaczyć zadania z bieżącego dnia, tygodnia czy nawet całego kwartału dla określonego projektu po zaledwie jednym kliknięciu. Automatyczne oznaczanie różnymi kolorami ułatwia utrzymać widoczność innych kryteriów (na przykład możesz wyświetlić listę zawierającą wszystkie zadania dla określonego projektu, w której zadania z terminem wykonania w bieżącym tygodniu będą wyróżnione np. na niebiesko). Albo można przełączyć się na widok ukazujący wszystkie przyszłe terminy uporządkowane według miast – tak by szybko stwierdzić, kiedy znowu będziesz w Los Angeles, gdy znajomy stamtąd spyta, czy „nie znalazłbyś wolnej godziny będąc w mieście kiedyś w sierpniu lub wrześniu".

Trzy przykłady konfiguracji przedstawione w tym podrozdziale, uważane przez większość użytkowników za bardzo wygodne, zawierają dalsze wskazówki poprawiania i dostrajania widoków w programie Outlook. Podstawy tworzenia nowych widoków, dostosowywania wyświetlanych pól, sortowania i grupowania, a także elementarne zasady filtrowania zostały pokazane już w dwóch poprzednich rozdziałach. Dzięki lepszemu dopasowaniu widoków można zawsze zachować ogólny obraz i umieć znaleźć konkretną, istotną informację.

Ukrywanie zadań przeznaczonych do budowania bloków w widoku tygodnia/dnia

Podczas budowania bloków połączyliśmy wiele podobnych zadań, aby wykonać je w jednym przejściu – a nie pomiędzy innymi zadaniami lub o innej porze. W ten sposób nie musisz brać pod uwagę zbyt wielu pojedynczych elementów podczas planowania. Na przykład możesz ukryć indywidualne krótkie rozmowy telefoniczne „wstawione" do bloku (takie, które mogą zaczekać do następnego zaplanowanego bloku telefonicznego), aby nie zakłócały widoku, pojawiając się pomiędzy innymi zadaniami na liście. Dzięki temu łatwiej będzie skupić się na tych pozostałych zadaniach.

Ukrywanie zadań należących do kategorii budującej blok

1. Zdefiniuj nowy widok (patrz rozdział 2) i nazwij go na przykład **Zadania bez budujących blok**. Zamiast tego możesz odpowiednio zmienić bieżący widok. W tym celu przejdź do zadań w Outlook 2010, otwórz kartę **Widok**, po czym w grupie **Widok bieżący** kliknij **Ustawienia widoku**. W Outlook 2007/ Outlook 2003 kliknij łącze **Dostosuj widok bieżący** w panelu nawigacyjnym po lewej.
2. W otwartym oknie dialogowym kliknij **Filtruj**.
3. W oknie dialogowym **Filtr** kliknij zakładkę **Zaawansowane**.
4. Kliknij przycisk **Pole** i wybierz opcję **Kategorie** z listy **Pola najczęściej wykorzystywane**.
5. Z listy **Warunek** wybierz opcję **nie zawiera**.
6. W pisz **(Blok)** w polu **Wartość** (patrz rysunek 4-4).

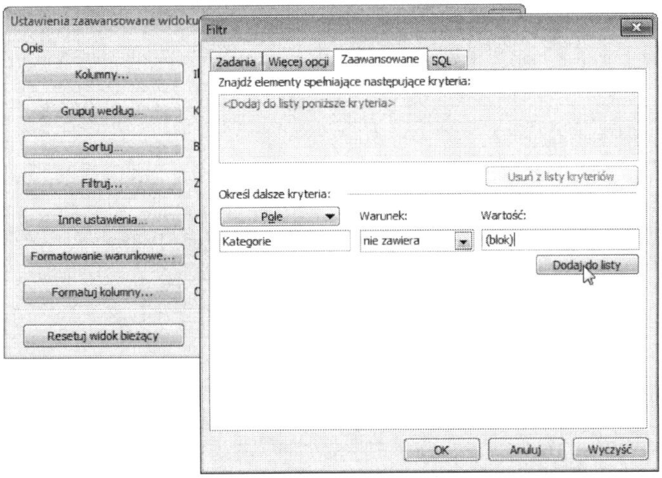

RYSUNEK 4-4 Tworzenie filtru ukrywającego wszystkie zadania przypisane do bloku

7. Kliknij **Dodaj do listy**.

8. Możesz również ukryć wszystkie zadania, którymi zająłeś się już wcześniej i oznaczyłeś jako wykonane (patrz „Czyszczenie widoków przy użyciu filtrów" w rozdziale 2).
9. Zamknij wszystkie otwarte okna dialogowe klikając **OK**.

Oznaczanie kolorem zadań przeznaczonych na dziś i jutro

Najpierw wykonaj następujące prace przygotowawcze: zdefiniuj nowy widok oparty na dopiero co przefiltrowanym widoku i nazwij go **Bieżący tydzień**. Uporządkuj go zgodnie z priorytetem w kolejności malejącej (patrz rozdział 2). W oknie dialogowym **Filtr** na zakładce **Zadania** ustaw kryteria **Na kiedy**: **W tym tygodniu**, korzystając z dwóch pól listy w sekcji **Czas**, a następnie zamknij okno dialogowe klikając **OK**.

Kolorowanie zadań przy użyciu formatowania automatycznego

1. W ciągle otwartym oknie dialogowym **Ustawienia zaawansowane widoku** kliknij **Formatowanie warunkowe** (Outlook 2010) albo **Formatowanie automatyczne** (Outlook 2007/Outlook 2003). Otworzy się okno dialogowe **Formatowanie warunkowe** (patrz rysunek 4-5).

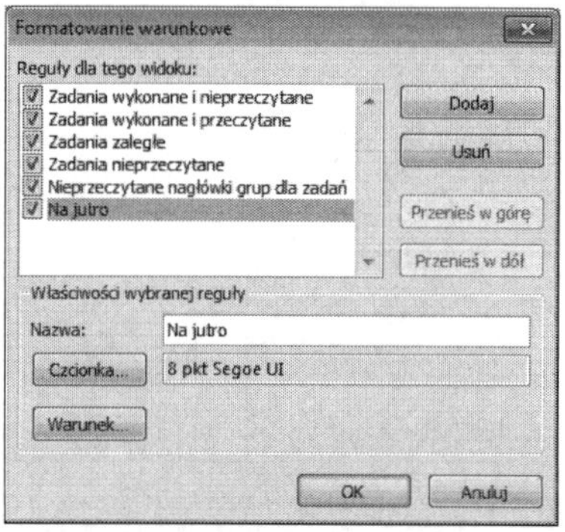

RYSUNEK 4-5 Definiowanie reguł kolorowania zadań

2. Kliknij przycisk **Dodaj**.
3. Wpisz nazwę nowej reguły w polu **Nazwa**, na przykład **Na jutro**.
4. Kliknij przycisk **Warunek**.
5. Na zakładce **Zadanie** wybierz **na kiedy**: **jutro** z dwóch list rozwijanych w sekcji **Czas** i zamknij okno **Filtr** klikając **OK**.
6. Kliknij przycisk **Czcionka**, wybierz odpowiedni kolor z listy **Kolor** (na przykład Niebieski) i zamknij okno dialogowe klikając **OK**.

Zdefiniowaliśmy właśnie regułę pokazującą wszystkie zadania przeznaczone do wykonania następnego dnia niebieskim tekstem.

7. Powtórz kroki 2 do 6, aby utworzyć nową regułę nazwaną **Dziś na czerwono** (kolor czerwony jest domyślnie używany do wyświetlania zadań przeterminowanych), aby również zadania przeznaczone dla bieżącego dnia były wyświetlane na czerwono.
8. Zamknij wszystkie okna dialogowe klikając **OK**. Wynikowy widok powinien wyglądać podobnie do pokazanego na rysunku 4-6.

Rysunek 4-6 Definiowanie widoku automatycznie kolorującego wpisy zależnie od wybranych warunków, takich jak zadania przeterminowane i bieżące na czerwono, zaś jutrzejsze na niebiesko.

W trakcie planowania dnia ten nowy widok ułatwi podjęcie decyzji, które ważne zadania (z tych, które oryginalnie były przeznaczone do wykonania dziś, jutro lub w ciągu nadchodzącego tygodnia) należy wykonać dziś, jeśli jutrzejszy dzień jest szczególnie wypełniony pracą. W ten sposób można uniknąć konieczności przekładania na później tych ważnych spraw z powodu mniej istotnych, ale już przeterminowanych.

Dla zaawansowanych użytkowników: jeśli ktoś chce pokolorować swoje zadania według innych kryteriów niż termin wykonania (na przykład według kategorii), musi pamiętać, że zadanie może mieć przypisany tylko jeden kolor na raz. Trzeba zatem zadbać o to, by reguły kolorujące zadania działały w taki sposób, aby tylko jedna reguła mogła działać w jednym widoku. Inaczej łatwo może powstać sytuacja, gdy jakieś zadanie otrzymuje kolor niebieski z powodu przypisania do kategorii, a następnie zmienia go na czerwony z powodu daty ukończenia, tworząc chaos zamiast systematyki, którą chcielibyśmy wprowadzić.

Ostrożnie z filtrami!

Przyjrzyj się bliżej wybieranym warunkom filtrowania i upewnij się, że dokładnie wiesz, co one robią, gdy tworzysz własne filtry. W przeciwnym wypadku wpisy, które powinieneś zobaczyć, mogą łatwo się „się zgubić" i w efekcie coś istotnego zostanie przeoczone.

Na przykład filtr **Kategorie / nie zawiera / Telefon** konsekwentnie ukrywa wszystkie zadania przypisane do kategorii **Telefon** – także wtedy, gdy zadanie należy również do innych kategorii. Jeśli chcesz zaplanować rozmowę telefoniczną, która nie powinna być częścią bloku telefonicznego (na przykład dlatego, że będzie wymagała znacznie więcej czasu lub jest szczególnie ważna, albo po prostu musi odbyć się o konkretnej godzinie, nie pasującej do rutynowego bloku), nie może ona zawierać tej kategorii. Zamiast tego możesz ją przypisać na przykład tematycznie do kategorii Projekt C. Lepszym wyjściem jest jednak użycie innej nazwy dla kategorii budujących blok, takich jak **Telefon (Blok)**, dzięki czemu nie powstaną nieporozumienia, gdy każdej rozmowie nadasz kategorię „Telefon" lub gdy często zachodzi konieczność wykonywania rozmów telefonicznych poza blokiem.

Tak więc zadania należy przypisywać do kategorii budujących blok tylko wtedy, gdy chcesz się nimi zajmować właśnie w kontekście bloku. W celu uniknięcia nieporozumień po prostu dodaj we wszystkich odpowiednich kategoriach sufiks **(Blok)** na końcu nazwy, by móc następnie filtrować po tym słowie. Metoda ta może wydawać się dziwaczna z początku, ale ma wyraźnie zalety:

- Nawiasy uchronią przed niezamierzonym filtrowaniem kategorii, które mogłyby zawierać w nazwie słowo *blok*, takich jak „Blok operacyjny" lub „Odblokowanie dostępu".
- Użycie wspólnego słowa kluczowego jest mniej kłopotliwe, niż konieczność sprawdzania indywidualnych nazw kategorii dla budowania bloków (patrz przykład z nazwą „Telefon").
- Jeśli chcesz zbudować negatywny filtr ukrywający konkretne kategorie, dość trudne jest ukrycie kilku kategorii o różnych nazwach, takich jak „ListaAkcji" i „BlokTel". Jeśli po prostu wymienimy je jedną po drugiej w oknie dialogowym Filtr, Outlook zbuduje warunek „pokaż wszystko, co nie zawiera ListaAkcji *lub* nie zawiera BlokTel" – mówiąc inaczej, ukrywający tylko te zadania, które należą do *obu* kategorii jednocześnie. Jak łatwo zauważyć, przy większej liczbie kategorii sprawa komplikuje się jeszcze bardziej... Najprostszą metodą rozwiązania tego problemu jest umieszczenie w nazwie każdej kategorii, którą chcesz odfiltrować, słowa kluczowego, którego użyjemy później jako warunku, takiego jak proponowane tu słowo (Blok).

Wyłączanie kolorowania na czerwono zadań przeterminowanych

1. W oknie dialogowym **Ustawienia widoku** kliknij przycisk **Formatowanie warunkowe** (Outlook 2010) lub **Formatowanie automatyczne** (Outlook 2007/ Outlook 2003).
2. Na liście **Reguły dla tego widoku** (pokazanej wcześniej na rysunku 4-5) znajdź pole wyboru **Zadania zaległe**. Jeśli chcesz po prostu usunąć kolorowanie przeterminowanych zadań, wystarczy zdezaktywować regułę, wyczyść pole wyboru obok nazwy i przejdź do kroku 5. W przeciwnym razie kontynuuj zmienianie szczegółów reguły.
3. W obszarze **Właściwości wybranej reguły** kliknij przycisk **Czcionka**.
4. W nowo otwartym oknie dialogowym wybierz **Automatyczny** z listy **Kolor**. Można też wybrać tu inną zmianę formatowania zamiast koloru, taką jak wybór innej czcionki, jej odmiany lub wielkości, aby nadal wyróżniać zadania zaległe.
5. Zamknij wszystkie otwarte okna dialogowe klikając **OK**.

Lepszy przegląd dzięki korzystaniu z list terminów

Każdy jest zapewne przyzwyczajony do spoglądania na terminy w widoku dnia, tygodnia lub miesiąca. Jednak Outlook może również wyświetlić terminy w formie widoku tabelarycznego, podobnego do stosowanego dla list zadań. Widok taki jest szczególnie praktyczny, jeśli głównym priorytetem nie jest znalezienie odpowiedzi na takie pytania, jak „Czym będę musiał zająć się w przyszłym tygodniu?", „Gdzie będę 20 lipca?" lub „Kiedy w listopadzie mogę znaleźć trzy dni nadające się na podróż służbową do...?". Większość z nas przyzwyczaiła się, że korzystając z kalendarza można znaleźć odpowiedzi na takie pytania, ale niewiele więcej – myślimy o nim wyłącznie pod kątem odniesień czasowych, co było jedynym sposobem korzystania ze starych, dobrych, papierowych terminarzy.

Jeśli będziesz konsekwentnie wypełniać terminy Outlook informacjami o kategoriach i lokalizacjach, gdy tylko dotyczą świata „zewnętrznego" (poza biurem lub domem), będziesz mógł układać, grupować i sortować terminy według tych kryteriów.

Poniższy przykład pokazuje, jak utworzyć nowy widok, który ułatwi znajdowanie odpowiedzi na takie pytania, jak „Kiedy ponownie będę w Seattle lub Portland?" – poprzez zgrupowanie terminów na podstawie lokalizacji.

Tworzenie widoków kalendarzy jako tematycznie pogrupowanych list terminów

1. W dowolnym widoku kalendarza w Outlook 2010 przejdź do karty **Widok**, następnie w grupie **Widok bieżący** kliknij **Zmień widok**. W wyświetlonym menu kliknij **Zarządzaj widokami**. W Outlook 2007 wywołaj polecenie **Widok/Widok bieżący/Definiuj widoki**, a w Outlook 2003 polecenie **Widok/Uporządkuj/Widok bieżący/Definiuj widoki**. Pojawi się okno dialogowe **Zarządzanie wszystkimi widokami** (rysunek 4-7).

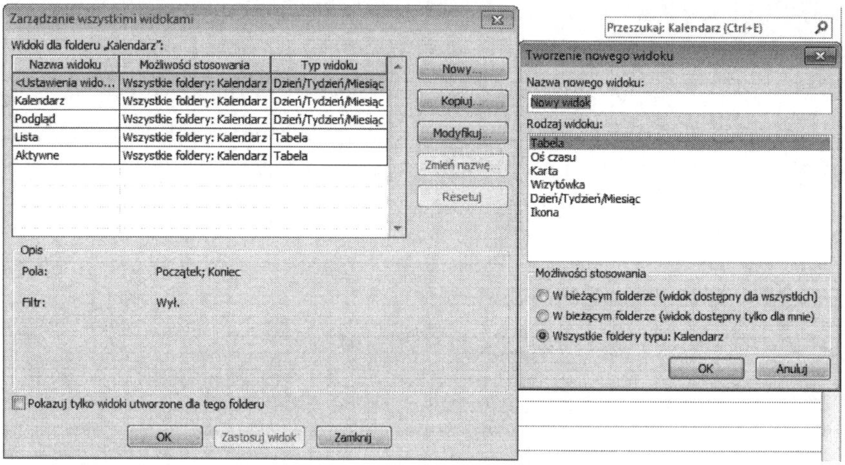

RYSUNEK 4-7 Definiowanie nowych widoków kalendarza o typie tabeli w celu tematycznego grupowania terminów.

2. W oknie dialogowym **Zarządzanie wszystkimi widokami** można wykorzystać istniejący widok jako szablon dla nowego widoku, klikając **Kopiuj**. Jeśli nie chcesz opierać nowego widoku na żadnym istniejącym, kliknij **Nowy**.
3. Nadaj widokowi nazwę (na przykład **Lokalizacje**), zachowaj domyślne ustawienie opcji **Typ widoku** jako **Tabela** i kliknij **OK**.
4. W wyświetlonym oknie dialogowym kliknij przycisk **Grupuj według**.
5. Z listy **Grupuj elementy według** wybierz **Lokalizacja**.
6. Zamknij okno dialogowe **Grupowanie według** kliknięciem **OK**.
7. W razie potrzeby możesz teraz zdefiniować filtry lub reguły warunkowego formatowania.
8. Zamknij okno dialogowe **Zaawansowane ustawienia widoku** kliknięciem **OK**, po czym zamknij okno **Zarządzanie wszystkimi widokami** klikając **Zastosuj widok**.

Teraz można zobaczyć terminy wpisane w kalendarz, pogrupowane według lokalizacji (rysunek 4-8).

Kliknięcie małego trójkąta (Outlook 2010) lub symbolu minus/plus (Outlook 2007/Outlook 2003) przed nagłówkiem jednej z grup powoduje zwinięcie lub rozwinięcie (ukrycie lub pokazanie) wpisów zawartych w tej grupie. Kliknięcie symbolu prawym przyciskiem myszy udostępnia polecenie **Zwiń wszystkie grupy** – zobaczysz wówczas tylko poszczególne lokalizacje, zamiast indywidualnych wpisów. Jeśli teraz klikniesz trójkąt lub znak plus, zobaczysz wszystkie terminy dotyczące właśnie wybranej lokalizacji.

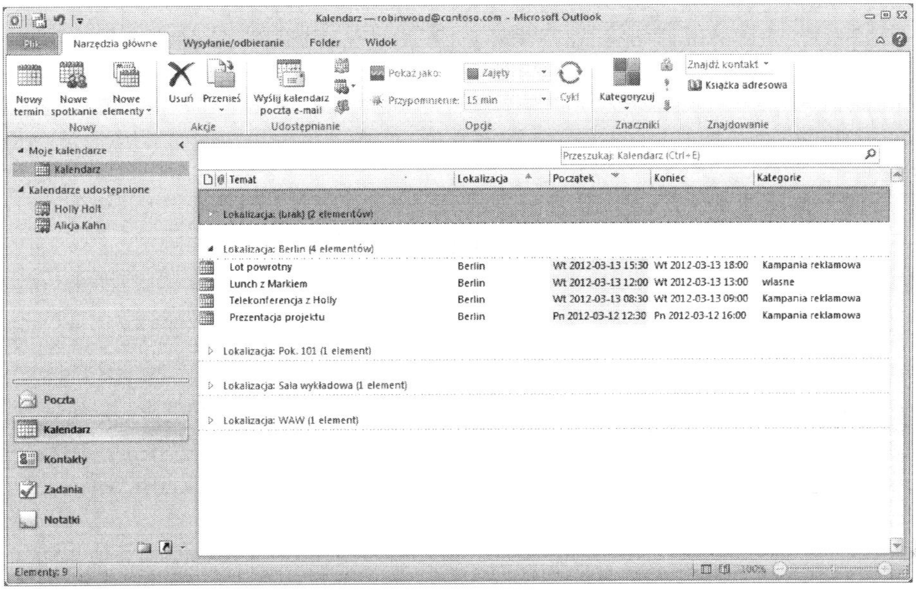

RYSUNEK 4-8 Tworzenie nowego widoku kalendarza w celu szybkiego ustalenia, kiedy będziesz w której lokalizacji.

Usuwanie zbędnych elementów

Możesz postawić pytanie, dlaczego w nowo utworzonym widoku pojawiło się bardzo wiele wpisów mających jakiś kraj – na przykład Polskę, Niemcy lub Stany Zjednoczone jako lokalizację: jeśli użyłeś funkcji automatycznego wstawiania dni wolnych i świąt, Outlook wstawia wybrany kraj do pola lokalizacji.

Szybkie usuwanie niepotrzebnych wpisów dla świąt

1. Bezpieczniejsze jest zgrupowanie terminów według kategorii niż lokalizacji (na wypadek, gdybyś samodzielnie przypisał lokalizację **Stany Zjednoczone** do jakiegoś terminu). Instrukcje grupowania znajdziesz w rozdziale 3.

2. Zaznacz pierwszy wpis kategorii **Dni wolne**.
3. Przytrzymaj klawisz Shift i kliknij ostatni wpis w kategorii **Dni wolne**, aby zaznaczyć wszystkie wpisy (alternatywnie można kliknąć prawym przyciskiem myszy nazwę kategorii i wybrać **Usuń** z menu podręcznego, jednak jest to dość ryzykowne – można łatwo usunąć również wszystkie wpisy z innej kategorii, gdy nie trafimy we właściwą kategorię; bezpieczniejsze jest zaznaczenie wszystkiego, co chcesz usunąć, dzięki czemu można podwójnie sprawdzić poprawność wyboru przed usunięciem).
4. Naciśnij Delete, aby od razu usunąć wszystkie wprowadzone święta.

Łącząc pokazane możliwości można rozwiązywać złożone zapytania. Na przykład można utworzyć pokolorowany widok ukazujący tylko terminy należące do pięciu najważniejszych projektów w nadchodzących dwóch kwartałach, zgrupowane według projektu, uporządkowane według daty i lokalizacji, tak by Seattle było wyświetlane na zielono, Los Angeles na pomarańczowo, Denver na niebiesko, Miami na żółto, a Nowy Jork na czerwono (filtrowanie i automatyczne kolorowanie dla widoku list terminów działa tak samo jak dla list zadań – wspomniane przedtem ograniczenia w stosowaniu kategorii dotyczą tylko standardowych widoków dnia/tygodnia/miesiąca).

Gdy przyzwyczaisz się już do tego podejścia i korzystania z tematów (kategorii) lub lokalizacji, tego typu widoki terminów staną się niezwykle użyteczne. Na początek wypróbuj to, tworząc widok pogrupowany według kategorii (naturalnie musisz wcześniej konsekwentnie nadać kategorie wszystkim terminom, co na szczęście można szybko zrobić przy użyciu głównej listy kategorii; więcej informacji na ten temat zawiera rozdział 3). Patrząc na widok zgrupowany według kategorii możesz odkryć, że jako Account Manager miałeś 22 wewnętrzne zebrania, ale tylko 4 spotkania z klientami...

Aby powrócić do tradycyjnego widoku kalendarza, w Outlook 2010 należy przejść do karty **Widok** i kliknąć **Zmień widok**. W wyświetlonym menu kliknij **Kalendarz**, to będzie można wybrać odpowiedni wariant (dzień, tydzień roboczy lub tydzień) z grupy **Rozmieszczanie** we Wstążce. W programach Outlook 2007/Outlook 2003 kliknij Dzień/Tydzień/Miesiąc w panelu nawigacyjnym (o ile włączyłeś wyświetlanie tu listy widoków) albo wybierz odpowiednie polecenie z menu **Widok/Widok bieżący** (Outlook 2007) lub **Widok/Uporządkuj/Widok bieżący** (Outlook 2003).

Dostrajanie dziennego planowania

Zaplanowałeś już swój tydzień (patrz rozdział 3), dodałeś godziny produktywności, utworzyłeś kategorie na potrzeby budowania bloków i przypisałeś te kategorie do odpowiednich zadań. Przygotowałeś także różne widoki na użytek dziennego planowania, a może nawet sporządzałeś protokół czasowy przez kilka ostatnich dni. Przedstawimy teraz finalne kroki skutecznego planowania dziennego.

Planowanie czekających zadań przy użyciu metody 25000 dolarów

Wszystkie spotkania i terminy o ustalonej dacie i godzinie wpisałeś, gdy tylko je uzgodniłeś. Wpisałeś też swoje godziny produktywności i „spotkania ze sobą samym" dla zadań klasy B, zgodnie z zasadą Kiesel (patrz rozdział 3) do swojego kalendarza. Cokolwiek zostało do zrobienia, znajduje się na liście zadań. Kolejnym krokiem jest zdecydowanie, kiedy chcesz wykonać poszczególne z tych zadań. Metoda 25000 dolarów (patrz rozdział 2) pomoże skupić się na tym, co jest najważniejsze w ciągu dnia pracy.

Dostrajanie widoku 25000$ (utworzonego w rozdziale 2) dla planowania dnia

1. Przejdź do trybu zadań. W Outlook 2010 otwórz kartę **Widok** i kliknij przycisk **Zmień widok** w grupie **Widok bieżący**, po czym kliknij **25000$** w wyświetlonym menu. Jeśli pracujesz w Outlook 2007/Outlook 2003, po prostu kliknij listę dostępnych widoków w panelu nawigacyjnym po lewej, aby wywołać widok **25000$** zdefiniowany w rozdziale 2.
2. W Outlook 2010 Kliknij **Ustawienia widoku** w grupie **Widok bieżący**.

   W Outlook 2007, przejdź do menu **Widok** i wybierz polecenie **Widok bieżący/ Dostosuj widok bieżący**.

   W Outlook 2003 użyj polecenia **Widok/Rozmieść według/Widok bieżący/ Dostosuj widok bieżący**.

   W programach Outlook 2007/Outlook 2003 można także wykorzystać panel nawigacyjny po lewej i kliknąć łącze **Dostosuj widok bieżący**, o ile jest wyświetlane.
3. Ustaw filtr ukrywający zadania już wykonane. Ukryj także Listę akcji, a także wszelkie zadania przeznaczone do wykonania w blokach (patrz „Ukrywanie zadań przeznaczonych do budowania bloków w widoku tygodnia/dnia" wcześniej w tym rozdziale).
4. Ustaw filtr pokazujący tylko zadania z datą ukończenia ustawione na dziś lub zaległe z ostatnich kilku dni: przejdź do okna dialogowego **Filtr** i w nim

na zakładce **Zadania** wybierz opcje **na kiedy**: **w ciągu ostatnich 7 dni** w dwóch listach **Czas** (rysunek 4-9).

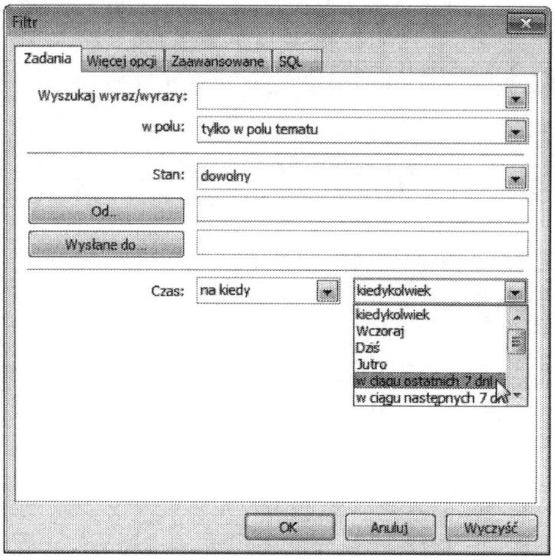

Rysunek 4-9 W nowym widoku wyświetlane będą tylko niezrealizowane zadania z ostatnich siedmiu dni, łącznie z dzisiejszym.

5. Zamknij wszystkie otwarte okna dialogowe klikając **OK**.

Wskazówka Lepiej nie ustawiać filtra na termin wykonania dziś, ale na ostatnich 7 dni. W ten sposób będziesz widzieć także wszystkie te zadania, których nie udało się zrealizować w ciągu poprzednich dni. Jeśli coś nie zostało zrobione przez prawie tydzień, możesz spróbować albo wybrać bardziej realistyczną datę ukończenia, albo podjąć decyzję o zrezygnowaniu z tego działania przy planowaniu kolejnego tygodnia. W ten sposób nie utracisz kontroli nad czynnościami, których nie udało ci się ukończyć od kilku dni.

Planowanie dnia (przy użyciu nowego widoku) według metody 25000 dolarów

1. Przełącz się na nowo zdefiniowany widok 25000$ dla dnia, aby widzieć tylko te zadania, które są przeznaczone na dziś lub zaległe z ostatnich kilku dni i które nie należą do już przydzielonych terminów (jak zadania realizowane w blokach).
2. Przejrzyj kolejno zadania na liście i usuń te, które nie są już potrzebne. Im więcej usuniesz, tym więcej czasu zdobędziesz na pozostałe zadania.
3. Przełącz się do widoku zadań do wykonania w tym tygodniu (który zdefiniowałeś wcześniej w tym rozdziale w części „Oznaczanie kolorem zadań przeznaczonych na dziś i jutro"). Szybko przejrzyj najbardziej istotne z nich, szczególnie

te zaplanowane na jutro. Być może jutrzejszy dzień jest szczególnie przepełniony, podczas gdy dziś panuje względny spokój. A może jest jakieś ważne zadanie, które lepiej byłoby zrealizować dziś? Kliknij odpowiednią datę ukończenia i wpisz **dziś** (nadpisz istniejący wpis tekstem **dziś**). Możesz także kliknąć strzałkę, która pojawia się na prawo od daty ukończenia, gdy ją klikniesz, po czym wybrać dzisiejszą datę z podręcznego kalendarza. Być może brzmi to nieco skomplikowanie, ale gdy zrobisz to parę razy, będzie to szło bardzo szybko i łatwo.

4. Po ukończeniu przeglądania i przenoszenia zadań przełącz się ponownie do widoku 25000$.
5. Przypomnij sobie i dopisz dowolne dodatkowe zadania, z którymi powinieneś się dziś uporać, ale których jeszcze nie wpisałeś (w idealnym wariancie nie powinno ich być, gdyż powinieneś wpisywać każde zadanie, gdy tylko o nim pomyślisz). Jeśli coś wymaga bardzo dużo czasu pracy – na przykład 30 godzin – podziel to na mniejsze fragmenty zajmujące jedną do dwóch godzin i zastanów się, które z nich możesz wykonać dzisiaj.
6. Teraz ponumeruj zadania zgodnie z ich ważnością, jak na rysunku 4-10 (patrz „Dostrajanie priorytetów metodą 25000 dolarów" w rozdziale 2).

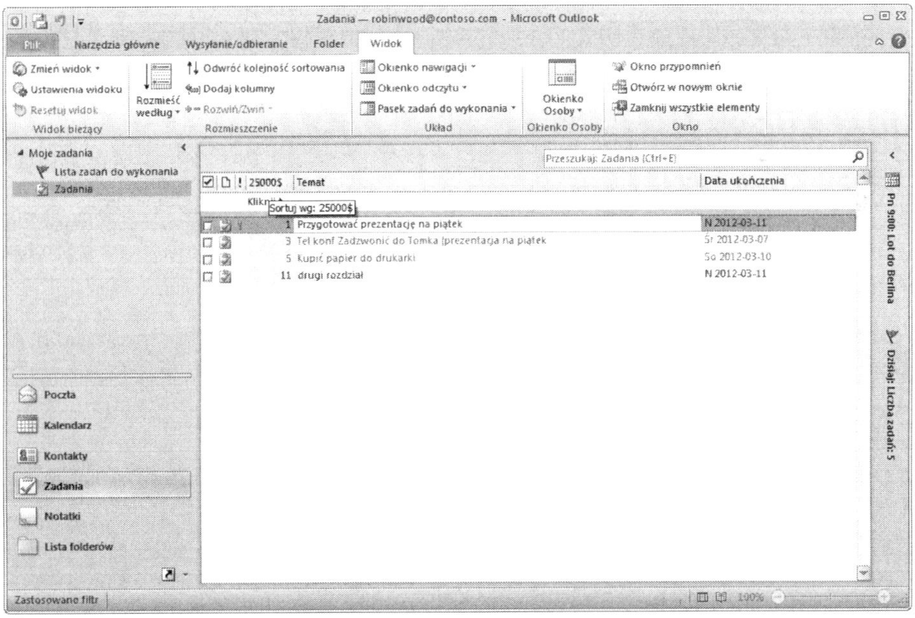

RYSUNEK 4-10 Wykorzystanie nowego widoku 25000$ do ustalania, które zadania należy wykonać jako następne

Jeśli dzień nie zaczyna się od sztywno ustalonego terminu i nie jest to czas, gdy krzywa zakłóceń jest wysoka, a krzywa wydajności niska, włącz widok 25000$ i zacznij od zadania numer 1.

Zanim jednak zaczniesz, upewnij się, że masz dość czasu na jego wykonanie. Jeśli przyszedłeś do biura pół godziny przed ważnym zebraniem, a zadanie numer 1 wymaga półtorej godziny i pełnego skupienia (albo nie można go przerwać lub bardzo trudno do niego powrócić po przerwaniu), lepiej będzie zacząć od zadania dalszego na liście, które jednak lepiej wpasuje się w dostępny przedział czasu.

Nie rób niczego innego, dopóki nie skończysz wybranego zadania. Do skrzynki odbiorczej zajrzysz dopiero w czasie przeznaczonym na blok mailowy. Gdy skończysz aktualne zadanie, szybko sprawdź, czy coś się nie zmieniło i czy nie należy skorygować ustawionych priorytetów. Na przykład sprawdź, czy nie pojawiło się nowe zadanie klasy A. Ważność jakiegoś zadania mogła się gwałtownie zwiększyć lub zmniejszyć, łącznie z tym, że któreś zadanie mogło zupełnie stracić ważność, zajął się nim ktoś inny, może zaczekać do przyszłego tygodnia lub wręcz musi zaczekać, bo brakuje krytycznych danych. Następnie przejdź do kolejnego zadania na liście ważności.

Jeśli w rozkładzie dnia nie ma oczekującego terminu (spotkania, czasu ustalonego na wybrane ważne zadanie, bloku mailowego i tak dalej), pracuj nad kolejnym zadaniem z listy w kolejności ich ważności, o ile wystarczy na nie czasu do kolejnego ustalonego punktu czasowego. Gdy zostało już tylko kilka minut i nie wystarczy to na wykonanie kolejnego zadania, zajmij się drobnymi sprawami z Listy akcji. W okresie, w którym występuje wiele nieuniknionych przerw, należy skupić się raczej na bloku pocztowym, zadaniami z Listy akcji lub mniej ważnych zadaniach, które nie wymagają tak silnego skupienia i mniej szkodzi im ciągłe przerywanie.

Jako ostatniej deski ratunku możesz użyć godzin produktywności dla zadania o numerze 1 – albo od razu przypisać je do tego szczególnego terminu, jeśli wymaga ono nadzwyczajnej koncentracji i spokoju.

Kilka innych elementów skutecznego planowania dnia

Jesteś już gotów do ukończenia planu dnia i nadania mu końcowego szlifu. Na początku to wszystko może się wydawać zbyt złożone i dokładające nadmiarowej pracy, ale szybko stanie się łatwe. Gdy już dobrze zrozumie się zasady, wystarczy 15 do 20 minut na planowanie – i to na początek. Po około trzech tygodniach konsekwentnego stosowania procedura ta wejdzie w nawyk i stanie się znacznie łatwiejsza. Będziesz mógł znacznie precyzyjniej szacować potrzebny czas i ważność poszczególnych zadań, poświęcając zaledwie kilka (mniej niż 10) minut dziennie na przygotowania.

Szacowanie czasu trwania oczekujących działań

W tym miejscu przydadzą się protokoły czasowe, a poza tym – praktyka, praktyka i jeszcze raz praktyka... Z czasem twoje szacunki będą coraz bardziej i bardziej precyzyjne. Program Outlook może w tym pomóc na przykład przy wykorzystaniu dostosowanego widoku 25000$.

Dostosowywanie widoku 25000$

1. Przełącz się do widoku 25000$ przygotowanego w poprzednim podrozdziale.
2. Prawym przyciskiem myszy kliknij dowolny nagłówek kolumny i wybierz polecenie **Wybór pola** z menu podręcznego.
3. Przeciągnij pole **Czas pracy (całkowity)** z okna **Wybór pola** do wiersza nagłówków kolumn i upuść je obok innego nagłówka, na przykład **Temat**.
4. Zamknij okno **Wybór pola** klikając przycisk zamykania (×) w prawym górnym narożniku.
5. Teraz możesz zawczasu wpisywać oszacowany czas dla wszystkich dzisiejszych zadań w pole **Czas pracy (całkowity)**. Wprawdzie pole to ma domyślnie ustawioną wartość 0 godzin, można od razu zastąpić je na przykład przez 10 minut. Jeśli to potrzebne, możesz także dodać pole **Czas pracy (rzeczywisty)**, w którym będziesz mógł wpisać wielkość faktycznie zużytego czasu, gdy zadanie zostanie już wykonane, jak na rysunku 4-11 (jeśli zadanie zostanie otwarte w swoim oknie formularza, obydwa te pola można znaleźć w sekcji **Szczegóły**).

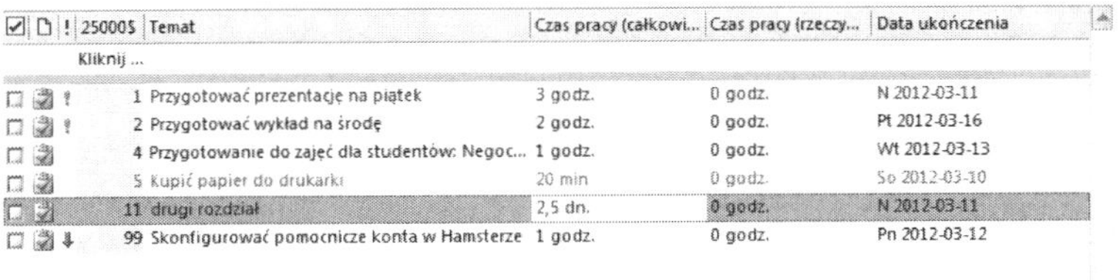

RYSUNEK 4-11 Wstawienie dodatkowych pól umożliwia bardziej szczegółowe planowanie, oszacowanie czasu trwania zadania przed jego wykonaniem i zanotowanie rzeczywistego czasu później. W ten sposób łatwiej będzie kontrolować i szacować potrzebny czas.

Więcej spotkań z samym sobą

Jeśli stale musisz radzić sobie z przerwami i zakłóceniami w określonej porze (lub porach) dnia, zaplanuj spotkania ze sobą samym w spokojniejszym okresie na początku dnia pracy (patrz „Planowanie tygodnia w programie Outlook" w rozdziale 3). Podobnie, jeśli określonym zadaniem możesz zająć się tylko w konkretnym momencie lub w określonym oknie czasowym (na przykład musisz telefonicznie wyjaśnić złożony problem koledze, który znajduje się w innej strefie czasowej), w trakcie planowania dnia utwórz termin (spotkanie ze sobą) na potrzeby tego zadania.

Zwróć uwagę na margines czasowy

W realnym życiu, nawet najlepiej przemyślany plan nigdy nie zostanie zrealizowany dokładnie tak, jak zapisano – zawsze pojawi się coś nieprzewidzianego, coś innego potrwa dłużej lub potoczy się inaczej, niż można się było spodziewać. Dobry plan radzi sobie z takimi problemami dzięki buforom czasowym. Z doświadczeń wynika, że przydaje się tu reguła 60:40 – jeśli (na przykład) dzień pracy trwa 10 godzin, wypełnij tylko 6 godzin (60 procent) terminami i zadaniami, które muszą być zrobione tego dnia (można dołączyć trochę więcej takich rzeczy, co do których byłoby miło, gdyby dało się je zrobić dziś, ale nic się nie stanie, jeśli nie będą zrobione do jutra czy nawet pojutrze). Jeśli wszystko będzie szło gładko, zajmuj się kolejnymi zadaniami z widoku 25000$ w tym pozostałym czasie. Jeśli coś jednak potrwa dłużej lub wyskoczy nieoczekiwany problem, którym będziesz musiał zająć się natychmiast, będziesz miał wystarczający margines czasu, aby dotrzymać ustalonych terminów i zająć się także zadaniami, którym przypisałeś spotkania ze sobą. Reguły tej należy używać dla całego dnia, łącznie z podróżami i planami prywatnymi: na przykład zaplanuj zajęcia na 9 godzin i pozostaw 6 otwartych, jeśli masz 15 godzin pomiędzy śniadaniem i szykowaniem się do snu. W ten sposób można uniknąć sytuacji, gdy rozmowa po godzinach – trwająca nieco dłużej, niż się spodziewałeś, w połączeniu z korkami w godzinach szczytu – rozbija plany na wieczór.

Zacznij od reguły 60:40 – wypełnij planem nie więcej niż 60 procent dostępnego czasu. Postaraj się trzymać tego przez trzy tygodnie. Ten typ planowania szybko stanie się nawykiem i prostą rutyną. Po trzech tygodniach skoryguj podział czasowy do wartości, która lepiej pasuje do faktycznego środowiska pracy: dla niektórych osób lepiej sprawdza się zaplanowanie 70 procent ich czasu; dla innych większy sens będzie miało 50 procent zajęć zaplanowanych 50 procent bufora.

Wykorzystanie paska zadań do utrzymania nadchodzących terminów i zadań na widoku

Choć w wersjach programu wcześniejszych niż Outlook 2007 można było wyświetlić swoje zadania obok kalendarza korzystając z Bloku zadań, nowy Pasek zadań do wykonania w Outlook 2010/Outlook 2007 pomaga zawsze widzieć nadchodzące terminy i zadania – nawet jeśli aktualnie pracujesz nad zupełnie innym okresem w kalendarzu i chcesz wyświetlić nadchodzące terminy (oprócz wszystkich zadań wyznaczonych na dzisiaj). Główny widok może zostać dowolnie przefiltrowany, wyświetlając na przykład tylko zadania dotyczące konkretnego projektu albo tylko następnego tygodnia (patrz rozdział 2), ale nadal chciałoby się widzieć zadania na dziś lub jakie spotkanie będzie następne. W ten sposób możesz też zawsze mieć na widoku swoją listę zadań do zrobienia, pracując nad wiadomościami mailowymi, kontaktami lub notatkami.

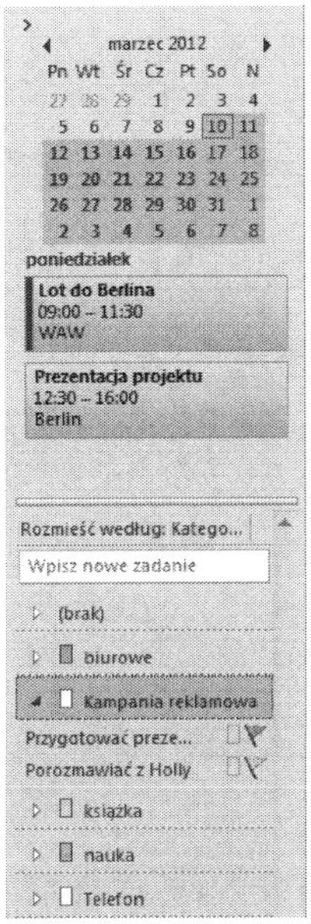

W Outlook 2010 można włączyć widoczność paska na karcie Widok, klikając **Pasek zadań do wykonania/Normalny** w grupie **Układ**. W Outlook 2007 to samo uzyskamy klikając **Widok/Pasek zadań do wykonania/Normalny**. Jeśli pasek jest ustawiony w tryb Normalny lub Zminimalizowany, można go zwinąć lub otworzyć klikając mały trójkąt (Outlook 2010) lub podwójną strzałkę (Outlook 2007) w górnej części paska. Zminimalizowany pasek pokazuje liczbę zadań do wykonania na dziś oraz dzień tygodnia, czas rozpoczęcia i początek tematu najbliższego wpisanego terminu. Dodatkowo można użyć skrótu Alt+F2, aby przełączać się cyklicznie pomiędzy stanami Zminimalizowny, Normalny i Wyłączony.

Co zrobić, jeśli część informacji, którą chciałbyś zobaczyć, nie mieści się na ekranie? Jeśli początek tematu zadania/terminu nie wystarcza, aby ustalić, czego dokładnie dotyczy, wystarczy wskazać zadanie kursorem myszy. Po chwili Outlook wyświetli etykietę ekranową (coś w rodzaju „żółtej karteczki") z pełnym tekstem tematu na kilka sekund. Pionowy pasek przewijania obok wyświetlanych zadań pozwala zorientować się, czy są jeszcze jakieś zadania poza widocznymi: jeśli pasek jest aktywny, istnieje więcej zadań, które nie mieszczą się na ekranie.

Wyświetlane zadania odpowiadają zawartości Listy zadań do wykonania (patrz rozdział 2). Dlatego też zobaczysz tu również wiadomości oflagowane jako zadania (patrz rozdział 1). Podwójne kliknięcie wyświetla odpowiednie zadanie lub termin bezpośrednio do edycji. Kliknięcie prawym przyciskiem myszy wyświetla menu podręczne dla tego elementu (na przykład pozwalając przypisać lub utworzyć kategorie).

Kliknięcie prawym przyciskiem myszy czerwonej flagi, która reprezentuje datę ukończenia zadania, pozwala ustawić datę z menu skrótowego jako Dziś, Jutro, W tym tygodniu lub W przyszłym tygodniu, a także wskazać konkretny dzień poprzez opcję Niestandardowe. Zadania zaległe lub wyznaczone na dziś oznakowane są flagą w „pełnym" kolorze czerwonym, podobnie jak zadania bez określonej żadnej daty – te ostatnie jako przypomnienie, że powinieneś jak najszybciej ustalić termin. Zadania na jutro mają flagę w jaśniejszym kolorze, te na kolejny tydzień jeszcze jaśniejszym i tak dalej. Kliknięcie flagi oznacza zadanie jako wykonane.

Dostosowywanie Paska zadań do wykonania

W celu zmiany szerokości paska kliknij jego lewą krawędź i pociągnij.

Prawym przyciskiem myszy kliknij górną krawędź paska (bezpośrednio nad wyświetlanymi terminami lub mini-kalendarzem) i wybierz **Opcje** z menu podręcznego. W wyświetlonym oknie dialogowym można określić, ile miesięcy ma być w nawigatorze daty, a także włączyć (lub wyłączyć) poszczególne panele paska, zaznaczając odpowiednie pola wyboru (rysunek 4-12).

Aby przefiltrować lub zgrupować zadania wyświetlane w pasku, prawym przyciskiem myszy kliknij bezpośrednio nad polem **Wpisz nowe zadanie** i wybierz polecenie **Ustawienia widoku** (Outlook 2010) lub **Dostosuj widok bieżący** (Outlook 2007) z menu podręcznego. Alternatywnie możesz kliknąć nagłówek kolumny nad zadaniami (na przykład Rozmieść według: Data ukończenia) i wybrać odpowiednie polecenie z menu podręcznego. Grupowanie i filtrowanie zostało omówione już wcześniej w rozdziale 2.

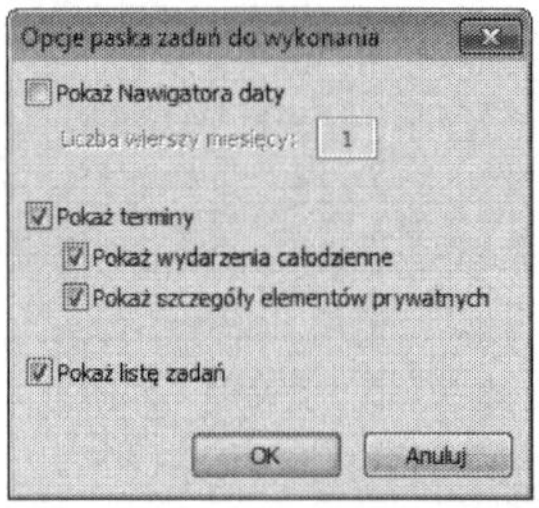

RYSUNEK 4-12 Dostosowywanie listy zadań, na przykład w celu wyświetlenia dwóch miesięcy w nawigatorze daty lub pokazywania nadchodzących terminów, ale bez nawigatora w celu pozostawienia więcej miejsca na zadania.

Teraz twój ruch

1. Zastanów się, co sprawia ci największe problemy podczas planowania dnia. W kolejnym kroku spróbuj znaleźć tego przyczynę (na przykład „Nigdy nie daję rady ukończyć pojedynczego zadania bez żadnej przerwy", „Powód: próbuję robić zbyt wiele rzeczy jednocześnie i dlatego często przełączam się pomiędzy różnymi zadaniami; ponadto pozwalam sobie na zbyt wiele przerw").
2. Dla których z twoich zadań miałoby sens zbudowanie bloku? Zdefiniuj odpowiednie kategorie w głównej liście kategorii dla wszystkich bloków, dla których prawdopodobnie znajdzie się przynajmniej 10 (lub więcej) zadań tygodniowo.
3. Narysuj swoją krzywą wydajności i krzywą zakłóceń. Kiedy wypada optymalny przedział czasu na godzinę produktywności? Począwszy od którego z nadchodzących dni mógłbyś ustalić ten czas jako zastrzeżony dla najważniejszych spraw i jak mógłbyś poinformować o tym swoich kolegów? Albo – co twoim zdaniem sprawia, że nie możesz tego zrobić i jak mógłbyś to zmienić?
4. Utwórz widok pokazujący wszystkie niedokończone zadania, które mają być wykonane w tym tygodniu, jeśli nie zrobiłeś tego jeszcze w czasie lektury rozdziału 2. Następnie ukryj kategorię Lista akcji i zadania należące do innych kategorii budujących bloki w tym widoku.
5. W tym widoku uporządkuj zadania według ich ważności i oznacz kolorem czerwonym te, które mają być wykonane dziś, a niebieskim wyznaczone na jutro.
6. Dostrój widok 25000$ (z rozdzialu 2) podobnie jak w kroku 4 (ukryj zadania z bloków; zamiast całego tygodnia, wyświetl tylko zadania na dziś oraz przeterminowane). Następnie wykorzystaj go do zaplanowania następnego dnia zgodnie z opisem zawartym w części „Planowanie czekających zadań przy użyciu metody 25000 dolarów" wcześniej w tym rozdziale.
7. Utwórz widok kalendarza, wyświetlającego wszystkie zapisane terminy jako listę pogrupowaną według lokalizacji i posortowaną według dat.

ROZDZIAŁ 5

Jak planować zebrania, aby były wygodne, efektywne i przyjemne

W tym rozdziale pokażemy, jak:

- Wysyłać zaproszenia na spotkania za pomocą programu Outlook.
- Korzystać z nakładek kalendarza.
- Optymalizować kalendarz.
- Skuteczniej przygotowywać spotkania.

„Kompletny chaos!"

JEŚLI CZĘSTO POTRZEBUJESZ zaplanować spotkania z kolegami, których rozkłady dnia są bardzo wypełnione i trudno ich złapać, Asystent planowania w programie Microsoft Outlook może być bardzo pomocny. Jednak dla kogoś naprawdę zajętego wezwania na spotkania przekazywane przez Outlook stają się bardziej przekleństwem niż błogosławieństwem. W tym rozdziale przedstawimy wskazówki, jak szybko i efektywnie przygotowywać zebrania za pomocą programu Outlook i Microsoft SharePoint, a także jak zespołowo wymieniać dane i dokumenty do przejrzenia, aby oszczędzić drogocenny czas – własny i kolegów – i osiągnąć lepsze rezultaty.

Jak wiele czasu i pieniędzy marnuje się na niepotrzebne, źle przygotowane lub niewłaściwie dobrane zebrania? Wystarczy dodać stawki godzinowe i spadek produktywności dla czasu poświęconego na „wielkie nic". Czy często zdarza Ci się szukać pewnych informacji, ale nie możesz złapać współpracownika, który mógłby ich dostarczyć, co oznacza, że musisz czekać godzinami lub nawet do następnego dnia?

Robin i fantastyczna piątka

Dziś Robin Wood zdołał dotrzeć do pokoju konferencyjnego na 9:00. Wprawdzie totalnie się zasapał i nie zdążył zjeść śniadania, ale to nie szkodzi – jego asystentka Melissa zawsze dba o to, by pod ręką była gorąca kawa i ciasteczka. Oprócz Melissy, Robina i jego menedżera Charlie'go nikt jeszcze nie przyszedł, zatem miał nieco czasu, aby uspokoić oddech i coś zjeść. Charlie wyszedł o 9:04, aby zająć się kilkoma sprawami, zanim inni przyjdą. O 9:08 pojawił się Justin. O 9:17 przybył Boris Scholl z rady dyrektorów. O 9:21 Charlie powrócił i zebranie mogło się rozpocząć – jednak bez koleżanki Robina, Holly, która przyszła równo o 9:30, będąc nieco zakłopotana: niemal zawsze jest punktualna, ale termin tego zebrania był już przesuwany tyle razy, że zapomniała zanotować w kalendarzu ostatnią zmianę z 9:30 na 9:00.

Po małych przepychankach wszyscy wreszcie zgodzili się na porządek zebrania. Uczestnicy ponownie przejrzeli dokumenty, które powinni przeczytać jako podstawę do dyskusji. Następnie Justin odczytał kilka pytań i możliwe odpowiedzi na nie, dzięki czemu każdy z delegatów mógł podnieść rękę za wybraną przez siebie opcją. Przed policzeniem głosów do każdego pytania każdy otrzymał dwie minuty na przemyślenie, na którą opcję powinien zagłosować. Zebranie wreszcie zaczyna się naprawdę o 10:12 , ale o 10:30 Boris Scholl musi je opuścić idąc na kolejne spotkanie, a o 10:50 Robin także wychodzi, aby zdążyć na samolot, choć nie rozważono jeszcze wszystkich punktów porządku dziennego.

Dwie godziny później samolot Robina wylądował punktualnie. Ucieszył się zauważając, że po lunchu nadal ma jeszcze 45 minut przed zaplanowanym spotkaniem i że zasięg sieci 3G jest doskonały. Daje mu to szansę zająć się kilkoma mailami i telefonami. Jego koleżanka Holly przesłała mu wiadomość jeszcze przed zebraniem z bardzo pilnym żądaniem zadzwonienia do jednego z klientów, ale nieszczęśliwie nie dołączyła numeru telefonu. Dane klienta nie były zapisane w kontaktach Robina, więc szybko zadzwonił do Holly. Niestety, właśnie prowadzi prezentację i nie będzie dostępna do momentu, gdy Robin będzie już na spotkaniu ze swoim klientem, które potrwa do wieczora...

Problem: Zbyt wiele niedogodnych zebrań i niewystarczające przygotowania

Niektóre z najbardziej typowych problemów występujących w tym obszarze współpracy mają następujące przyczyny:

- Zbyt wiele zebrań trwających zbyt długo, co zostawia zbyt mało czasu na wszystkie inne rzeczy.
- Żądania spotkań zaplanowane w bardzo niedogodnych terminach, gdyż są zgłaszane zbyt późno i wciskane w jedyne wolne miejsca, które zostały po ustaleniu innych spotkań na najbliższych kilka dni.
- Ustalenie kompromisu pomiędzy wszystkimi uczestnikami zebrania i wybranie dnia i godziny akceptowalnej dla każdego wymaga sporo zachodu. Niektórzy nie dbają o aktualizację swojego kalendarza, a inni po prostu wstawiają fikcyjne spotkanie od 5:00 do 23:00 każdego dnia, aby zablokować akceptowanie dowolnych żądań (ponieważ jednak muszą być przynajmniej na niektórych spotkaniach, kończy się to tak, że wypadają one w najbardziej dla nich nieporęcznych terminach…).
- Niejasne cele zebrania lub bardzo różniące się oczekiwania uczestników.
- Brak lub niedostateczne przygotowanie i wiele bezcelowej paplaniny bez ograniczeń czasowych.
- Zbyt wielu uczestników, przy czym dla niektórych temat jest zupełnie nieistotny i którzy nic nie wniosą, jedynie marnując swój czas.
- Brakujące, nieaktualne, nadmiernie szczegółowe lub (po prostu) nieprzeczytane dokumenty.
- Brak dostępu do danych potrzebnych dla każdego w zespole, takich jak dane kontaktowe klientów obsługiwanych przez innego kolegę.

Zacznij to zmieniać!

By móc skutecznie poradzić sobie z tymi wyzwaniami, przydatne mogą być poniższe strategie:

- Wykorzystanie kalendarzy współdzielonych ze współpracownikami, aby móc łatwiej wyszukiwać dogodne terminy i zautomatyzować tak dużą część planowania spotkań, jak to możliwe.
- Zoptymalizowanie własnego kalendarza, aby pomóc kolegom w ustalaniu terminów i samemu otrzymywać bardziej sensowne propozycje spotkań.

- Planowanie zebrań w bardziej przemyślany sposób – możliwie mało z jak najmniejszą liczbą uczestników.
- Organizowanie bardziej efektywnych i skutecznych zebrań dzięki ich dobremu przygotowaniu.
- Udostępnianie porządku zebrania, danych kontaktowych, materiałów informacyjnych i innych potrzebnych danych dostatecznie wcześnie i w centralnej lokalizacji.
- Zbudowanie systemu kontrolowania, co jest w trakcie przeglądu lub edytowania, aby uniknąć sytuacji, gdy wiele osób modyfikuje równocześnie te same dokumenty.

Techniczne wymagania stawiane w tym rozdziale

Outlook może być instalowany w trybie pojedynczego użytkownika z lokalnym plikiem danych albo dane mogą być przechowywane na serwerze Microsoft Exchange. Korzystanie z Exchange daje wiele korzyści, takich jak dostęp do udostępnionych kalendarzy współpracowników i ciągła bezprzewodowa synchronizacja ze smartfonem – nawet gdy twój komputer jest wyłączony. Niektóre z funkcji opisanych w tym rozdziale są dostępne tylko pod warunkiem korzystania z serwera Exchange. Jednak nawet wolny strzelec pracujący z domu na własny rachunek może u różnych dostawców wydzierżawić skrzynkę na serwerze Exchange i konto użytkownika za miesięczną opłatą. Przy prowadzeniu niewielkiej firmy z mniej niż dziesięcioma osobami, które potrzebują wzajemnie udostępniać sobie kalendarze i inne dane, w większości wypadków tańsze i prostsze będzie wykorzystanie hostowanej usługi Exchange oferowanej przez specjalistyczną firmę, niż konfigurowanie własnego serwera Exchange w swoim biurze.

Jak sprawić, aby to wszystko działało

Aby móc wprowadzić planowanie spotkań swojego zespołu przy użyciu Outlook i skonfigurować delegowanie dostępu, dostęp do folderów współpracowników i korzystanie z udostępnionych danych za pośrednictwem SharePoint lub publicznych folderów programu Outlook, istnieją cztery podstawowe wymagania. Trzeba się upewnić, że są spełnione, aby wszystko mogło działać gładko.

- Ktoś musi być odpowiedzialny za techniczną obsługę serwera Exchange, przyznawanie praw dostępu i pomoc techniczną dla użytkowników, którzy natrafią na problemy. Powinno to zostać zrobione przez dział IT przedsiębiorstwa lub przez zewnętrznego specjalistę w przypadku małej firmy.

- Każdy członek zespołu musi naprawdę korzystać i stale aktualizować swój kalendarz Outlook. Planowanie zespołowe traci swoje zalety albo wręcz generuje dodatkowe problemy, jeśli czworo z dziesięciorga współpracowników nie wprowadzi żadnych lub tylko niektóre swoje terminy i odnotuje zmiany dopiero po upływie tygodni.
- Każdy w zespole musi znać podstawowe funkcje. Zacząć należy przynajmniej od krótkiego wprowadzenia przeprowadzonego przez bardziej doświadczonego kolegę, albo jeszcze lepiej od kursu szkoleniowego lub seminarium na temat planowania zespołowego i korzystania z programu Outlook. Upewnij się, że nowi członkowie zespołu również otrzymają takie wprowadzenie lub szkolenie.
- Wszyscy muszą zacząć korzystać z tych funkcji w tym samym czasie (ale ten warunek można ograniczyć do indywidualnych grup wewnątrz zespołu, jeśli używa się planowania grupowego).

Zalecamy ustalenie jakiegoś czasu przejścia, na przykład przeprowadzenie seminarium szkoleniowego i wyznaczenia daty „tylko Outlook" trzy tygodnie później (co najwyżej). Od tego momentu wszyscy mają obowiązek wprowadzania wszystkich swoich terminów zewnętrznych występujących w godzinach pracy do kalendarzy Outlook. Dobrym pomysłem jest też ustalenie kilku podstawowych reguł (na przykład terminów kluczowych, takich jak ustalenie, że spotkania mają odbywać się jedynie pomiędzy 9:00 a 11:30, o ile to możliwe, ograniczenie maksymalnego czasu trwania do dwóch godzin i innych podobnych zasad).

Wezwania na spotkania w Outlook – podstawowe reguły i wskazówki

Na kilku kolejnych stronach pokażemy najpierw podstawy planowania spotkań w programie Outlook. Następnie zajmiemy się metodami optymalizacji kalendarza, aby ułatwić kolegom proponowanie spotkań w dogodnym czasie, a zarazem zostawić sobie dość wolnego czasu na własne zadania.

Znaleźć wolny czas i przygotować odpowiedzi

Istnieje kilka korzyści wynikających z planowania spotkań przy użyciu Outlook:

- Możesz bezpośrednio uzyskać dostęp do udostępnionych kalendarzy innych osób i zobaczyć, kiedy wszyscy zainteresowani będę mieć czas, zatem ryzyko wybrania nieodpowiedniego terminu zmniejsza się znacząco.
- Microsoft Outlook 2010 wspiera korzystanie z kilku kont Exchange z jednego profilu klienta Outlook. Jeśli tylko zasady bezpieczeństwa firmy na to pozwalają,

można używać skrzynek pocztowych z różnych firm w tym samym czasie (jeśli na przykład jesteś konsultantem, który spędza wiele czasu w biurze klienta, możesz korzystać jednocześnie ze skrzynki własnej firmy i konta na serwerze klienta). W ten sposób możesz łatwo wyświetlić kalendarze swoich współpracowników i przedstawicieli klienta obok własnego i w ten sposób uniknąć chaotycznego tworzenia terminów.

- Wszyscy uczestnicy automatycznie otrzymują zaproszenia od razu zawierające przyciski, których kliknięcie powoduje odpowiednio akceptację lub odmowę z sugestią alternatywnego czasu.
- Z takiego maila zawierającego zaproszenie uczestnik może bezpośrednio przejść do swojego własnego kalendarza, aby sprawdzić, czy i co ma zaplanowane przed i po proponowanym terminie.
- Jeśli uczestnik zaakceptuje zaproszenie, termin zostanie automatycznie dodany do jego kalendarza.
- Jako organizator spotkania możesz nakazać programowi Outlook automatyczną ocenę odpowiedzi i zobaczyć, kto już odpowiedział i w jaki sposób – bezpośrednio w swoim kalendarzu, po prostu podwójnie klikając termin.
- Outlook od tego momentu monitoruje terminy (działa jako terminarz) i jeśli zechcesz, wyśle wszystkim uczestnikom aktualizacje, gdy nastąpią zmiany.

Ważne Wszystkie te korzyści (z wyjątkiem możliwości dostępu do kalendarzy innych osób w celu sprawdzenia wolnego czasu) są dostępne także bez korzystania z serwera Exchange. Żądania spotkań można przesyłać do zewnętrznych kontaktów, otrzymywać zautomatyzowane wpisy do kalendarza po akceptacji spotkania i zarządzać odpowiedziami.

Tworzenie wezwania na spotkanie

1. Naciśnij Ctrl+Shift+Q albo utwórz zwyczajny termin i kliknij przycisk **Zaproś uczestników** w formularzu **Spotkanie**.
2. W polu **Do** (tak samo jak w wiadomości mail) wpisz nazwy uczestników albo kliknij przycisk **Do**, aby wybrać odbiorców z książki adresowej. Alternatywnie możesz przełączyć się z otwartego formularza Spotkanie do **Asystenta planowania** (w Outlook 2010/Microsoft Office Outlook 2007 kliknięciem przycisku **Asystent planowania/Planowanie** w grupie **Pokazywanie** na karcie **Spotkanie**; w Microsoft Office Outlook 2003 poprzez kliknięcie zakładki **Planowanie**). W tym widoku kliknij **Dodaj uczestników/Dodaj innych**, aby otworzyć książkę adresową.

3. Dodaj wszystkich potrzebnych uczestników z książki adresowej, klikając ich nazwiska, a następnie przycisk **Wymagani**, **Opcjonalni** lub **Zasoby**.

Uwaga *Wymagani* oznacza, że dany uczestnik naprawdę musi być obecny. *Opcjonalni* to uczestnicy, bez których udziału spotkanie może się odbyć, zatem mogą oni zdecydować się na spędzenie tego czasu w inny sposób, ale jeśli zechcą przyjść, będzie to dobrze widziane. *Zasoby* dotyczą nie osób, ale takich elementów, jak pokój konferencyjny, samochód firmowy lub określone urządzenie, np. projektor.

W Asystencie planowania (patrz rysunek 5-1) zobaczysz wszystkie terminy, które nadal są dostępne w kalendarzach innych uczestników (przy założeniu, że masz odpowiednie prawa dostępu). Ciemnoszary pasek w wierszu Wszyscy uczestnicy oznacza, że nikt inny nie wprowadził konfliktowego terminu. Jasnoszare tło pomiędzy zieloną i czerwoną linią pionową wskazuje czas aktualnie wybrany na nowe spotkanie (więcej informacji na temat kolorowych pasków i ich stosowania znajduje się w dalszej części tego rozdziału w podrozdziale „Korzystanie z funkcji Pokaż jako do oznaczania spotkań").

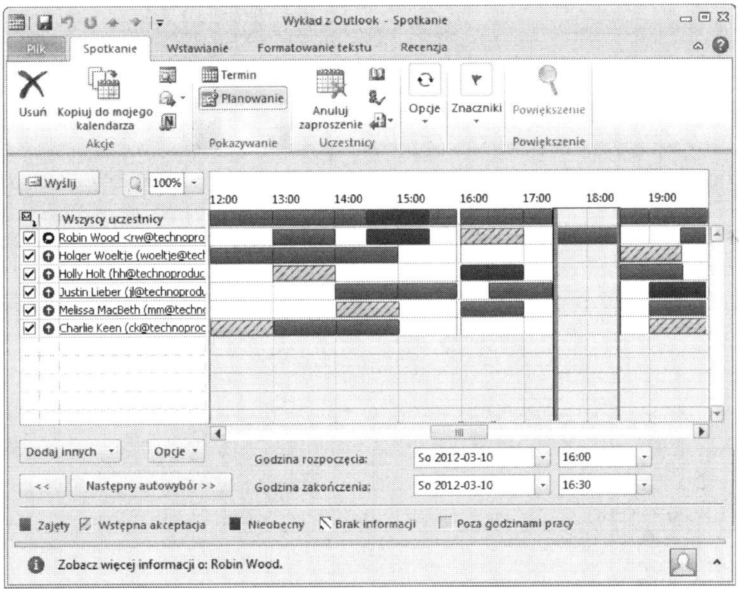

Rysunek 5-1 Przy wybieraniu czasu pasującego wszystkim uczestnikom należy zadbać o pozostawienie nieco wolnego czasu przed i po innych terminach, jeśli to możliwe.

4. Kliknij dowolną godzinę w terminarzu, aby wybrać inny czas spotkania, przenieś zaznaczony obszar przeciągając zieloną lub czerwoną linię oznaczającą początek/koniec spotkania albo kliknij przycisk **Następny autowybór>>**, aby

nakazać programowi Outlook wyszukać najbliższy wolny przedział czasu dla wszystkich uczestników (mały przycisk **<<** na lewo od **Następny autowybór>>** powoduje wyszukania najbliższego wolnego przedziału przed aktualnie wybranym czasem). Możesz także bezpośrednio wpisać datę i czas w polach **Godzina rozpoczęcia** i **Godzina zakończenia** (oznaczonych **Godzina rozpoczęcia spotkania** i **Godzina zakończenia spotkania** w Outlook 2003).

5. W razie potrzeby przełącz się z powrotem do widoku Spotkanie: w Outlook 2010/Outlook 2007 kliknięciem przycisku **Termin** w grupie **Pokazywanie** (przemianowanym na **Spotkanie**, gdy już dodasz uczestników; w Outlook 2003 po prostu klikając zakładkę **Spotkanie**), by dodać wiersz tematu, powitanie w polu notatki i dowolne inne informacje, które powinny zostać przesłane wraz z zaproszeniem. Kliknięcie przycisku **Dołącz plik** w grupie **Dołączanie** na karcie **Wstawianie** (Outlook 2010/Outlook 2007) lub polecenia **Plik** w menu **Wstaw** (Outlook 2003) pozwala dołączyć dokumenty, które uczestnicy powinni poznać lub przeedytować przed spotkaniem, plan zebrania, wskazówki dojazdu lub inne podobne elementy, które Outlook prześle jako załączniki do zaproszenia.
6. Po wpisaniu wszystkich potrzebnych części wyślij zaproszenie do wybranych uczestników, klikając przycisk **Wyślij** (umieszczony na lewo od wiersza tematu w Outlook 2010/Outlook 2007 lub bezpośrednio pod menu **Plik** w Outlook 2003).
7. Zamknij formularz **Spotkanie** kliknięciem przycisku (✕) w prawym górnym rogu lub wybierając **Zamknij** z menu **Plik**. Możesz także użyć skrótu Alt+F4.

Jeśli zechcesz ponownie otworzyć formularz wysłanego zaproszenia, możesz znaleźć spotkanie jako termin w swoim kalendarzu (podwójne kliknięcie otwiera formularz). W Outlook 2010 możesz również znaleźć Okienko Osoby w dolnej części zaproszenia otwartego w swoim własnym oknie (patrz rysunki 5-2 i 5-3). Panel ten zawiera miniaturowe zdjęcia uczestników (o ile istnieją one w kontaktach programu Outlook, w przeciwnym wypadku będą wyświetlane puste sylwetki). Kliknięcie małej strzałki w prawym dolnym rogu wyświetla większe ilustracje oraz informacje, kto już zaakceptował, odrzucił lub tymczasowo zaakceptował zaproszenie, a także kto dotychczas nie odpowiedział (kliknij odpowiednią opcję po lewej – patrz rysunek 5-2). Jeśli klikniesz jedną z fotografii, Outlook 2010 pokaże więcej informacji o tej osobie, jej status w serwisie społecznościowym, takim jak LinkedIn lub Facebook, kolejne zaplanowane spotkania z tą osobą oraz wiadomości od niej otrzymane (patrz rysunek 5-3; kliknij jedną z wyświetlonych wiadomości lub spotkań, aby otworzyć je w oddzielnym oknie).

RYSUNEK 5-2 Otwarte zapisane spotkanie i wyświetlone Okienko Osoby w programie Outlook 2010 pozwala ustalić, kto już zaakceptował termin i kto jeszcze nie odpowiedział.

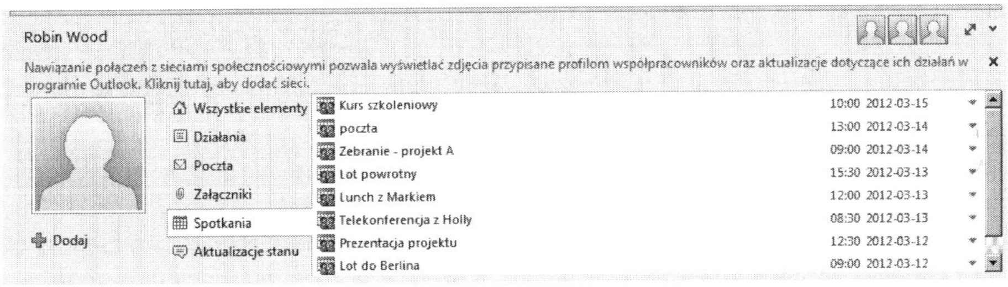

RYSUNEK 5-3 Kliknięcie zdjęcia lub nazwy uczestnika wyświetla więcej informacji o tej osobie.

Tworzenie zaproszeń na spotkania przy użyciu bardziej elastycznego widoku

Jeśli chcemy zaprosić tylko dwie, trzy lub cztery osoby, ekran zapewnia dość miejsca, by wyświetlić ich kalendarze jeden obok drugiego (co jest dostępne od wersji Outlook 2003). Przydaje się to przy porównywaniu udostępnionych kalendarzy innych osób ze swoim własnym widokiem tygodnia roboczego lub dnia. W ten sposób możesz znacznie szybciej ustalić, że na przykład w poniedziałek (który miałeś początkowo na myśli) dostępna jest tylko jedna wspólna godzina, ale we wtorek rano wszyscy będą dostępni, a czwartek nadaje się jeszcze lepiej, gdyż unika się w ten sposób wciskania spotkań w każdy dzień. W odróżnieniu od pokazanej wcześniej metody korzystającej z Asystenta planowania w formularzu Spotkanie, ten typ planowania pozwala wykorzystać więcej dostępnej przestrzeni. Zależnie od rozdzielczości ekranu i liczby uczestników można więcej odczytać z tematów innych terminów bez wskazywania każdego z osobna. A ponad wszystko można łatwo wyświetlić wszystkie środy w sierpniu, jedna obok drugiej, albo dwie kolejne środy i piątki bez dni pomiędzy nimi.

Elastyczniejszy widok do tworzenia zaproszeń

1. Przełącz się do kalendarza i w razie potrzeby ukryj **Pasek zadań do wykonania**, aby uzyskać więcej miejsca (Outlook 2010/Outlook 2007: naciśnij Alt+F2, Outlook 2003: w menu **Widok** wybierz **Blok zadań**, aby ukryć/odkryć to okienko).
2. Zaznacz kalendarze, które chcesz wyświetlić, w panelu nawigacyjnym w sekcji **Moje kalendarze** (rysunek 5-4).

   Jeśli nie możesz znaleźć kalendarza kolegi, możesz go dodać w programie Outlook 2010, klikając **Otwórz kalendarz** w grupie **Zarządzanie kalendarzami** na karcie **Narzędzia główne**. W programach Outlook 2007/Outlook 2003 kliknij **Otwórz kalendarz udostępniony** w obszarze nawigacyjnym po lewej. W wyświetlonym oknie dialogowym wpisz nazwisko współpracownika lub wybierz go po kliknięciu przycisku **Nazwa**, po czym zamknij wszystkie okna dialogowe klikając **OK**.
3. Przełącz się do widoku Dzień: w Outlook 2010, kliknij **Dzień** w grupie **Rozmieszczanie** na karcie **Narzędzia główne**. W Outlook 2007 kliknij zakładkę **Dzień**, a w Outlook 2003 przycisk **Dzień** w pasku narzędzi.
4. W nawigatorze daty (małym kalendarzu w lewym górnym rogu, jak na rysunku 5-4), kliknij pierwszy dzień, który chcesz obejrzeć, na przykład kolejny wtorek.
5. Przytrzymaj klawisz Ctrl i kliknij dodatkowe dni w nawigatorze daty, aby wyświetlić je również (albo odrzuć je, klikając ponownie). Wybrane dni będą wyświetlane z przyciemnionym tłem w nawigatorze i zostaną pokazane obok siebie w widoku Dzień wszystkich wybranych kalendarzy (jeśli wybierzesz każdy piątek w miesiącu, będzie to wyglądało podobnie do „widoku tygodnia z czterema piątkami"; ten typ widoku jest bardzo wygodny, jeśli ktoś prosi o spotkanie w któryś piątek, gdyż tylko wtedy będzie w mieście lub jest to jedyny dzień, w którym może znaleźć trochę czasu).
6. Prawym klawiszem myszy kliknij wybraną datę i godzinę w jednym z kalendarzy (na przykład **Środa, 11:30**).
7. W menu podręcznym kliknij **Nowe wezwanie na spotkanie**, aby zaprosić wszystkie osoby, których kalendarze są wyświetlane, albo **Nowe wezwanie na spotkanie dla <Nazwa>**, aby wybrać jedną określoną osobę.
8. Możesz teraz dokończyć tworzenie zaproszenia, jak w poprzedniej procedurze „Tworzenie zaproszenia na spotkanie".
9. Po zakończeniu ukryj kalendarze, których nie musisz już oglądać na ekranie, usuwając zaznaczenie z odpowiednich pól wyboru w sekcji **Kalendarze udostępnione**.

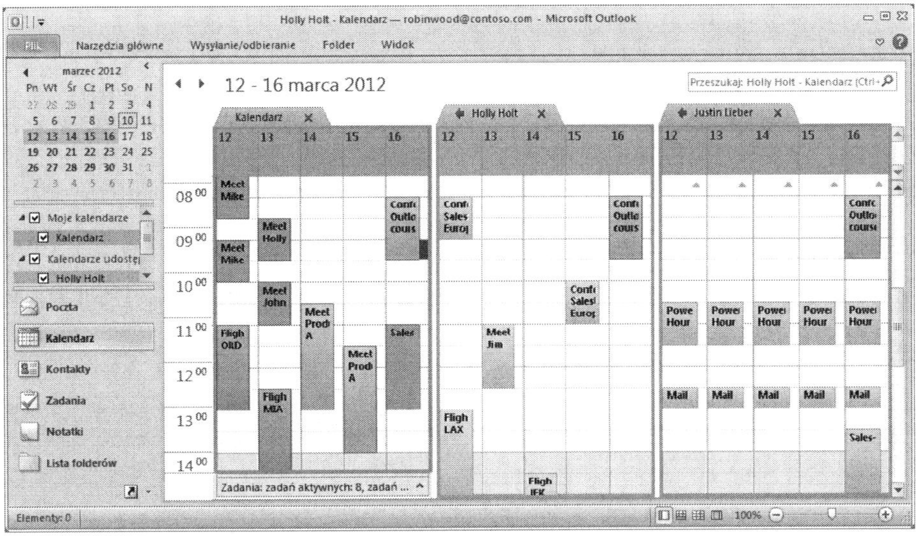

RYSUNEK 5-4 Zaznaczenie dni w nawigatorze daty pozwala szybko znaleźć termin w ciągu najbliższych dni albo w dowolny czwartek marca.

UWAGA „Wezwanie na spotkanie" sugeruje, że termin jest spotkaniem (zebraniem, w którym weźmiesz osobiście udział). Jednak można również użyć zaproszeń na spotkanie do wszelkich typów terminów, które wymagają zaangażowania co najmniej jednej dodatkowej osoby. Można na przykład użyć tego mechanizmu do zaplanowania czasochłonnej rozmowy telefonicznej, wizyty u klienta, umówienia się na wspólny jogging lub do zaplanowania przygotowań do wystawy handlowej z członkami swojego zespołu.

Utrzymać widoczność: nakładki kalendarza

Jeśli podoba ci się koncepcja wyświetlania wielu kalendarzy jeden obok drugiego, dzięki czemu można łatwo porównać kalendarze dwóch lub trzech osób (co najwyżej – więcej nie mieści się dobrze na żadnym ekranie), przeczytać tematy i czas trwania istniejących terminów i znaleźć dostępny czas na spotkanie, na pewno polubisz rozszerzenie tego widoku dostępne w Outlook 2010/Outlook 2007. Jak opisaliśmy wcześniej, możesz wyświetlić (lub ukryć) kalendarze pokazywane równocześnie zaledwie jednym kliknięciem. W Outlook 2010, gdy kalendarze są wyświetlane obok siebie, kliknij przycisk **Nakładka** w grupie **Rozmieszczenie** na karcie **Widok**; w Outlook 2007 przejdź do menu **Widok** i kliknij **Wyświetl w trybie nakładki** (powrót do poprzedniego widoku w Outlook 2010 daje ponowne kliknięcie przycisku; w Outlook 2007 osiągniesz to poleceniem **Widok/ Wyświetl w trybie porównania obok siebie**).

Outlook „ściśnie" wszystkie nakładające się terminy obok siebie. Im mniejsze będą paski terminów, tym więcej osób (lub pokoi albo innych zasobów) ma już zarezerwowany ten czas. Jeśli na przykład wyświetlisz pięć różnych kalendarzy jednocześnie, nie będziesz wprawdzie mógł nic przeczytać z tematów zatłoczonych okresów, ale jedno będzie oczywiste: „Tam, gdzie widać jasne tło, przedział czasu jest wolny we wszystkich kalendarzach". Jeśli nie nałożysz na siebie zbyt wielu kalendarzy równocześnie, będziesz mógł nadal odczytać tematy i szybko ustalić, gdzie będzie dana osoba, gdy ty pójdziesz na spotkanie albo kto z pięciu sprzedawców, dla których planujesz spotkania, będzie dostępny podczas wizyty klienta. Jeśli każdy wypełnił także pole Lokalizacja w swoich terminach, będziesz mógł nawet zobaczyć, gdzie odbywa się poprzednie lub następne spotkanie poszczególnych osób.

Powyżej nazw dni tygodnia wyświetlane są karty z nazwiskami osób (nazwami kalendarzy), jak widać na rysunku 5-5. Terminy z karty aktywnej (umieszczonej nad innymi kartami) mają kolor nieprzezroczysty z pełnym kontrastem; terminy z innych kalendarzy są częściowo przezroczyste. Kliknięcie nazwy karty wywołuje ją na wierzch. Używając małych strzałek na lewo od nazw kalendarzy można „oddokować" kalendarz i wyświetlić go indywidualnie obok innych, nałożonych na siebie lub przeciwnie, połączyć go ponownie z innymi kalendarzami. W ten sposób można nałożyć na siebie kalendarze czworga współpracowników i swój wyświetlić oddzielnie obok nich, aby mieć więcej miejsca i móc łatwiej odczytywać tematy i miejsca spotkań.

Rysunek 5-5 Nakładanie kalendarzy ułatwia wyszukiwanie wolnych przedziałów czasu. W tym przykładzie we wszystkich kalendarzach przedział od 11:00 A.M. do 1:00 P.M. jest wolny w środę i czwartek.

Widok harmonogramu

Outlook 2010 udostępnia dodatkowy poręczny widok udostępnianych kalendarzy: Widok harmonogramu (rysunek 5-6). Widok ten pokazuje szerokie paski, podobne do tych z Asystenta planowania. Daje on jednak znacznie więcej miejsca na wyświetlanie indywidualnych terminów i dostajesz więcej szczegółów dla każdej osoby (na przykład każda osoba otrzymuje swój własny kolor i można bez trudności odczytać tematy spotkań). Widok harmonogramu można otworzyć klikając przycisk **Widok harmonogramów** w grupie **Rozmieszczanie** na karcie **Widok**.

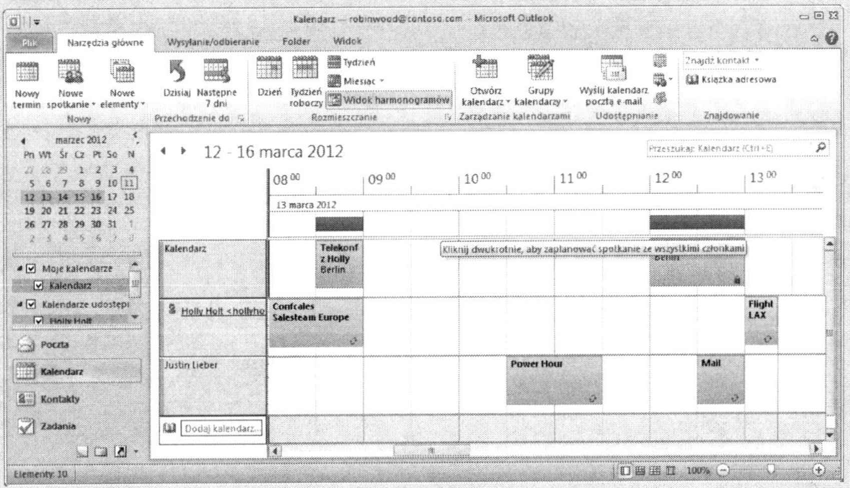

Rysunek 5-6 Widok harmonogramów w Outlook 2010 udostępnia przegląd zajętych terminów w wybranym dniu dla kilku kalendarzy jednocześnie, podczas gdy nakładki działają dobrze także dla kilku dni lub całego tygodnia.

Odpowiadanie na wezwania na spotkanie

Wezwanie na spotkanie pojawia się najpierw w skrzynce odbiorczej jako wiadomość mail. Zamiast ikony koperty jest opatrzone ikoną strony kalendarza z dwiema małymi główkami w prawym dolnym rogu – odpowiedzi na wezwanie również mają swoje własne ikony pokazujące, czy zaproszenie zostało zaakceptowane, odrzucone czy też zaproponowano nowy termin.

1. Podwójnie kliknij wezwanie na spotkanie, aby je otworzyć (możesz także użyć podglądu w panelu odczytu i zaakceptować lub odrzucić zaproszenie bezpośrednio stąd, klikając odpowiedni przycisk).

2. W formularzu **Wiadomość** (nowym oknie, które otwiera się po podwójnym kliknięciu wezwania) zobaczysz przyciski **Zaakceptuj**, **Odrzuć** oraz **Zaproponuj nowy termin**: w Outlook 2010/Outlook 2007 znajdują się one na karcie **Spotkanie** w grupie **Odpowiadanie** (patrz rysunek 5-7 nieco dalej w tym podrozdziale); w Outlook 2003 są umieszczone bezpośrednio poniżej paska menu.
3. Jeśli już wiesz, że chcesz zaakceptować lub odrzucić wezwanie, możesz przejść do kroku 7. W innym przypadku kontynuuj procedurę.
4. Kliknij przycisk **Kalendarz**. Outlook 2010 wyświetlił kalendarz dla kilku godzin przed i po wskazanym czasie w treści wiadomości (rysunek 5-7). Jednak gdy klikniesz przycisk **Kalendarz**, Outlook otworzy nowe okno z kalendarzem w widoku dnia, pokazując wszystkie terminy dla dnia wezwania. Proponowany czas ma niebieskie tło. Można tu również od razu zobaczyć resztę tygodnia, na przykład w celu znalezienia alternatywnego terminu, zaznaczając dodatkowe dni w nawigatorze daty lub przełączając się do widoku tygodnia bądź miesiąca.

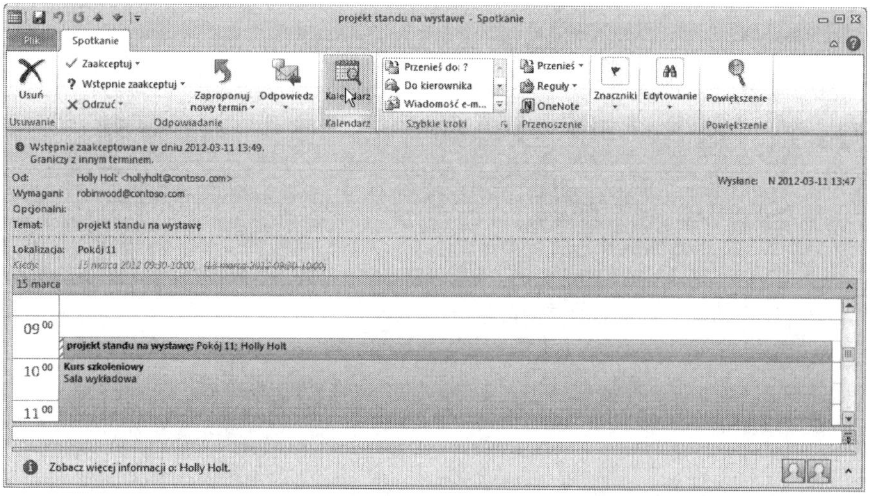

RYSUNEK 5-7 Kliknięcie przycisku Kalendarz pozwala bezpośrednio sprawdzić, jak propozycja wygląda na tle innych terminów. Nawet bez kliknięcia tego przycisku Outlook 2010 pokazuje fragment kalendarza obejmujący jedną godzinę przed i po wskazanym czasie.

5. W razie potrzeby możesz przenieść inne terminy, aby zrobić miejsce na spotkanie lub dodać margines czasowy przed i po nim. Kliknij prawą krawędź terminu, który chcesz przenieść (albo górną/dolną krawędź, by zmienić czas trwania) i przeciągnij go do nowego przedziału czasowego.
6. Zamknij okno kalendarza kliknięciem przycisku zamykania (niewielki znak x) w prawym górnym rogu paska tytułu okna.
7. Kliknij jeden z przycisków odpowiedzi (na przykład **Zaakceptuj**).

8. Outlook zaproponuje trzy opcje do wyboru: **Wyślij odpowiedź teraz**, **Nie wysyłaj odpowiedzi** oraz **Edytuj odpowiedź przed wysłaniem** (na przykład w celu dodania notatki).

   Nawet jeśli nie ma żadnego uzasadnionego powodu, aby odpowiadać, najlepszym wyjściem jest zawsze wybieranie **Wyślij odpowiedź teraz** (odpowiedź jest automatycznie wysyłana do organizatora spotkania, zatem będzie ona lub on wiedzieć, czy zaakceptowałeś je, czy odrzuciłeś). Jeśli chcesz odrzucić wezwanie lub jedynie zaakceptować je wstępnie, zalecamy wykorzystanie opcji **Edytuj odpowiedź przed wysłaniem** i dodanie jednego lub dwóch zdań wyjaśnienia.

Wstępna akceptacja i propozycja nowego czasu

Opcje Wstępna akceptacja lub Zaproponuj nowy termin są przydatne na przykład wtedy, gdy nie masz jeszcze pewności, czy uda ci się dotrzymać proponowanego terminu po południu albo gdy będziesz musiał wyjść w połowie, by udać się na inne spotkanie, ale za to rankiem możesz być do dyspozycji. Wszystko inne zostaw osobie, która zwołuje spotkanie: być może inni też zaproponują ranek albo również nie są dostępni po południu, a tym samym otrzymasz aktualizację wezwania, przenoszącą spotkanie na inny termin. Gdy pierwotny termin nadaje się dla wszystkich innych uczestników poza tobą, może pozostać w tym miejscu mimo twojej tylko warunkowej akceptacji. Wybierając tę opcję powinieneś zawsze napisać kilka słów wyjaśnienia do organizatora spotkania, aby mu wyjaśnić, dlaczego wskazany termin jest niewygodny i jaka zmiana pozwoliłaby lepiej wpasować go w twój harmonogram.

Ważne Wstępną* akceptację należy wysyłać tylko wtedy, gdy jest realna szansa na to, że będziesz jednak mógł wziąć udział w spotkaniu – w innym przypadku najlepiej od razu odrzucić wezwanie. Opcji tej powinno się zatem używać wyjątkowo. Odpowiedź taka oznacza, że nie masz pewności, czy będziesz w stanie dotrzymać terminu albo że rezerwujesz sobie możliwość anulowania udziału z powodu ważniejszego spotkania/terminu. W ten sposób sygnalizujesz kolegom, że termin jest niewygodny dla ciebie i że możesz nie dać rady wziąć udziału, o ile termin się nie zmieni. Jednak odpowiedź ta blokuje termin w twoim kalendarzu i otrzymasz przypomnienia o nim.

9. Outlook usuwa następnie wezwanie spotkania ze skrzynki odbiorczej, wysyła odpowiedź do organizatora i wpisuje spotkanie jako termin w odpowiednim dniu i godzinie w kalendarzu (o ile nie odrzuciłeś wezwania).

---

* Termin użyty w polskiej wersji programu Outlook został wybrany dość nieszczęśliwie – angielske słowo „tentative" oznacza „niepewny" lub „próbny", zatem lepszym odpowiednikiem byłaby „Warunkowa akceptacja" (przyp. tłum.).

Jeśli będziesz chciał wrócić do tego wezwania później, znajdziesz je w swoim kalendarzu. Możesz je później edytować podobnie jak każdy inny wpis terminu. Po otwarciu go we własnym formularzu podwójnym kliknięciem Outlook poinformuje w wierszu poniżej paska menu lub wstążki, kiedy zaakceptowałeś to spotkanie („Zaakceptowane w dniu…"; patrz rysunek 5-7 wcześniej w tym podrozdziale).

Sprawdzanie i zmienianie statusu spotkania

W Outlook 2010 możesz wykorzystać okienko Osoby zgodnie z wyjaśnieniem w „Tworzenie wezwania na spotkanie". W przypadku Outlook 2007/Outlook 2003 możesz doinstalować Outlook Social Connector, aby wyświetlić analogiczny element. Jeśli jednak nie chcesz go instalować lub gdy po prostu nie podoba ci się okienko Osoby i wolisz je wyłączyć, możesz wykonać następujące działania:

1. Podwójnie kliknij spotkanie w kalendarzu, aby otworzyć je we własnym oknie.
2. W Outlook 2010/Outlook 2007 kliknij przycisk **Śledzenie** w grupie **Pokazywanie** na zakładce **Spotkanie**. W programie Outlook 2003 po prostu kliknij zakładkę **Śledzenie**.

   Teraz możesz zobaczyć, kto już odpowiedział (rysunek 5-8); kto wezwanie zaakceptował, odrzucił lub wstępnie zaakceptował, a także, czy obecność tej osoby została oznaczona jako wymagana, czy opcjonalna. Możesz również zmienić status odpowiedzi ręcznie, klikając ją (na przykład wtedy, gdy ktoś potwierdził podczas spotkania na korytarzu lub gdy zadzwoniłeś do niego, bo nadal nie otrzymałeś odpowiedzi, a musisz podjąć decyzję już teraz).

   Przy użyciu przycisku **Planowanie** (na karcie **Spotkanie** w grupie **Pokazywanie**), możesz sprawdzić kalendarze współpracowników (co pokazaliśmy wcześniej podczas tworzenia wezwania) i zmienić termin – na przykład w sytuacji, gdy okazało się, że wybrany wstępnie czas był niewygodny dla większości uczestników, gdy nadeszły pierwsze odpowiedzi.
3. Kliknięciem przycisku **Wyślij aktualizację** (w widoku Spotkanie) możesz poinformować wszystkich o nowej dacie/godzinie (termin spotkania zostanie automatycznie zaktualizowany w ich kalendarzach), nawet jeśli pozostawisz formularz otwarty na swoim komputerze. Gdy tylko zamkniesz formularz po dokonaniu zmiany terminu albo przeniesiesz lub usuniesz ten termin w swoim kalendarzu, Outlook zaproponuje wysłanie aktualizacji do wszystkich uczestników.

   Tylko organizator spotkania – osoba, która utworzyła początkowe wezwanie i zaprosiła innych uczestników – powinien aktualizować dane spotkania. Jeśli zmienisz cokolwiek w danych spotkania, na które wezwanie wysłał ktoś inny, twoje zmiany zostaną utracone, gdy tylko wyśle on aktualizację. Tak więc nawet jeśli przeedytujesz termin w swoim własnym kalendarzu, na przykład dodając notatki, aby lepiej przygotować się do spotkania, zmiany te znikną, gdy organizator spotkania wyśle aktualizację. Aby dodać notatki dla innych uczestników lub zmienić porządek zebrania, musisz napisać oddzielną wiadomość do wszystkich uczestników lub poprosić organizatora o aktualizację. Zmian wykonanych we własnym kalendarzu inni uczestnicy nie zobaczą.

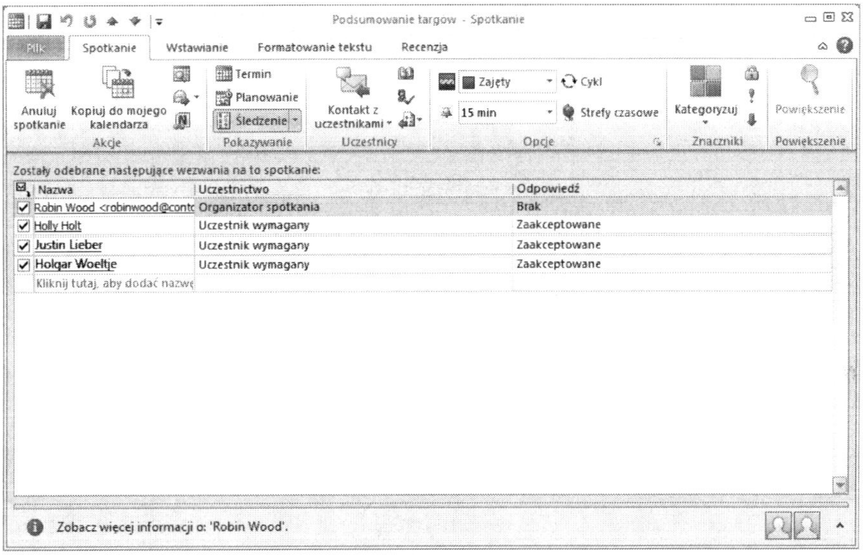

Rysunek 5-8 Przycisk Śledzenie pozwala ustalić, którzy uczestnicy już zaakceptowali lub odrzucili wezwanie.

Oszczędnie używaj wezwań na spotkania

To, jak bardzo uda się zoptymalizować i zarządzać spotkaniami, zależy od pozostałych członków zespołu i najrozmaitszych czynników, odmiennych dla różnych zespołów. Na kolejnych stronach przedstawimy tylko najważniejsze ogólne wskazówki, które powinny pomóc w planowaniu lepszych i bardziej skutecznych zebrań – o ile większość (najlepiej wszyscy) członkowie zespołu będą się stosować do tych prostych reguł.

Zebrania są kosztowne

Pomyśl nad tym, jaki jest rzeczywisty koszt spotkania dla ciebie i twojego zespołu:

- Niemal zawsze zebrania wymagają więcej czasu, niż ich rzeczywiste trwanie. Załóżmy, że zostałeś zaproszony na 30-minutowe spotkanie:
  - Musisz przerwać bieżącą pracę i będziesz potrzebował dodatkowego czasu, aby powrócić do oryginalnego poziomu koncentracji i wydajności, gdy już wrócisz.

- W przypadku niektórych zadań, które zajmują godzinę lub więcej, taka przerwa może mieć taki wpływ, że zwyczajnie nie ma sensu zaczynać ich w ciągu 30 minut przed spotkaniem (może nawet konieczne odłożenie ich na inny dzień). Tym samym niewygodnie zaplanowane spotkanie może stworzyć 30 minut zmarnowanego czasu, który spędzisz bezproduktywnie lub zajmując się różnymi mało ważnymi rupieciami, po prostu czekając na początek zebrania, gdyż nie możesz kontynuować pracy nad ważnym projektem, mając tak mało czasu do dyspozycji.
- Dotarcie i powrót z miejsca zebrania też zajmuje czas. Jeśli masz szczęście, będą to tylko cztery minuty spaceru z twojego biura w każdą stronę, plus trzy minuty (razy dwa) na spakowanie materiałów w biurze i w pokoju zebrań. Dodaje to 10 minut w każdą stronę, czyli 20 minut całkowitego wydatku. Przejście do innego budynku lub przejechanie do innej lokalizacji zajmie oczywiście znacznie więcej.

- Zebranie to koszt czasowy dla wszystkich uczestników:
  - Jeśli 10 osób siedzi razem przez dwie godziny, koszt netto to 20 godzin pracy (dodajmy czas spędzony przez każdego uczestnika na dotarcie na miejsce i powrót, a łączny koszt czasowy zrobi się znacznie wyższy).
  - Jeśli dwóch uczestników przybędzie z 10-minutowym opóźnieniem, zaś pozostałych 18 osób musi czekać na nich, zespół właśnie zmarnował 10 minut 18 osób = 180 minut = 3 godziny produktywnego czasu. Spóźnienia stają się jeszcze gorsze, jeśli zdecydujesz się czekać, aż wszyscy przybędą: niektórzy po prostu przyzwyczaili się do tego, że zebrania zawsze się spóźniają i planują przyjście 10 minut po czasie, aby uniknąć marnowania czasu. Jeśli jednak ktoś z nich faktycznie się spóźni o 5 minut, łączny poślizg wydłuży się do 15 minut…
  - Brak przygotowania lub wykraczanie poza tematykę jest po prostu złe: jeśli dwóch uczestników zajmie każdy po 15 minut na przedstawianie problemów, które są po prostu nieistotne dla pozostałych ośmiu, 8 × 15 = 120 minut = 2 godziny czasu pracy zostało zmarnowane.
- Zebrania mają też koszt pieniężny: policz, ile kosztuje czas twojego personelu i pomocnicze koszty pracy dla tego czasu – i jak wiele dochodu mogliby wszyscy ci koledzy wygenerować w tym czasie. Dodaj do tego koszty podróży, koszt wynajęcia pomieszczenia, jeśli wybrałeś zewnętrzną lokalizację i tak dalej.

Przemyśl następujące sprawy, zanim wyślesz wezwanie na spotkanie:

- Czy jest to warte zainwestowanego czasu i pieniędzy? Nie warto zwoływać zebrania za 800 dolarów, aby rozwiązać problem kosztujący 450 dolarów.

Najlepsze zebrania to te, które się nie odbyły

Jak można zauważyć, zebrania są często bardziej kosztowne i pochłaniające czas, niż się to początkowo wydaje. Czasami jednak są warte tego czasu, gdyż dobre spotkanie może pomóc w stworzeniu silniejszych więzi pomiędzy członkami zespołu, rozwiązać konflikty, stworzyć wspólną strategię, dać efekt „burzy mózgów" i wyzwolić nowe idee lub pomysły ulepszeń oraz zebrać razem wiele różnych pomysłów i od razu je ulepszyć dzięki doświadczeniu różnych specjalistów z różnych dziedzin.

Niekiedy potrzebnych jest wielu ludzi i mnóstwo miejsca na dyskusję, aby dojść do właściwych decyzji. Niektóre informacje najlepiej są przekazywane w osobistej rozmowie lub gdy są prezentowane grupie odbiorców. Ma to zwłaszcza miejsce, gdy tematyka wywołuje wiele pytań i wątpliwości, jeśli odpowiedzi na te pytania dotyczą każdego z obecnych lub gdy wiele osób dysponuje informacjami, które chcą przekazać. Przykładem może być trzygodzinne spotkanie przygotowujące do wystawy lub targów, na którym można przedstawić szczegółowy plan dnia, obejmującego wiele prezentacji, technicznych informacji, a także sesję pytań i odpowiedzi na temat krytycznych cech trzech najważniejszych produktów, przypomnienie zasad firmowych oraz wskazówek dotyczących rozmów z prasą.

W takich przypadkach dobrze przygotowane i poprowadzone zebranie może być w istocie niezwykle produktywne i oszczędzić wiele czasu (patrz „Efektywne przygotowywanie zebrań" dalej w tym rozdziale). W większości przypadków jednak jest dokładnie na odwrót. Z tego względu powinieneś zawsze trzy razy się zastanowić, czy nie ma alternatywnego wyjścia, zanim zwołasz zebranie. Być może nie jest ono w ogóle potrzebne.

Nie zarzucaj innych wezwaniami na spotkania tylko dlatego, że Outlook umożliwia ich łatwiejsze i szybsze planowanie, niż kiedykolwiek dotąd. Unikaj tak wielu zebrań, jak to możliwe.

- Czy jest to naprawdę potrzebne?
  - Jeśli chodzi o podejmowanie decyzji: czy jesteś pewien, że odpowiedzialny menedżer, grupa (góra) trzech ekspertów lub przedstawiciel zespołu występujący w jego imieniu nie może podjąć tej decyzji (a być może zrobi to lepiej i szybciej niż cały zespół)?
  - Czy obecność większej liczby osób (większe doświadczenie, szersza pula idei) znacząco podniesie jakość wyników, które chcesz osiągnąć, i czy ta poprawa usprawiedliwia dodatkowy wysiłek w porównaniu do wysiłku jednego lub dwóch ludzi?
  - Czy potrafisz przedstawić problem bardziej efektywnie i szybciej poprzez kilka indywidualnych telefonów, zamiast zwoływania zebrania?

- Czy możesz połączyć dwa lub trzy małe zebrania z tą samą grupą uczestników? Potrzebny czas netto pozostanie bez zmian (lub zmniejszy się, gdyż spóźnić się można tylko raz, a problemami można zająć się jako grupa). Czas brutto zmniejszy się znacząco, gdyż będzie trzeba pójść i wrócić z tylko jednego zebrania.
- Jeśli chodzi o przekazywanie informacji: czy możesz po prostu rozesłać informacje na piśmie? Większość z nas potrafi czytać znacznie szybciej, niż słuchać, a w trakcie lektury można pomijać te części, które już znamy. Ponadto każdy może czytać wtedy, gdy ma na to czas, zamiast siedząc na zebraniu marnować czas, który można wykorzystać znacznie lepiej, robiąc coś innego. Jeśli pisanie jest zbyt czasochłonne, a uczestnicy wiele podróżują, istnieje jeszcze jedna, choć rzadko używana alternatywa: podłączyć mikrofon i nagrać wypowiedź. To szybkie i łatwe. Osoby, które chcesz poinformować, mogą użyć swoich smartfonów lub odtwarzaczy MP3 podczas długich podróży, by wysłuchać nagrania (problem: nie można robić notatek siedząc za kierownicą; jeśli jednak wiele podróżujesz samochodem, pomyśl o zakupie cyfrowego dyktafonu lub użyj smartfonu w tej roli).

UWAGA Cykliczne cotygodniowe zebrania są typowymi pochłaniaczami czasu, które wstawia się do harmonogramu „na wszelki wypadek, gdyby było coś, o czym trzeba porozmawiać". A gdy wszyscy uczestnicy już się zbiorą, zwykle znajdziesz coś, czym wypełnić czas – i tylko w tym celu. Strzeż się cyklicznych zebrań, o ile nie są faktycznie potrzebne i wymagane z jakiegoś dobrze zdefiniowanego powodu. Z drugiej strony dobrze przygotowane okresowe spotkania (choć niekoniecznie co tydzień) mogą popchnąć dobrze dostrojony zespół, tak by wszyscy poznali dokonania i stan zaawansowania pozostałych członków oraz ich plany i oczekiwania na najbliższy tydzień lub dwa.

- Którzy uczestnicy są *naprawdę* niezbędni? Czyj czas po prostu zmarnujesz, gdyż jego lub jej obecność nie jest niezbędna? Aby uniknąć sytuacji, gdy takie osoby poczują się wykluczone, można ich również zaprosić, ale jako uczestników opcjonalnych i pozostawić im samym decyzję, czy chcą, czy nie chcą przyjść. Daj im znać, że są dobrze widziani, jeśli chcą się dowiedzieć, co się dzieje i wziąć udział w podejmowaniu decyzji.
- Czy wśród uczestników są tacy, którzy muszą być obecni tylko przy części punktów porządku zebrania? Umieść te zagadnienia na początku, aby mogli oni opuścić zebranie po pierwszych 30 minutach, powiadamiając o tym pozostałych uczestników.
- Jeśli nadal jesteś przeświadczony, że spotkanie ma sens, powinieneś rozważyć następujące zagadnienia: czy uczestnicy mogliby oszczędzić czasu na dojazd, gdyż dla tych tematów, które trzeba przedyskutować, telekonferencja mogłaby

być równie dobra, jak spotkanie twarzą w twarz? A może posunąć się jeszcze o krok dalej i wykorzystać mechanizm Microsoft Office Live Meeting, aby móc pokazać prezentacje Microsoft PowerPoint, przeprowadzić głosowanie z automatycznym zliczaniem i udostępniać aplikacje wśród uczestników (na przykład w celu wspólnego poprawiania dokumentów lub pokazania, jak działa nowa wersja oprogramowania). W programie Outlook można zaplanować telekonferencję lub Live Meeting tak samo jak rzeczywiste zebranie (można tu dodać numer telefonu lub kod dostępu do tekstu wezwania na spotkanie).

Współpraca online i spotkania przy wykorzystaniu Live Meeting

Niekiedy możliwości telekonferencji głosowej nie są wystarczające, ale fizyczne spotkanie jest nadal zbyt kosztowne i czasochłonne – na przykład trudno oczekiwać, że ktoś przyleci z Kanady do Australii, aby zademonstrować prezentację w PowerPoint, uzupełnioną godzinną sesją planowania budżetu. Jednak pracując wspólnie przy swoich komputerach podczas Live Meeting, niektóre ze społecznych i komunikacyjnych aspektów „rzeczywistego spotkania" nadal będą nieobecne, ale w niektórych przypadkach Live Meeting może być nawet lepsze.

Oto kilka najważniejszych funkcji Live Meeting:

- Można pracować wspólnie z dowolnej lokalizacji – gdy na przykład jedna osoba siedzi w poczekalni lotniska w Nowym Jorku, inna w swoim biurze w Monachium, a trzecia w pokoju hotelowym w Londynie. Wszystko, czego potrzeba, to dostęp do Internetu oraz telefon lub zestaw słuchawkowy, aby móc słyszeć i mówić do pozostałych uczestników przez łącze VoIP.
- W trakcie Live Meeting można pokazać prezentacje, przesłać zawartość ekranu z dowolnej aplikacji do wszystkich oraz przyznać indywidualnym użytkownikom możliwość sterowania jedną z własnych aplikacji, dzięki czemu będą oni mogli „poczuć działanie" lub po prostu edytować coś na komputerze innego użytkownika.
- Spotkania Live Meeting można zaplanować bezpośrednio z programu Outlook – bez względu na to, czy chcesz przygotować budżet na kolejny miesiąc wspólnie z dwoma kolegami, czy też zaprezentować swój nowy program tysiącowi potencjalnych klientów. Można również na przykład wyznaczyć kilku moderatorów, którzy będą natychmiast odpowiadać na indywidualne pytania w formie tekstowego czatu w tle, podczas gdy prezenter będzie kontynuował swoje wystąpienie.
- Całe spotkanie Live Meeting można zarejestrować (wideo i dźwięk), aby obejrzeć je ponownie później w celu oceny lub pokazać osobom, które nie mogły brać w nim udziału.

Ciąg dalszy na następnej stronie

Ciąg dalszy ze strony poprzedniej

Dodatkowe informacje na temat Live Meeting można znaleźć w witrynie Office pod adresem *http://office.microsoft.com*.

Istnieją też inne opcje współpracy zdalnej, takie jak Emisja pokazu slajdów (dostępna w grupie Uruchamianie pokazu slajdów na karcie Pokaz slajdów) w programie PowerPoint 2010 lub Windows Live Messenger.

Optymalizacja kalendarza w celu ułatwienia tworzenia spotkań

W tym podrozdziale zajmiemy się w skrócie metodami, dzięki którym można uprościć skuteczne planowanie spotkań dzięki uporządkowaniu kalendarza, a także jak zmniejszyć liczbę wezwań na spotkania wyznaczonych w niedogodnych terminach.

Czy zablokowanie całego czasu każdego dnia jest dobrym pomysłem?

Jak wspomnieliśmy, całkowite wypełnienie kalendarzy zwykle nie chroni przed wezwaniami na spotkania w niedogodnych godzinach, wysyłanymi przez menedżerów lub współpracowników, jednak w niektórych firmach jest to typowa praktyka jako „ostatnia linia obrony" przed nadmierną liczbą propozycji spotkań wychodzących od współpracowników znajdujących się niżej w hierarchii firmowej – odrzuca się wszystko, gdyż „po prostu nie ma czasu". Metoda ta ma jednak dwie wady: przede wszystkim znacznie utrudnia wykorzystanie kalendarza Outlook w rozsądny sposób. Po drugie, w ten sposób blokuje się także potrzebne i ważne spotkania. Najlepiej raz na zawsze wyjaśnić sytuację (na przykład ograniczając dostęp do kalendarza tylko dla swojego asystenta oraz zespołu wykonawczego) albo jako menedżer po prostu odrzucać takie wezwania, których nie uważasz za potrzebne (ale w uprzejmy i krótki sposób), nawet jeśli czas jest dostępny. Wymaga to planowania, dyscypliny i okresu przejściowego, ale pozwala zmniejszyć liczbę zebrań w zespołach współpracowników ogarniętych „nałogiem obradowania".

Zachowaj porządek w kalendarzu

Jeśli wprowadziłeś do kalendarz ledwo kilka terminów i nie utworzyłeś „spotkań ze sobą samym" (patrz rozdział 3, „Jak uzyskać więcej czasu na rzeczy istotne przy użyciu planu tygodniowego") – innymi słowy, jeśli większość czasu w twoim kalendarzu jest oznaczona jako „wolny" – będzie się wydawało, że jesteś stale dostępny. W takiej sytuacji nie możesz się dziwić, dlaczego koledzy nieustannie proponują niedogodne dla ciebie terminy spotkań.

Z drugiej strony, jeśli każdy dzień roboczy w twoim kalendarzu będzie całkowicie wypełniony terminami i spotkaniami od 7 rano do 10 wieczór (a niektóre wręcz się nakładają na siebie), również nie będzie zaskoczeniem, gdy otrzymasz wezwanie, które ci nie pasuje – ostatecznie twoi współpracownicy nie będą mieli wyboru.

W pewnym stopniu można kontrolować proponowane terminy przychodzących wezwań na spotkania, blokując najważniejsze dla siebie części dnia (także wtedy, gdy robi się po to, by mieć niezakłócony czas na ważne zadanie) i zostawiając dostatecznie duże fragmenty czasu do dyspozycji (w takiej porze, która jest użyteczna dla kolegów). Postaraj się, aby inni mogli łatwo znaleźć czas, który tobie pasuje – większość ludzi wybierze linię najmniejszego oporu przy szukaniu odpowiedniego czasu na spotkanie. Kolejnym krokiem będzie sugerowanie innego przedziału czasu na spotkania, które są w konflikcie z innymi terminami lub odrzucanie tych wezwań, jeśli to możliwe.

Własny kalendarz powinieneś dobrze uporządkować, jeśli dotychczas nie robiłeś tego na użytek własnego planowania:

- Wpisuj każdy termin natychmiast po jego ustaleniu (bez względu na to, czy chodzi o spotkanie z klientem, wizytę u dentysty czy lot z Nowego Jorku do Chicago).
- Wpisuj do kalendarza tylko takie rzeczy, które naprawdę są terminami – „Zadzwonić ponownie do Mike'a na temat daty dostarczenia we czwartek lub jeszcze lepiej dziś" nie powinno znaleźć się kalendarzu jako termin we wtorek pomiędzy 9:00 a 9:30 (o ile nie umówiłeś się z nim, że właśnie wtedy zadzwonisz). Taki wpis powinien znaleźć się na liście zadań (ustaw datę ukończenia i przypomnienie w razie potrzeby; patrz rozdział 2, „Jak efektywnie określać priorytety zadań").
- Spotkania ze sobą samym powinny dotyczyć tylko najważniejszych zadań, jako części planu tygodniowego (patrz rozdział 3). Zablokuj przedział czasu dla tych zadań (także po to, aby ochronić je przed wezwaniami na spotkania), ale równocześnie pozostaw dostatecznie dużo wolnego czasu, blokując tylko kilka dobrze określonych przedziałów.
- Jeśli twój kalendarz zawiera wiele wolnych terminów lub gdy bez tego zawsze ociągasz się z przystąpieniem do pewnych działań: konsekwentnie wpisz cykliczne terminy dla bloków zadań (patrz rozdział 4, a także prawą stronę kalendarza Justina Liebera na rysunku 5-4 wcześniej w tym rozdziale). Te cykliczne terminy powinny być anulowane tylko w bardzo szczególnych sytuacjach.

- Swobodnie planuj inne zadania jako terminy dla siebie samego w ramach planowania dnia (patrz rozdział 4). Przeciwdziałaj (częstym niestety) pomysłom współpracowników polegającym na zwoływaniu zebrania w ostatniej chwili, po prostu je odrzucając, jeśli tylko możesz (o ile nie ma naprawdę przekonywującego powodu zwoływania zebrania tak późno).

Korzystanie z funkcji Pokaż jako do oznaczania spotkań

Pole **Pokaż jako** jest zlokalizowane w grupie **Opcje** na karcie **Termin** w programie Outlook 2010/Outlook 2007 (rysunek 5-9) (karta ta aktywizuje się po zaznaczeniu terminu w kalendarzu). W Outlook 2003 można znaleźć pole **Pokaż czas jako** zaraz poniżej pól Czas rozpoczęcia i Czas ukończenia, gdy otworzymy spotkanie podwójnym kliknięciem. W widokach dnia lub tygodnia można również edytować to pole z menu podręcznego dostępnego po kliknięciu terminu prawym klawiszem myszy.

Pole to zazwyczaj zawiera domyślną wartość Zajęty. Zmiana może pomóc kolegom w szukaniu dogodnych terminów i zwraca uwagę w kalendarzach współpracowników wyświetlanych przy tworzeniu wezwań na spotkania (to są te kolorowe paski w Asystencie planowania, pokazane wcześniej na rysunku 5-1).

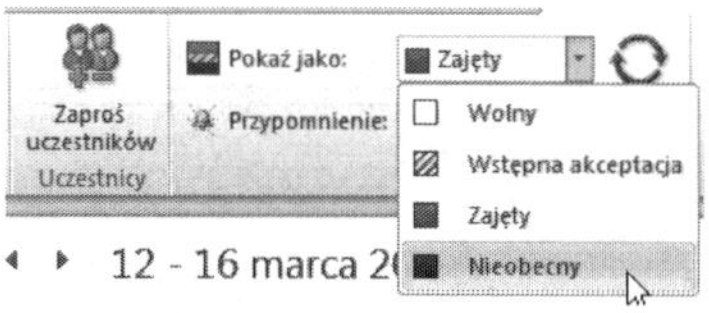

RYSUNEK 5-9 Terminy można łatwo oflagować kolorami.

Pole to udostępnia cztery opcje:

- **Zajęty** Ukazuje to współpracownikom, że ten termin masz już wypełniony, zatem przedział czasu jest zajęty, ale możesz go udostępnić na inne żądanie, jeśli będzie to absolutnie niezbędne.
- **Nieobecny** Nie ma cię w pracy. Ustal z kolegami z zespołu, co to naprawdę powinno znaczyć, aby ustalić wspólny język używany przez wszystkich, na przykład jedną z takich możliwości:
  - Wyjechałeś w podróż służbową i nie dasz rady wrócić do biura tego samego dnia, aby wziąć udział w spotkaniu.
  - Nie ma cię w budynku – na przykład z wizytą u klienta – ale możesz wrócić do biura w ciągu godziny i być na spotkaniu.
  - W tym czasie nie można nawet do ciebie zadzwonić (to typowa sytuacja, gdy współpracy nieustannie podróżują i zwykle planowane są telekonferencje).
  - Być może w rzeczywistości jesteś w biurze, ale pod żadnym względem nie możesz przesunąć tego terminu (wówczas ustawienie innych terminów

jako zajętych oznacza, że możesz być w stanie je zwolnić, jeśli zajdzie tak konieczność).

- **Wstępna akceptacja*** Uzgodnij ze współpracownikami, czy to naprawdę oznacza „ten termin jest bardzo niepewny i najprawdopodobniej będzie ponownie zwolniony", czy też „jeśli nie masz innej opcji poza umieszczeniem zebrania w jednym z moich zajętych terminów, w pierwszej kolejności użyj jednego z warunkowych; pozostałe są bardziej istotne".
- **Wolny** Te terminy nie są zajęte. Opcja ta jest przydatna dla szczególnych terminów trwających cały dzień, takich jak święto, o którym chcesz pamiętać.

Ustal podstawowe terminy spotkań!

Najlepszym wyjściem jest ustalenie standardowego czasu spotkania dla zespołu: uzgodnić przedział czasu, który wszyscy powinni zostawić niezapełniony tak długo, jak to możliwe, chyba że potrzebne jest zebranie – na przykład między 9:30 a 11:30. Staraj się planować spotkania w tym czasie, gdy jest to tylko możliwe (albo w krótszym oknie czasowym wewnątrz tego przedziału). Działa to najlepiej, jeśli większość pozostałych członków zespołu zacznie konsekwentnie planować również inne terminy – na przykład zostawiając termin 9:30 otwarty, ale planując spotkanie z klientem, przerwę na lunch lub godzinę produktywności (patrz rozdział 4, „Jak sprawić, aby plan dnia zadziałał w prawdziwym świecie") od 8:30 do 9:30 i wpisując blok obsługi poczty na 11:30 (i po prostu zrób z tego cykliczny termin na każdy dzień roboczy). Jeśli następnie ktoś będzie chciał zaplanować spotkanie, wiele przedziałów czasowych będzie już zajętych, ale zarezerwowany czas pomiędzy 9:30 a 11:30 nadal będzie wolny u (niemal) każdego; potrzeba zaledwie kilku tygodni dopasowywania, aby wszystkie zebrania, jeśli w ogóle się odbędą, następowały właśnie w tych godzinach. A jeśli wszyscy przyjdą i wyjdą punktualnie, coraz łatwiej będzie trzymać się tego terminu (więcej na ten temat zawiera „Efektywne przygotowywanie zebrań" w dalszej części rozdziału).

Korzystanie z terminów całodziennych

Jeśli masz być poza biurem dłużej niż jeden dzień i tym samym nie będziesz dostępny dla żadnych spotkań (na przykład na urlopie), wpisz to jako termin:

1. Podwójnie kliknij termin w kalendarzu, aby otworzyć formularz, po czym zaznacz pole wyboru **Wydarzenie całodzienne** (obok czasu rozpoczęcia). Opcje wyboru godziny rozpoczęcia i ukończenia zostaną zdeaktywowane.

* Tu również mamy tę samą niezręczność tłumaczenia interfejsu – z kontekstu wynika, że chodzi o czas „warunkowo zajęty" (przyp. tłum.).

2. Następnie wybierz pierwszy dzień w polu **Godzina rozpoczęcia** i ostatni w **Godzina zakończenia** (pole nadal ma etykietę *godzina*, ale ustawić możesz tylko datę).
3. Ustaw pole **Pokaż jako** na **Nieobecny** w przypadku urlopu. Całodzienny termin będzie „pływał" nad innymi terminami w widokach dnia/tygodnia (rysunek 5-10). Cały okres oznakowany jest jako **Nieobecny**, ale wszystkie przedziały czasowe są dostępne dla wpisów terminów (w ten sposób można pokazać, że nie ma cię w biurze na przykład z powodu udziału w targach, ale możesz nadal wpisywać różne terminy związane z samymi targami).
4. Zamknij formularz **Termin** klikając symbol × w prawym górnym rogu i potwierdź kliknięciem **Tak** zapisanie zmian w monicie programu Outlook.

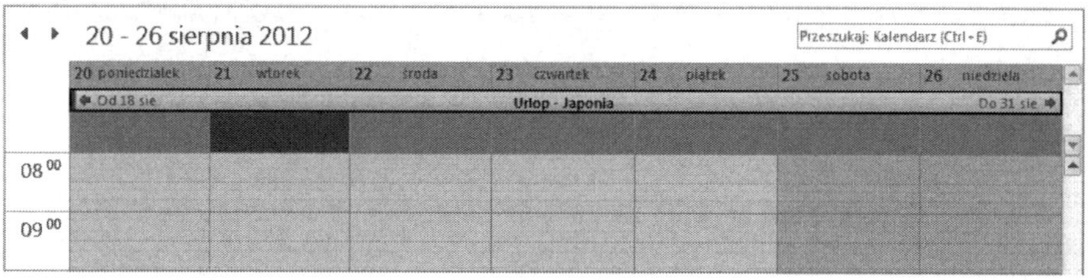

RYSUNEK 5-10 Terminy całodzienne pozwalają oznakować kilka dni stanem Nieobecny (pasek z napisem „Urlop – Japonia" na rysunku), pozostawiając widoczność innych możliwych terminów, gdyż w widoku dnia/tygodnia wyświetlane są ponad innymi wpisami.

W innych sytuacjach można oznaczyć termin jako Wolny (na przykład wtedy, gdy chcesz po prostu zanotować w kalendarzu, w jakich dniach odbywają się targi, kiedy określone ulice miasta będą zamknięte z powodu świąt lub kiedy dzieci będą miały szkolne ferie), dzięki czemu można będzie odpowiednio planować bez oznaczania całego tego czasu tak, jakby miało cię nie być w pracy. Przy ustawianiu terminu jako wydarzenia całodziennego Outlook automatycznie ustawia pole Pokaż jako na Wolny – sprawdź, czy urlop oznaczyłeś jako Nieobecny!

Wyróżnianie osobistych terminów jako prywatnych

Niektóre terminy wpisywane do kalendarza nie powinny być dostępne dla współpracowników – nie muszą wiedzieć o wakacjach twoich dzieci, urlopie żony lub wizycie u dentysty. Aby wykluczyć ich dostęp do takich terminów wpisanych w udostępniony kalendarz, możesz oznaczyć je jako prywatne.

W programie Outlook 2003 po prostu zaznacz pole wyboru **Prywatne** w prawym dolnym rogu formularza Termin. W Outlook 2010 kliknij **Prywatne** w grupie **Znaczniki** na karcie **Termin** (ikona kłódki). W programie Outlook 2007 przycisk ten znajduje się w grupie **Opcje** na karcie **Termin**. Jeśli ikona ta ma pomarańczowe tło (gdy nie wskazujesz go myszą), termin jest oflagowany jako prywatny.

Ostrzeżenie Jeśli wskażesz myszą przycisk Prywatny w Outlook 2010/Outlook 2007, może się wydawać, że opcja jest już zaznaczona. Przyglądając się uważniej możesz jednak zauważyć, że kolor tła jest nieco jaśniejszy, gdy opcja nie jest jeszcze wybrana. Szczególnie na początku może prowadzić do nieporozumień – warto nabrać nawyku wskazania myszą innego miejsca, na przykład Kategoryzuj (tuż obok po lewej), aby zobaczyć, czy termin został rzeczywiście oflagowany jako prywatny.

W widoku dnia/tygodnia/miesiąca kalendarza jest to nawet prostsze: po prostu kliknij termin prawym klawiszem myszy i wybierz **Prywatny** z menu podręcznego. Outlook 2010 /Outlook 2007 wyświetlają prywatne terminy z ikoną kłódki w prawym dolnym rogu. Outlook 2003 ukazuje ikonę klucza w prawym górnym rogu terminu.

Twoi koledzy będą teraz widzieć, że ten czas jest zajęty, ale nie będą mogli przeczytać tematu ani żadnej innej zawartości wpisu; zamiast tego zobaczą „Termin prywatny" jako temat.

Warto zachować konsekwencję i wybierać opcję terminu prywatnego dla wszystkich terminów osobistych – nawet wtedy, gdy nie byłoby nic złego w tym, że koledzy z pracy zobaczą jego temat. Inaczej może się zdarzyć, że zapomnisz o tym w przypadku poufnych terminów lub sprowokujesz głupie pytania, jeśli nagle ukryjesz tylko jedno przed innymi. Niekiedy warto również oznaczyć jako prywatne szczególne terminy biznesowe (na przykład zaplanowaną niespodziankę z okazji 20 rocznicy pracy koleżanki).

Najlepiej wyjaśnić współpracownikom, że terminy oznaczone jako prywatne niekonieczne muszą być po godzinach, ale mogą być to po prostu sprawy poufne, bez względu na to, czy są to rzeczywiście poufne spotkania biznesowe, czy prawdziwe sprawy osobiste.

Uwaga Terminy prywatne są chronione przed wglądem innych użytkowników, którym udostępniłeś swój kalendarz. Jeśli jednak podasz komuś swoją nazwę użytkownika i hasło do konta Exchange, aby miał on pełny dostęp do twojej skrzynki, gdy jesteś nieobecny, Outlook przyjmie, że jesteś to ty. Ktokolwiek zaloguje się przy użyciu twoich poświadczeń, będzie mógł widzieć wszystkie wpisy, zatem lepiej zachować hasło w tajemnicy!

Efektywne przygotowywanie zebrań

Jeśli wszyscy uczestnicy zawczasu poświęcą nieco czasu na przygotowanie się do zebrania i są gotowi do podejmowania decyzji, będzie można oszczędzić wszystkim wiele czasu i poprowadzić ukierunkowane na cel, związane z tematem i efektywne zebranie. Dziesięć minut poświęconych na przygotowanie potrafi oszczędzić 20 minut czasu zebrania – wszystkim uczestnikom. Przygotowanie jest szczególnie ważne dla osoby, która ma prowadzić zebranie oraz dla moderatora, jeśli przewidziana jest taka funkcja.

Podnoszenie wydajności dzięki przygotowaniom i mądremu prowadzeniu zebrania

Porządek dzienny zebrania należy utworzyć zaraz po tym, jak zostanie ono zaplanowane:

- Określ jednoznaczne ramy czasowe dla każdego zagadnienia i ogranicz czas prezentacji i dyskusji.
- Jasno zidentyfikuj cele: co chcesz osiągnąć dzięki temu zebraniu? Jakie informacje mają być przekazane lub zebrane (jak, komu, przez kogo), na jakie pytania trzeba znaleźć odpowiedź, jakie koncepcje rozwinąć, jakie decyzje podjąć?
- Dla każdego zagadnienia określ osobę odpowiedzialną za ten punkt.
- Ogranicz liczbę uczestników. Pięć do siedmiu osób jest zwykle wielkością optymalną. Zbyt wielu uczestników powoduje, że zebranie staje się bezproduktywne – chyba że celem jest poinformowanie znacznej grupy ludzi i udzielenie odpowiedzi na ich pytania lub uzyskanie opinii wielu różnych ekspertów, działów lub osób na zadany temat.
- Rozpocznij od najważniejszych zagadnień. Tematy o najniższym priorytecie umieść na końcu, przydziel im mniej czasu i zakończ zebranie w zaplanowanym czasie. Jeśli stale będziesz wykraczać poza zaplanowany czas, na koniec będziesz zużywał 20 minut na temat, który powinien zająć maksymalnie osiem.
- Jeśli niektórzy uczestnicy są potrzebni tylko przy dwóch z siedmiu punktów programu, umieść te pozycje na początku porządku dziennego i pozwól im opuścić zebranie po omówieniu tych zagadnień.
- Upewnij się, że wszyscy uczestnicy otrzymają potrzebne materiały odpowiednio wcześnie.

Ważne Zaplanuj przerwy – zebrania naprawdę stają się lepsze dzieki nim:

- Po około 45 do 60 minut dobrze jest się ruszyć i zaczerpnąć świeżego powietrza. Ludzie stają się wówczas bardziej produktywni. Po co najwyżej dwóch godzinach większość osób nie jest w stanie się już skoncentrować i słuchać uważnie.
- Podczas przerwy uczestnicy mogą rozmawiać na temat problemów związanych z zebraniem, ale nie powinno to angażować wszystkich.
- Rozmowy w atmosferze przerwy często doprowadzają do nowych koncepcji.
- Szczególnie podczas negocjacji najbardziej widoczne postępy często dokonywane są podczas lub zaraz po przerwie.
- Określ odpowiedni czas trwania przerwy. Doświadczenie uczy, że dziesięć do piętnastu minut jest zwykle wielkością optymalną.

Porządek dzienny można dołączyć do wezwania na spotkanie (podobnie jak przy dodawaniu załączników do „zwykłych" maili). Uczestnicy muszą tylko otworzyć spotkanie w swoich kalendarzach, aby uzyskać dostęp do załączników. Jednak wykorzystanie obszaru roboczego spotkania w witrynie SharePoint do opublikowania porządku dziennego (patrz następny podrozdział) ma wiele zalet w porównaniu do tej metody.

Poniższe wskazówki mogą pomóc w bardziej efektywnym prowadzeniu zebrania:

- Wyznacz przewodniczącego zebrania. Jeśli to potrzebne, wybierz także moderatora dla trudnych tematów/grup, kogoś, kto nie jest sam zaangażowany w tematykę zebrania, ale pełni rolę „arbitra" (przedstawia nowych uczestników i tematykę; ogranicza czas wystąpień poszczególnych uczestników do (na przykład) trzech minut i trzyma się tego; na koniec podsumowuje i ujednoznacznia rezultaty).
- Zaczynaj i kończ zebranie o czasie. Jeśli raz zaczekasz na spóźnialskich, będziesz wkrótce musiał zawsze czekać – za każdym razem nieco dłużej. Jeśli pozwolisz, aby zebranie się przeciągało, znajdziesz się na dobrej drodze do zebrań, które nigdy się nie kończą.
- Jeśli dyskusja nie wnosi żadnego postępu w jakimś punkcie programu, pozwól przewodniczącemu zdecydować po ustalonym czasie, czy macie zagłosować nad kontynuowaniem, podjąć chociaż cząstkowe decyzje lub odłożyć temat na inny dzień (w tym wszystko, co musi zostać przygotowane, wyjaśnione i rozstrzygnięte). Mała przerwa pozwala niekiedy ostudzić rozgrzane emocje i pozwolić wszystkim znów zacząć myśleć jaśniej.
- Na koniec wysłuchaj opinii uczestników. Czy podobał im się sposób prowadzenia zebrania? Czy są koncepcje usprawnień? Początkowo możesz otrzymać głupie lub nieznaczące odpowiedzi, ale wkrótce staną się one bardziej przydatne.
- Sporządź protokół z zebrania, który przede wszystkim podsumuje rezultaty. Udostępnij go uczestnikom, najlepiej jeszcze w trakcie lub na koniec zebrania. Wpisywanie notatek i pokazywanie ich wszystkim przez cały czas (na przykład za pośrednictwem cyfrowego rzutnika) jest najlepszym sposobem upewnienia się, że wszystko zostało przedstawione właściwie i nikt nie będzie później argumentować, że jakieś decyzje nie zostały podjęte lub że zrozumiał je inaczej. Wyznacz osoby, które będą kontynuować każde zagadnienie i jednoznacznie określ, co powinny zrobić, jak również ustal datę końcową.

Wykorzystanie obszaru roboczego spotkania

Na ostatnich stronach tego rozdziału postanowiliśmy zamieścić skrótowe wprowadzenie do Microsoft SharePoint. Jeśli w sieci twojej firmy działa Windows Server 2003/ Windows Server 2008, możesz użyć Microsoft SharePoint Foundation (Windows SharePoint Services), będący częścią podstawowego pakietu. A nawet jeśli w firmie nie ma serwera tego rodzaju, można wydzierżawić takie usługi od zewnętrznych dostawców, by móc korzystać z witryny SharePoint w Internecie. Można też wykorzystać rozwiązanie SharePoint Online, które jest częścią Microsoft Office 365 (oparte na chmurze aplikacje Office oferowane przez Microsoft Online Services, dostępne za niewielką miesięczną opłatą na użytkownika). Jeśli nie wiesz, czy takie funkcje są dostępne ani jak skonfigurować nową witrynę SharePoint, zwróć się o pomoc do administratora systemu i jeśli trzeba, zażądaj konta użytkownika w SharePoint.

Co mogą dać obszary robocze projektu/spotkania w witrynie SharePoint? Można przecież umieścić dowolne dokumenty potrzebne do przygotowania zebrania, podobnie jak porządek dzienny, bezpośrednio w wezwaniu na spotkanie lub przesłać je pocztą elektroniczną, bez potrzeby korzystania z SharePoint. Jednak ta staromodna metoda (bez SharePoint) ma wiele wad:

- Jeśli porządek dzienny (lub inne dokumenty) ulegnie zmianie – co często się zdarza, gdyż w wezwaniu na spotkaniu w praktyce wysyłasz tylko propozycję, która może zostać zmieniona przez innych uczestników – wszyscy inni muszą szukać najnowszej wersji w twoich mailach lub za każdym razem nowa wersja usunie plik dołączony do terminu spotkania i zastąpi go nowym. Zgodnie z prawem Murphy'ego, zawsze znajdzie się ktoś, kto posłuży się nieaktualną wersją, gdy będzie szukał potrzebnych danych krótko przed zebraniem.
- Inną niedogodność można zilustrować na przykładzie: przyjmijmy, że Melissa wysyła porządek dnia wraz z kilkoma innymi dokumentami. Zarówno Robin, jak i Boris, każdy z osobna, myśli o drobnych uzupełnieniach i zmianach, które każdy z nich notuje w ciągu dnia i przesyła do Melissy wieczorem. Teraz ma ona dwie różne „nowe" wersje plików z różnymi zmianami – częściowo w tych samych partiach dokumentu, więc nie ma możliwości scalenia ich ręcznie poprzez kopiowanie i wklejanie. Sytuacja wymaga sporo pracy i dalszych pytań o wyjaśnienia – byłoby znacznie lepiej, gdyby najpierw jedna z tych osób przeedytowała plik, gdy druga (wiedząc, że edycja ma miejsce) zaczekała i dopiero później zajęła się już uaktualnionym plikiem.
- Nawet jeśli nie będzie trzeba sobie radzić z takimi równoległymi zmianami, które kończą się konfliktem, niektóre tematy zebrań mogą wyzwolić prawdziwy zalew maili z dodatkowymi dołączonymi dokumentami i sugestiami zmian, na które indywidualni uczestnicy odpowiedzą swoimi komentarzami w jeszcze liczniejszych wiadomościach. Staje się to jeszcze bardziej skomplikowane, gdy spróbujesz uzyskać kolektywną opinię na temat problemu: jedna osoba wysyła pytanie do wszystkich, wszyscy odpowiadają do wszystkich. Na koniec okazuje się, że trzeba zebrać wiadomości z kilku dni, aby uzyskać przekrojową opinię. Ponieważ prosta odpowiedź z „Tak" lub „Nie" lub jedną z czterech opcji może się wielu wydawać zbyt zdawkowa, większość osób doda parę wierszy, które nie są naprawdę potrzebne, ale sprawiają, że ocena jest jeszcze trudniejsza.

Zalety obszarów roboczych zebrania

SharePoint może w tym pomóc, pozwalając utworzyć centralną witrynę zespołu w intranecie firmy. Witryny takie mogą być utworzone bezpośrednio z wezwania na spotkanie i później wywołane z tego samego miejsca. Jeśli użyjesz SharePoint w taki sposób, aby przygotować zebranie, utworzona witryna nazywana jest „obszarem roboczym spotkania"*. Korzystanie z takich obszarów roboczych ma następujące zalety:

- Wszystkie dane przechowywane są w jednym miejscu – jak na tablicy ogłoszeniowej. Nie musisz już sortować i przeglądać setek maili z danymi dla kolejnych 20 spotkań; zamiast tego możesz znaleźć wszystkie dane do każdego zebrania w jednym miejscu i zawsze aktualne.
- Możesz również przechować tam wszystkie powiązane dokumenty. Dostępne są tu funkcje pozwalające na zablokowanie dokumentu na czas jego edycji. W ten sposób inni wiedzą, że nie mogą go edytować w tym samym czasie, ale mogą, jeśli trzeba, poprosić o jego udostępnienie ponownie.
- Obszary robocze spotkań są łatwe w obsłudze i bardzo intuicyjne. Przy użyciu kilku kliknięć można utworzyć dyskusję, taką jak forum, która uchroni przed zalewem maili i którą można później przejrzeć, ocenić i podsumować znacznie łatwiej, niż indywidualne wiadomości w skrzynce odbiorczej.
- Możesz być powiadamiany natychmiast (lub w określonym czasie) o wszystkim, co jest istotne, bez dostawania wiadomości o innych zmianach: na przykład Robin chce tylko szybko przejrzeć ostatnią wersję dokumentów krótko przed zebraniem, aby móc się przygotować. Dokumenty te zawierają już wiele zmian, ale nie interesuje go historia tych modyfikacji – liczy się tylko rezultat. Charlie jest informowany o wszystkich zmianach i wpisach w dyskusji na tematy, za które jest odpowiedzialny, raz dziennie w podsumowującym mailu. Holly jest natychmiast powiadamiana o zmianach dotyczących podlegającemu jej punktowi programu, ale nie o innych poprawkach i tak dalej.

Obszar roboczy spotkania można utworzyć kilkoma kliknięciami bezpośrednio w wezwaniu na spotkanie w Outlook 2003, Outlook 2007 lub Outlook 2010 i później otworzyć witrynę z terminu utworzonego przez wezwanie. W przypadku korzystania ze starszej wersji programu Outlook lub innego programu pocztowego można otworzyć łącze zawarte w zaproszeniu w przeglądarce i także uzyskać dostęp do danych. Ponieważ dane przechowywane są online, można uzyskać do nich dostęp z dowolnego komputera, na przykład gdy nie masz ze sobą swego

* W angielskiej wersji programu SharePoint stosowana będzie nazwa „meeting workspace" (przyp. tłum.).

własnego (przy założeniu, że zapisałeś łącze i że ten drugi komputer jest połączony z Internetem lub firmowym intranetem zawierającym witrynę).

Uwaga Każdy, kto chce otworzyć obszar roboczy spotkania (witrynę SharePoint), musi dysponować odpowiednią nazwą użytkownika i hasłem. Poszczególni użytkownicy mogą mieć różny poziom uprawnień, na przykład mogą mieć tylko prawo do odczytu; do czytania, zmieniania i dodawania elementów; do przeprojektowywania strony; zapraszania nowych użytkowników albo prawa administrowania użytkownikami. Można zatem przyznać poziom dostępu Odczyt lub nawet Zapis do informacji w obszarze roboczym klientom lub firmom partnerskim, którzy jednak nie uzyskają dostępu do innych zasobów sieciowych. W tym celu witryna musi być dostępna spoza sieci firmowej. Zapytaj administratora systemu, jak jest to obsługiwane w twojej firmie, czy i jak można uzyskać dostęp do witryny z zewnątrz (na przykład przez Internet lub specjalną część intranetu) i kto, gdzie i jak może przyznawać prawa użytkownikom.

Automatyczne powiadamianie o istotnych zmianach

Obszar roboczy spotkania może samoczynnie przesyłać wiadomości o zmianach w porządku dnia, nowych lub dołączonych dokumentach, przesunięciu terminu lub lokalizacji spotkania. Większość osób zwykle nie jest zainteresowanych wszystkimi punktami zebrania, listą uczestników i innymi podobnymi sprawami, ale chciałaby otrzymać powiadomienia o zmianach dotyczących spraw, które uważają za interesujące. Aby uniknąć zbyt wielu powiadomień o zmianach, można ręcznie ustawić powiadomienia dla wybranych elementów i określić, jakie zmiany mają być zgłaszane i jak często.

Korzystanie z bibliotek dokumentów

Jeśli kilka osób powinno zrecenzować lub przeredagować ten sam dokument przed spotkaniem, to zgodnie z prawem Murphy'ego nic się nie będzie działo przez cały tydzień, po czym wszyscy wezmą się za to w tym samym momencie: jeden wstawi nowe hasła i zdjęcia, inny najnowsze dane i liczby, zaś trzeci zmieni ogólną koncepcję graficzną, ale każdy zrobi to na swojej własnej kopii starego pliku. W efekcie otrzymujesz trzy nowe pliki, z których każdy nie zawiera dodatków i zmian wprowadzonych przez pozostałych dwóch kolegów, zatem w rzeczywistości żaden nie jest aktualny. Co więcej, pliki nie pasują do siebie i „scalenie" ich wymaga dodatkowej pracy, dodatkowej wymiany wiadomości i tydzień po zebraniu nadal nie jesteś w stanie znaleźć najnowszej wersji, w której ktoś pracowicie wprowadził wszystkie poprawki…

Oto rozwiązanie: Dodaj do obszaru roboczego bibliotekę dokumentów, umożliwiającą zarządzanie współużytkowanymi plikami (rysunek 5-11). Następujące funkcje zapewniają szczególną użyteczność bibliotek dokumentów:

- Możliwość prowadzenia dyskusji o dokumentach, tak jak na forum online (zamiast przesyłania oddzielnych wiadomości do wszystkich, dzięki czemu wszystkie uwagi i komentarze są zebrane razem i tylko osoby zainteresowane tematem są powiadamiane o nowych uwagach).
- Możliwość zablokowania dokumentów* na czas edycji i ponownego przywrócenia dostępności po jej ukończeniu (gwarantuje to, że plik może być redagowany tylko przez jedną osobę na raz).
- Możliwość utworzenia i przejrzenia historii wersji, co pozwala śledzić zmiany i (jeśli zostanie skonfigurowane) przywrócić starsze wersje każdego dokumentu.

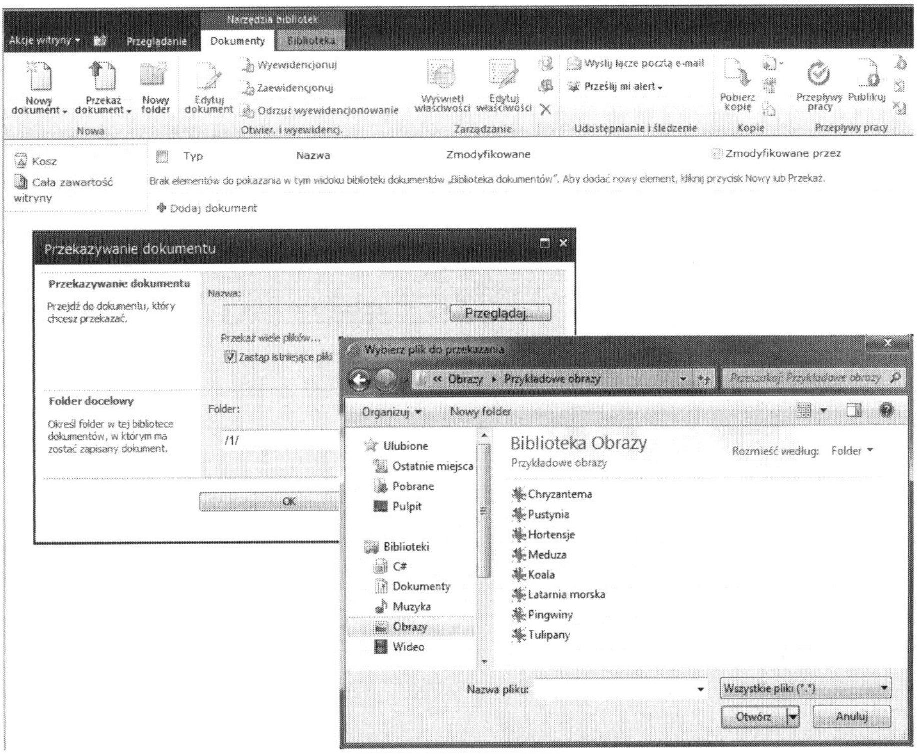

RYSUNEK 5-11 Korzystanie z bibliotek dokumentów pozwala uporządkować i śledzić zmiany wykonywane przez kilka osób, a tym samym uniknąć chaosu.

* „Check out" w angielskiej wersji SharePoint; czynność odwrotna to „Check in". W polskiej wersji serwisu wybrano dość nieszczęśliwe terminy „wyewidencjonowanie" i „zaewidencjonowanie" (przyp. tłum.).

Dostęp do tych funkcji umożliwia menu powiązane z wpisem dokumentu w obszarze roboczym. Po zablokowaniu dokumentu inni członkowie zespołu będą widzieć, że jest on edytowany. Wybranie opcji Check Out powoduje, że zmienia się ona na Check In.

Podczas odblokowywania dokumentu dostępne są następujące opcje:

- Odrzucenie zmian i cofnięcie do stanu sprzed zablokowania.
- Potwierdzenie zmian wykonanych do tej pory (tak by inni mogli pobrać poprawki), ale pozostawienie dokumentu w stanie zablokowanym do dalszej edycji.
- Potwierdzenie zmian i ponowne udostępnienie dokumentu.

Można również dodać komentarz, który wyjaśni rodzaj i powód wprowadzonych zmian – rzecz użyteczna, jeśli z jakiegoś powodu musimy odłożyć pracę nad tym dokumentem i wrócić do niego po dłuższym czasie.

Poznaj korzyści innych części witryn SharePoint

Poza podstawowymi elementami istnieje jeszcze wiele komponentów witryn SharePoint (zwanych Web Parts), z których można skorzystać. Najbardziej przydatne i ważne to:

- **Contacts (Kontakty)** Listy kontaktów z danymi adresowymi, na przykład klientów lub osób z firm współpracujących, które można wymieniać lub synchronizować z książką adresową programu Outlook. W ten sposób najprościej można utworzyć książkę adresową wspólną dla wszystkich członków zespołu.
- **General (Dyskusja ogólna)** Ten składnik Web Part pozwala utworzyć forum do przedyskutowania wybranego tematu.
- **Surveys (Ankiety)** Umożliwiają przeprowadzanie sond, głosowań i innych podobnych badań, udostępniając automatyczną analizę i graficzne przedstawienie wyników. Dostępne są różne typy pytań (takie jak lista opcji wyboru, Tak/Nie lub skala ocen), a także możliwość określenia, czy nazwiska uczestników powinny być widoczne i czy każdy może wziąć udział w ankiecie wiele razy, czy tylko raz.

Teraz twój ruch

1. Utwórz wezwanie na spotkanie, na przykład dla najbliższego zebrania zespołu lub zaplanowanej rozmowy telefonicznej. Wyszukaj wolny czas w kalendarzach kolegów, którzy mają być uczestnikami.
2. Poproś kolegę o wysłanie wezwania na spotkanie do ciebie, sprawdź proponowany termin w swoim kalendarzu, po czym zaakceptuj je lub zaproponuj inny termin.
3. Sprawdź spodziewane lub planowane zebrania na najbliższy miesiąc: które dałoby się zgrupować w jedno, anulować lub zastąpić telekonferencją lub sesją Live Meeting? Zadziałaj odpowiednio do uzyskanych wniosków.
4. Wspólnie ze swoim zespołem znajdź wygodny termin dla zebrań, uzgodnij znaczenie statusu Nieobecny i poszukaj sposobów optymalizacji zebrań w przyszłości (takich jak ustalenie maksymalnego czasu trwania, liczby punktów porządku dziennego lub wykorzystanie obszaru roboczego spotkania).
5. Wprowadź swój urlop jako całodniowy termin pokazywany jako Nieobecny. Ustaw właściwe wartości pola **Pokaż jako** dla wszystkich terminów w najbliższych dwóch tygodniach i oznacz odpowiednio wszystkie terminy prywatne. Jak najszybciej sprawdź pozostałe przyszłe terminy, które są już wprowadzone i od tej chwili w ten sposób traktuj wszystkie nowe terminy.
6. Jeśli używasz Outlook 2010/Outlook 2007, wyświetl swój kalendarz wraz z kalendarzami dwóch kolegów w trybie nakładki dla całego tygodnia i wyszukaj wolnego terminu dla całej trójki.
7. Wpisz przynajmniej pięć osobistych spraw do kalendarza (na przykład jogging, randka lub trening aikido) i oflaguj je jako prywatne.

ROZDZIAŁ 6

Jak wykorzystać OneNote do zapisywania celów, pomysłów i przechowywania notatek

„Wszystko zapamiętane!"

W tym rozdziale pokażemy, jak:

- Opanować podstawy sporządzania notatek w OneNote.
- Pracować z sekcjami, notesami i stronami.
- Rejestrować protokoły z zebrań.
- Używać łącznie programów Outlook i OneNote.
- Dołączać dokumenty do notatek.

GROMADŹ SZCZEGÓŁOWE NOTATKI i zapis przebiegu spotkania, a także pomysły, cele, wstępne szkice i zarysy w cyfrowym notesie: dzięki Microsoft OneNote zawsze będziesz miał potrzebne dane wprost przed sobą (także w podróży, jeśli używasz laptopa), mogąc wykonywać wyszukiwanie pełnego tekstu, mieć na widoku dalsze czynności i wymieniać dane z innymi aplikacjami Microsoft Office.

Do tej pory zajmowaliśmy się tym, jak Microsoft Outlook może pomóc w zarządzaniu pocztą elektroniczną i planowaniem zadań i terminów. Co jednak z tymi wyszukanymi koncepcjami, które zawierają obrazy i szkice? Gdzie tworzyć protokoły zebrań, cele i wstępne zarysy planów? Takie rzeczy zwykle powstają na papierze (który i tak jest potrzebny do kontraktów, ulotek, faktur czy formularzy i dla tych papierów potrzebny jest jakiś system porządkujący). A później często okazuje się, że nie da się ich odnaleźć.

Filozofia Robina

Musi istnieć jakiś wszechświat równoległy – Robin jest tego pewien. Taki, w którym pracownicy biurowi stale mają zbyt wiele dokumentów i nie mają najmniejszego pojęcia, skąd się wzięły, gdyż wiele pojedynczych kartek papieru losowo przedostaje się przez dziurę w piątym wymiarze, z naszych biurek na ich. Wydaje się to jedynym możliwym wyjaśnieniem po trzech godzinach bezowocnych poszukiwań. Trzy strony z jego pięciostronicowego protokołu zebrania, z bardzo ważnymi szczegółami wielkiego zamówienia zniknęły. Jak dotąd, dwukrotnie przekopał się przez wszystkie sterty papieru w swoim pokoju, a niektóre przewertował pięć razy.

Raz na jakiś czas niektóre dokumenty wracają, pojawiając się nagle kilka tygodni później w miejscach, które na pewno zostały starannie przeszukane wcześniej. Tak jak teraz, gdy znalazł kartkę ze zmyślnymi pomysłami na nowy projekt. Niestety, miesiąc temu udało mu się odtworzyć niewiele ponad połowę z nich, a dziś jest już o wiele za późno na resztę, pomimo tego, że są w śród nich świetne koncepcje, które naprawdę by się zwróciły, gdyby był w stanie kontynuować. Ale co mógłby zrobić? Jest twórczym myślicielem, który potrzebuje większej swobody, niż daje jej pisanie tekstu wiersz po wierszu. Dlatego przychodzące pomysły notuje na indywidualnych świstkach albo, gdy akurat rozmawia przez telefon i nie ma pod ręką czystej kartki, robi notatki na odwrocie zużytych kopert lub na kartkach zawierających już inne notatki. Zbyt wielkim kłopotem byłoby przepisywanie wszystkiego od razu, a ponadto w ten sposób przez ileś godzin lub dni te notatki są cały czas na widoku. Aż do chwili, gdy nie przełoży jednego ze stosów papieru szukając czegoś i nie położy innych 20 stron na wierzchu albo gdy coś się z nich zsunie...

Robin wiele podróżuje i powinien porozkładać wszystko po segregatorach lub szufladach. Konieczność rozdzielania i sortowania wszystkich rzeczy przed każdą podróżą w interesach jest irytująca, a do tego w bagażu nie ma dość miejsca na te wszystkie foldery. Nie ma też żadnej rozsądnej opcji porządkowania dokumentów i notatek zebranych w długiej podróży. Istnieje tylko jedno wyjście: musi znaleźć sposób, aby móc wykorzystać swój laptop do sporządzania notatek i planów w tak samo kreatywny sposób jak na papierze.

Dlaczego ważne dokumenty i notatki ciągle się gubią?

Nawet najbardziej wyrafinowany system porządkowania papierowych dokumentów osiąga kiedyś swoje granice użyteczności lub korzystanie z niego staje się skrajnie trudne, jeśli chcielibyśmy móc zobaczyć wszystkie otwarte zagadnienia i następne działania dla wielu zagadnień jednocześnie. Dodajmy do tego potrzebę odwoływania się do plików elektronicznych, potrzebę dostępu do wielu informacji podczas podróży lub spotkania lub konieczność wstawienia kilku dodatkowych wierszy, danych lub ilustracji w konkretnym miejscu. A gdy nie masz swoich notatek podczas podróży, gdy nie możesz natychmiast wstawić na miejsce lub odnaleźć czegoś bez odchodzenia od biurka, najprawdopodobniej przestaniesz w ogóle porządkować większość rzeczy i zaczniesz je gubić (lub nadal je mieć, ale bez szans na ich odnalezienie).

Zacznij to zmieniać!

Aby móc pracować optymalnie i radzić sobie z celami, szkicami, szczegółowymi notatkami lub protokołami zebrań, potrzebujesz systemu, który zapewnia następujące cechy:

- Zdolność do pracy intuicyjnej, tak jak na papierze, z dostatecznie dużymi stronami i miejscem na kreatywność, przy czym sam system nie powinien pochłaniać zbyt wiele uwagi, aby można było skupić się na treści zapisu, a nie na samej czynności jego tworzenia.
- Możliwość wyróżniania tekstu oraz narzędzia rysunkowe.
- Sortowanie na wielu poziomach i w tym samym czasie możliwość wyświetlenia możliwie wielu informacji jednocześnie.
- Pojemność wystarczającą do przechowywania wszystkiego na laptopie w trakcie podróży i łatwość tworzenia kopii zapasowych.
- Metody szybkiego i automatycznego przeszukiwania wszystkich lub tylko wybranych obszarów.
- Możliwość przeglądu otwartych zadań, pytań, ważnych uwag i jeszcze więcej w różnych obszarach.
- Zdolność do dołączania plików (arkuszy Microsoft Excel, szkiców, ilustracji i tak dalej) i łatwego wklejania wiadomości mailowych oraz kopiowania danych z i do innych aplikacji, szczególnie do Microsoft Outlook (w celu planowania zadań i terminów).

Wreszcie miejsce i system dla wszystkich notatek

Jak wiele wspaniałych pomysłów po prostu zapomniałeś lub nigdy nie wykorzystałeś? Jak wiele interesujących i pomocnych informacji zdobyłeś na wykładach lub prezentacjach, ale zapomniałeś je kilka dni później, jeśli wykładowca nie pozwolił ci stworzyć planu działania lub zapisać notatek i celów?

Wskazówka Ważne rzeczy należy zawsze *rejestrować* (*zapisywać*) – przy czym należy to robić w sposób strukturalny, używając systemu, który pomoże w porządkowaniu, sortowaniu i przeglądaniu notatek i dalszych działań.

Korzystanie ze strukturalnego systemu przy planowaniu

Najlepszy pomysł nic nie jest wart, jeśli zapomnisz go, zanim nadejdzie krytyczny moment. Jeśli robisz przerwę w zebraniu, jesteś w środku gorączkowego dnia targów lub jedziesz pociągiem i nagle przyjdzie ci do głowy wspaniały pomysł nowego projektu, idealnego prezentu urodzinowego dla żony lub całej masy rzeczy, które mógłbyś robić na urlopie, będziesz mógł zapisać to natychmiast, o ile masz dobrze uporządkowany system. W ten sposób nic nie zostanie utracone.

Przypomnijmy podstawy planowania pisemnego z rozdziału 2, „Jak efektywnie określać priorytety zadań". Plany muszą powstawać na piśmie, tak jak umowa ze sobą samym. W ten sposób podświadomie będziesz czuł się zobligowany do postępowania zgodnie z planem. Będziesz jasno widział cele, które powinieneś osiągnąć w nadchodzących tygodniach lub na najbliższym zebraniu i będziesz do tego mentalnie przygotowany. Przygotuj sobie konspekt dla ważnej rozmowy telefonicznej i rób notatki w jej trakcie. W ten sposób nie zapomnisz ani nie pomylisz niczego – zakładając, że notatki są poprawne i że będziesz umiał znaleźć je później. Nawet po tygodniach ciągle będziesz miał pod ręką dokładne informacje i mógł przełożyć całą swoją inteligencję na większą kreatywność i myślenie o rzeczach ważnych, zamiast próbować wszystko zapamiętać.

> *Notatki odłożone na potem to notatki niezapisane.*
>
> – Autor nieznany

Najlepsze pomysły nie pojawiają się na życzenie w biurze czy na zebraniu, ale zwykle dopiero wtedy, gdy podświadomość przetworzy informację i umysł zajęty jest czymś innym. Albo odwrotnie, gdy nie ma zbyt wiele roboty i może wykorzystać zwolnione zasoby: podczas spaceru, nocą przed zaśnięciem (niestety, zaśnięcie podczas zebrania się nie liczy), podczas biegu, pod prysznicem, na lotnisku, gdy szukasz bramki wyjściowej i tak dalej. Dlatego zawsze powinieneś mieć swój system do notowania ze sobą lub przynajmniej tak blisko, aby móc zapisać nowy pomysł przy najbliższej okazji, najdalej kilku minut później. Spraw sobie pewien rodzaj „schowka" (więcej na ten temat wkrótce) na takie przypadki, gdy właściwy system notatnikowy nie będzie dostępny. Wpisuj swoje pomysły do systemu notatek, aby mieć je pod ręką i móc kontynuować pracę nad nimi na następnym zebraniu, podczas planowania projektu i tak dalej.

Notatki powinny być dostępne, gdy ich potrzebujesz

- Zapisuj pomysły natychmiast, jak o tym pomyślisz – im później je zanotujesz, tym mniej będą precyzyjne. Im więcej już zdążysz zapomnieć, tym więcej energii i koncentracji potrzeba, aby przypomnieć sobie szczegóły.
- Zgubione notatki są równie bezużyteczne, jak zapomniane. Zbuduj system rejestrujący, który pozwoli zapisywać informacje w sposób strukturalny i ułatwi ponowne odszukanie. W przypadku papierowych dokumentów istnieją skoroszyty z różnymi kieszonkami, zakładkami i kolorowymi stronami. Komputer dysponuje funkcją wyszukiwania, ale korzystanie z niej często wymaga więcej czasu (ponadto możesz musieć znaleźć „tę jedną" informację w wielkiej liczbie wyników) niż sięgnięcie do określonej lokalizacji i otwarcie potrzebnego pliku – wszystko to kilka kliknięć i niewiele ponad jedną sekundę. Nawet najlepszy algorytm wyszukiwania nie pomoże, jeśli nie będziesz pamiętał właściwego słowa kluczowego, ale jego synonim lub tylko ogólny opis. Jeśli jednak wszystko będziesz przechowywał zgodnie z własnym sposobem myślenia, na pewno znajdziesz ponownie potrzebny element. Poza wszystkim strukturalne przechowywanie pozwala uniknąć zapisywania różnych rzeczy we wszystkich możliwych miejscach bez żadnego systemu: będziesz w stanie lepiej wykorzystać swoje notatki później i łatwiej będzie ci przeglądać wyniki wyszukiwania.
- Staraj się zapisywać wszystko tam, gdzie powinno od razu być, i w taki sposób, aby sens był oczywisty. Czy kiedykolwiek przepisywałeś zwykłe notatki, aby były bardziej czytelne, jeśli nie było to absolutnie niezbędne? Praktycznie nikt tego nie robi. Niemal zawsze wstępne notatki okażą się ostatecznymi lub będą tylko nieznacznie poprawione.

Czy twój laptop jest zagrzebany gdzieś w jednej z trzech walizek, pociąg ma nadjechać za minutę, a ty musisz zapisać parę uwag na temat właśnie zakończonej rozmowy telefonicznej? Bateria się rozładowała? Wpadło ci do głowy parę świetnych pomysłów w momencie, gdy stewardessa ogłosiła, że wszystkie elektroniczne urządzenia muszą zostać wyłączone albo gdy szedłeś od swojego biurka do ekspresu do kawy? Jeśli nie możesz od razu zapisać czegoś tam, gdzie należy, użyj „schowka" i utrwal w sobie zwyczaj przenoszenia notatek.

Wskazówka Zawsze warto mieć przy sobie mały notes i pióro, telefon komórkowy z funkcją notatek głosowych lub smartfon (aby móc od razu wpisać zadanie, termin lub uwagę – na przykład jako mail do samego siebie). Nabierz zwyczaju transferowania tymczasowych notatek przy najbliższej okazji: gdy wrócisz do biurka lub gdy załoga samolotu pozwoli na ponowne włączenie komputera – a jeśli bateria padła lub jesteś zbyt rozgorączkowany, jak tylko dotrzesz do hotelu (lub wieczorem przed wyjściem z biura). Następnie skreśl przeniesione notatki (w papierowym notesie) lub usuń je (z pamięci telefonu), aby się nie pomylić i od tego momentu korzystaj już tylko z wersji przechowywanej w „dużym systemie notatnikowym".

Ważne Aby nie zapomnieć o przenoszeniu notatek i w efekcie stracić niektóre, ważne jest, aby przyzwyczaić się do robienia tego automatycznie i tak szybko, jak to możliwe. Właściwego nawyku można nabrać już po paru tygodniach, łącząc czynność przenoszenia notatek z określonymi sytuacjami i zdarzeniami (takimi jak powrót do własnego biurka po spotkaniu/zebraniu czy kawie).

Nadal używasz papieru, choć masz laptopa?

Outlook może doskonale pomóc w zarządzaniu pocztą oraz planowaniu zadań i terminów. Struktura programu Outlook przypomina specjalizowaną bazę danych. Z jednej strony możesz skorzystać z wielu różnych funkcji, ale z drugiej sprawia to, że zarządzanie takimi informacjami, które nie pasują dokładnie do istniejącej struktury, jest trudne i mozolne. Funkcja notatek w Outlook jest raczej substytutem „żółtych karteczek" (i tak też wyglądają). Można w nich wpisywać tylko czysty tekst i nie oferują nawet ułamka funkcji dostępnych w zaawansowanych systemach notatnikowych.

Jeśli ktoś uparcie chce zarządzać wszystkim w Outlook, odrobiną kreatywnego myślenia może zmienić znaczenie określonych typów wpisów na odmienne od ich zamierzonego zastosowania. Na przykład można wpisać cele do osiągnięcia jako kontakty zawarte w oddzielnym folderze (aby móc łączyć je z zadaniami, terminami i mailami, dzięki czemu będą wyświetlane w widoku Działania tego kontaktu). Na notatki można utworzyć nowe foldery pocztowe, dzięki czemu każdy wpis otrzyma temat ułatwiający rozpoznanie i będzie można do nich dołączać pliki, ilustracje i korzystać z opcji formatowania. Większość uzna jednak takie metody za niewygodne w użyciu, gdyż cel nagle staje się kontaktem z wieloma niepotrzebnymi i niepasującymi polami, lub – co gorsza – prywatne rozważania na temat projektu znajdują się w mailu, który raczej nigdy nie powinien zostać wysłany... Inne aspekty praktycznego systemu notatnikowego też nie są dostępne, w szczególności swoboda kształtowania stron i zaawansowane opcje, takie jak budowanie konspektów i podsumowań oraz wgląd w otwarte (niezakończone) dalsze działania lub szczególnie ważne sekcje i przemyślenia.

Microsoft Word wydaje się lepiej przygotowany do tego celu ze względu na wyrafinowane opcje układu strony czy narzędzia rysunkowe. Jednak on również nie dysponuje cechami dobrego systemu notatnikowego i ma jeszcze inne wady: Word został zoptymalizowany do pracy z tekstem zróżnicowanej długości (z odsyłaczami, automatycznymi spisami treści i tak dalej) na jeden temat (na przykład książka, kontrakt lub protokół), ale nie z setkami dłuższych i krótszych notatek, pomiędzy którymi użytkownik chce się szybko przełączać. Obsługa notatek w programie Word wymagałaby zapisu po każdej edycji, co jest tak samo irytujące. Spowolniłoby to pracę i stwarzałoby ryzyko utraty danych, jeśli zdarzyłoby się zapomnieć zapisać po niewielkich uzupełnieniach lub przy szybkim przechodzeniu do innego tematu.

Na koniec niektóre informacje i tak są notowane na papierze, gdyż to daje niezbędną swobodę, jednak to podejście stwarza nieustające problemy, gdy zajdzie potrzeba posortowania, wyszukania lub szybkiego prześledzenia dalszych działań. Word ani Outlook nie oferują wystarczającej swobody i elastyczności, aby być dobrymi systemami notatnikowymi. Papier sprawia, że trudno jest kontynuować pracę w podróży, zabierać notatki ze sobą i odszukać je później. Aby uzyskać nie tylko część, ale wszystkie wymagania opisane w części „Zacznij to zmieniać" na początku tego rozdziału, potrzebny jest inny system.

Poznaj zalety OneNote

Ostatecznie taki system istnieje: Microsoft OneNote. Jest to program nowego typu, który najlepiej opisuje zwrot „cyfrowy notatnik". Jak można oczekiwać, nie jest odpowiedni do edytowania długich tekstów ani dla każdego pojedynczego terminu lub maila. Dla tych zadań Word oraz Outlook pozostają specjalizowanymi programami, które doskonale się sprawdzają w tych zastosowaniach. Jednak OneNote wreszcie udostępnia niemal doskonały cyfrowy system notatnikowy – do tego właśnie został stworzony. Wypełnia wszystkie wymagania wypunktowane w „Zacznij to zmieniać" i udostępnia dodatkowe korzyści. Najważniejsze z nich to:

- Szybkie przechodzenie pomiędzy stronami i możliwość dostępu do wszystkich stron naraz, bez konieczności ciągłego otwierania i zapisywania; zdolność do porządkowania stron w wielopoziomową strukturę folderów oraz sekcje.
- Swobodne rozmieszczanie informacji na stronie (bez stałych pól wprowadzania i nie tylko wiersz po wierszu).
- Kolory, ilustracje, oznaczanie tekstu, szkice, piórka do podkreślania i zakreślania, a także odręczne notatki.
- Błyskawiczne wyszukiwanie informacji, sprawdzające każde pojedyncze słowo ze wszystkich notatek sporządzonych w ciągu ostatnich paru lat, ale również z możliwością skupienia się na określonych obszarach; szybkie i łatwe publikowanie oraz przekazywanie notatek do innych osób.

- Prosta wymiana danych z innymi aplikacjami, wklejanie wiadomości pocztowych z programu Outlook i wstawianie łączy do plików.
- Specjalne znaczniki dla szczególnych danych, jak otwarte pytania, kluczowe frazy i zadania, które można włączyć dla pojedynczych stron, ich grup, określonych sekcji lub folderów.
- Dostępność tych funkcji na każdym komputerze stacjonarnym lub laptopie. W przypadku tabletu można dodatkowo użyć piórka i pracować niemal jak na papierze – ulepszonym cyfrowymi funkcjami.

Na następnych stronach tego rozdziału przedstawimy podstawowe funkcje OneNote, jak optymalnie zarządzać notatkami, pomysłami i innymi elementami – wszystkim tym, co znajduje się „na niższym poziomie szczegółów" lub „na wyższym poziomie planowania" niż Outlook (na przykład czyste gromadzenie koncepcji bez żadnego horyzontu czasowego lub zebranie wielu różnych tematów, wpływów i koniecznych dalszych działań). Poznajmy zalety, możliwości i potencjał OneNote i jego opcje współpracy z innymi aplikacjami, takimi jak Outlook.

Podstawy notowania w OneNote

OneNote 2003, OneNote 2007 i OneNote 2010 bardzo różnią się między sobą. Większość pakietów Office 2003 nie zawierała OneNote; także tylko niektóre wersje Office 2007 go obejmowały – program trzeba było zakupić oddzielnie. Z tego względu zajmiemy się tylko wersją OneNote 2010 – naszym zdaniem jest to najlepszy sposób wykorzystania miejsca dostępnego w tym rozdziale. Nawet jeśli ktoś używa Microsoft Office Outlook 2007 lub Microsoft Office Outlook 2003 i potrzebuje oddzielnie kupić OneNote, powinien zdecydować się na najnowszą i najbardziej rozbudowaną wersję OneNote 2010. Korzystając ze starszych wersji Outlook nadal można używać OneNote. Trzeba jednak zauważyć, że nie wszystkie funkcje integracji z OneNote, dostępne w Outlook 2010, będą osiągalne (na przykład Outlook 2003 nie rozpoznaje żadnych zadań bezpośrednio połączonych z OneNote, który zajmuje się synchronizowaniem stanu zaawansowania pomiędzy Outlook i OneNote, a tym samym tej funkcji nie można użyć w Outlook 2003 – bez względu na to, z której wersji OneNote się korzysta).

Ponieważ OneNote jest nowością dla wielu użytkowników, rozpoczniemy od podstaw. Na pierwszy rzut oka OneNote może się wydawać mało czytelny (patrz rysunek 6-1), szczególnie gdy spojrzymy na gęstwę funkcji i przycisków pojawiających się po kliknięciu jednej z kart (wyglądających podobnie do elementów menu). Jednak jeśli znasz najważniejsze funkcje programu Word, bardzo szybko przyzwyczaisz się do OneNote, gdy tylko zrozumiesz podstawowe różnice i poznasz nowe funkcje.

Skorzystaj ze struktury cyfrowego notesu

OneNote ma strukturę podobną do cyfrowego notesu – profesjonalnego terminarza, rozbudowanego elektronicznymi funkcjami. Dobry terminarz wyposażony jest w strony oddzielające, które pozwalają szybko otwierać wybrane sekcje zawierające uporządkowane strony, tak jak zakładka. Jednym prostym ruchem można przejść do projektów, notatek ze spotkań lub opisu celów. OneNote odtwarza tę strukturę w rozbudowanej formie zawierającej foldery i strony.

Struktura notesu

Notes OneNote zawiera strony, podstrony, sekcje i grupy sekcji podobne do folderów (patrz rysunek 6-1).

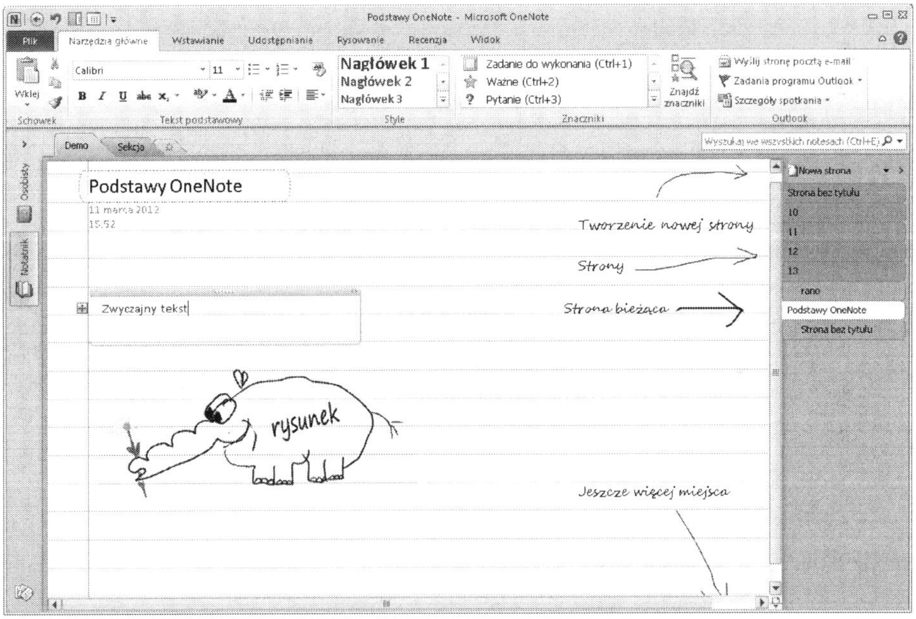

RYSUNEK 6-1 Wykorzystaj elastyczną, kreatywną koncepcję OneNote, działającą jak notatki na papierze w połączeniu z elektroniczną precyzją i porządkowaniem.

- Podstawowym elementem jest *strona*. Możesz na niej umieścić cokolwiek, jak na papierze, a w razie potrzeby wyświetlić w tle linie lub siatkę.
- U góry po lewej widoczny jest *tytuł strony*. Ułatwia szybkie odszukanie i otwarcie strony kliknięciem małej zakładki na prawo od strony.
- *Podstrona* jest oddzielną stroną ze swoimi własnymi informacjami, której zakładka jest wyświetlana z wcięciem w prawo, co pozwala na dalsze budowanie struktury notatek.

- *Sekcja* łączy wiele stron, tak jak zakładki w papierowym terminarzu. W prawej części okna widoczne są tytuły wszystkich stron w sekcji i można otworzyć każdą jednym kliknięciem. Możesz także utworzyć grupę sekcji (podobną do folderu zawierającego więcej niż jedną sekcję), klikając prawym klawiszem zakładkę sekcji i wybierając polecenie Nowa grupa sekcji.

- *Notes* zawiera wiele sekcji. Możesz go wykorzystać do tematycznego rozdzielenia sekcji (na przykład jeden notes dla różnych projektów, drugi do planowania urlopu i tak dalej).

Do czego służą podstrony?

Tworząc podstrony możesz uniknąć konieczności ciągłego przewijania. Podstronę tworzy się zamiast rozszerzania oryginalnej strony w dół. Korzyść: można bezpośrednio otworzyć podstronę w dowolnej chwili, klikając jej tytuł w prawym panelu (na liście tytułów stron bieżącej sekcji). Wada: im więcej podstron utworzysz, tym szybciej lista tytułów stron się zapełni (i skończy się to na tym, że będziesz musiał przewijać tę listę, aby zobaczyć te na końcu i nie będziesz już mógł ich otworzyć pojedynczym kliknięciem). Oznacza to, że można użyć podstron na przykład do zebrania protokołu zebrania na jednej stronie lub do rozwijania ważnych tematów, które zasługują na swoją własną część notesu. Tytuły podstron są wcięte o około trzy znaki w prawo w stosunku do stron głównych. Po kliknięciu podstrony prawym przyciskiem myszy (albo głównej strony zawierającej podstrony) można użyć polecenia Zwiń podstrony. OneNote ukrywa wówczas podstrony na liście tytułów, sygnalizując ich istnienie małą strzałką w prawo przy nazwie głównej strony. Kliknij tę strzałkę, aby ponownie wyświetlić podstrony.

Notes kontra sekcja

Sekcja zawiera jedną lub więcej stronę z podstronami powiązanymi tematycznie. Notes bezpośrednio nie może zawierać stron, tylko sekcje zawierające strony. Notesy służą więc jako dodatkowy poziom podziału. Na przykład notes Targi może zawierać sekcję na ogólne koncepcje i doświadczenia oraz dalsze sekcje dla poszczególnych wystaw, takie jak CeBIT 2012 i CeBIT 2013. W tych sekcjach możesz utworzyć strony poświęcone rozmowom prowadzonym na własnym stoisku, innym stoiskom, oglądanym prezentacjom, strukturze stoiska, planom podróży, przygotowaniom do targów i tak dalej.

Projektowanie struktury notesu

Struktura ta musi pasować do indywidualnego sposobu myślenia i pracy (jak w przykładzie opisującym zagadnienia związane z targami w poprzednim podrozdziale), aby móc intuicyjnie selekcjonować notatki i móc je szybko odnajdywać. W trakcie seminarium z małą grupą uczestników pracujących w podobnym środowisku moglibyśmy przeanalizować ich sposób pracy i dać bardziej konkretne sugestie, jednak książka jest zbyt ogólna, aby proponować spersonalizowaną strukturę notatek. Warto wrócić do przykładów i sugestii tworzenia systemu kategorii w rozdziale 3, „Jak uzyskać więcej czasu na rzeczy istotne przy użyciu planu tygodniowego" i budowania struktury folderów w rozdziale 1, „Jak nie utonąć w zalewie maili", aby zaprojektować swój własny system – najlepiej wspólnie z kolegą, który pracuje w analogicznym środowisku.

Notesy w sieci Web i udostępniane innym

Po kliknięciu karty Plik i wybraniu polecenia Nowy możesz umieścić notes na swoim lokalnym komputerze (stacji roboczej lub laptopie), w sieci firmowej lub w witrynie Web (na przykład w Microsoft SharePoint). Notesy zapisane w sieci Web mogą być używane z wielu komputerów (na przykład na komputerze biurowym, laptopie lub kieszonkowym netbooku w czasie podróży) i możesz je udostępnić innym użytkownikom, którzy nie mają dostępu do sieci firmowej (na przykład klientom, dostawcom, przyjaciołom, krewnym lub partnerom do tenisa, jeśli potrzebują oni przygotować się do wspólnego wydarzenia korzystając z twoich notatek).

Korzystanie z sekcji, notesów i stron

Notesy są pokazywane na lewo od aktualnie otwartej strony, sekcje są widoczne jako zakładki u góry strony, zaś inne strony z bieżącej sekcji widoczne są na prawo od aktualnej strony.

Tworzenie nowej sekcji

1. Kliknij pole **Nowa sekcja** na prawo od ostatniej istniejącej sekcji.

2. OneNote wstawi nową sekcję (folder) do listy sekcji na prawo od aktualnej sekcji i zaznaczy jej całą nazwę. Wpisz nową nazwę i potwierdź naciskając klawisz Enter (lub kliknij dowolne miejsce bieżącej strony, aby zaakceptować domyślną nazwę – będzie można ją przemianować później).

Tworzenie nowych stron i podstron

- Kliknij przycisk **Nowa strona**, zlokalizowany powyżej listy tytułów stron bieżącej sekcji, aby wstawić nową stronę na końcu sekcji. Alternatywnie możesz kliknąć strzałkę w dół po prawej stronie przycisku, aby wyświetlić menu – pozwala ono oprócz nowej strony wstawić nową podstronę bieżącej strony lub nową stronę opartą na szablonie.

Nawigowanie w sekcjach i notesach

- Kliknij nazwę sekcji lub notesu, aby go otworzyć.
- Jeśli nie wszystkie sekcje mieszczą się na szerokości okna, kliknij strzałkę z wielokropkiem na prawo od ostatniej widocznej zakładki.

- Aby bezpośrednio otworzyć sekcję znajdującą się w innym notesie niż aktualny, kliknij strzałkę w prawo umieszczoną po lewej w pasku nawigacji, aby go rozwinąć, po czym wybierz sekcję z wyświetlonej listy.
- Aby powrócić do poprzednio otwartego notesu/sekcji, kliknij przycisk **Wstecz** w lewym górnym rogu okna programu OneNote.

Otwieranie wybranych stron i podstron

- Kliknij tytuł strony na liście po prawej stronie ekranu, aby ją otworzyć.
- Jeśli nie wszystkie tytuły stron bieżącej sekcji mieszczą się na ekranie, po prawej pojawi się pasek przewijania, umożliwiający sięgnięcie do dalszego ciągu listy.

Przenoszenie lub kopiowanie strony

- Prawym przyciskiem myszy kliknij tytuł strony na liście i wybierz polecenie **Przenieś lub kopiuj** z menu podręcznego, po czym kliknij miejsce docelowe. To menu podręczne zawiera ponadto polecenia **Wytnij**, **Kopiuj**, **Wklej** oraz **Usuń**, dotyczące całych stron.

  Przytrzymując Shift lub Ctrl możesz zaznaczyć kilka stron przed wykonaniem powyższej czynności, aby przenieść (skopiować, usunąć) wszystkie te strony jednym ruchem.

Aby przenieść stronę do innego położenia w obrębie tej samej sekcji, wykonaj następujące czynności:

1. Kliknij tytuł strony i przytrzymaj przycisk myszy.
2. Przeciągnij stronę do nowej pozycji.

Wypełnianie stron

OneNote układa elementy strony w kontenery, które można swobodnie przenosić i łączyć. Kontener może zawierać na przykład tekst, obraz lub oba rodzaje zawartości jednocześnie.

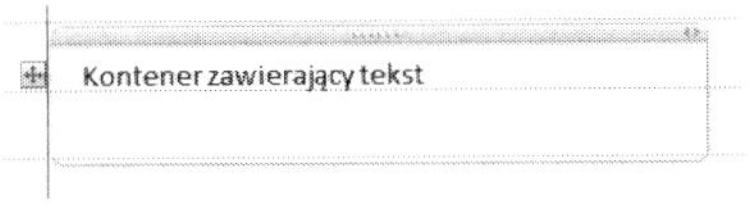

Jeśli włączysz narzędzie **Zaznacz i wpisz** zamiast pióra (pierwsza ikona po lewej na karcie Rysowanie), wszystkie kontenery wyświetlane są z barwną obwódką. Aktualnie wybrany kontener ma nieco ciemniejszy pasek przy górnej krawędzi. Gdy tylko wskażesz ten pasek, kursor myszy zmieni się na czterokierunkową strzałkę, pozwalając na przesuwanie kontenera z przytrzymanym przyciskiem myszy. Można również wskazać prawą krawędź kontenera i zmienić jego szerokość, przeciągając krawędź.

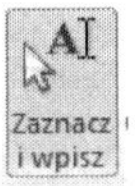

Jeśli chcesz przenosić tekst wewnątrz kontenera, możesz go zaznaczać, wycinać i wklejać, tak samo jak w programie Word. Każdy akapit w OneNote ma ponadto tak zwany *uchwyt akapitu*. Po wskazaniu akapitu OneNote wyświetla mały kwadracik z niebieskim tłem z czterostronną strzałką na lewo od pierwszego wiersza. Przeciągnięcie tego uchwytu powoduje przesunięcie akapitu w górę lub w dół lub jego wcięcie w stosunku do innych akapitów. Uchwyt ten pozwala również na przeciągnięcie akapitu do innego kontenera lub upuszczenie go na wolnym miejscu strony (OneNote utworzy wówczas nowy kontener dla przeciągniętego tekstu).

Funkcje tekstowe

- Kliknij istniejący kontener, aby dodać tekst, lub kliknij wolne miejsce na stronie, aby wpisać nowy tekst w nowym kontenerze.
- Podobnie jak w programie Word, możesz formatować tekst używając funkcji z karty Narzędzia główne.

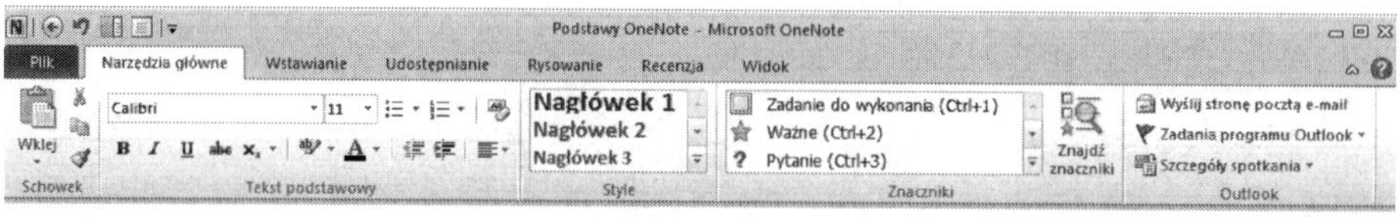

- Aby użyć różnych typów punktorów lub numerowania w listach wypunktowanych lub numerowanych, kliknij strzałkę obok odpowiedniego przycisku, aby otworzyć menu wyboru.

Wstawianie, przenoszenie i skalowanie obrazów

Istnieją trzy różne sposoby wstawiania obrazków do OneNote i ich modyfikowania:

- Skopiuj obraz (na przykład z programu graficznego) do schowka, następnie kliknij miejsce na stronie, w którym ma on zostać wstawiony do nowego kontenera i naciśnij Ctrl+V.
- Aby wstawić obraz z pliku na dysku komputera (lub z dysku CD albo udziału sieciowego), kliknij przycisk **Obraz** na karcie **Wstawianie** w grupie **Obrazy**.
- Aby wstawić obraz ze skanera lub aparatu fotograficznego, kliknij przycisk **Wydruk ze skanera** na karcie **Wstawianie** w grupie **Pliki**.
- Wstawione obrazy można przesuwać wewnątrz kontenera lub po całej stronie (razem z kontenerem). Kliknij obraz, aby go zaznaczyć, po czym przeciągnij go do nowej pozycji.

Aby zmienić wielkość obrazu, wskaż jeden z małych niebieskich prostokątów na brzegach ramki zaznaczenia (po jednym w każdym rogu i na środku każdej krawędzi). Kursor myszy zmieni się na dwukierunkową strzałkę. Przytrzymaj wciśnięty przycisk myszy i przeciągnij w odpowiednią stronę, aby zmienić rozmiar obrazu.

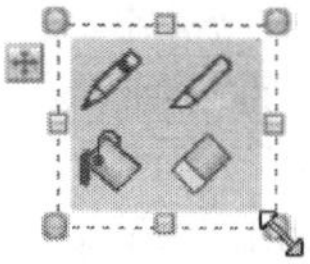

Wstawianie zrzutów ekranu do OneNote

Jeśli potrzebujesz dołączyć do notatek określony fragment menu, okno dialogowe lub pasek narzędzi, a także wtedy, gdy treść wyświetlana w aplikacji nie daje się łatwo wyeksportować, pomocna jest funkcja tworzenia wycinków ekranu:

1. Kliknij miejsce, w którym chcesz umieścić zrzut ekranu, aby utworzyć nowy kontener.

2. Otwórz aplikację, z której chcesz wykonać zrzut ekranu i przygotuj ją odpowiednio (na przykład otwórz okno dialogowe, które chcesz pokazać).
3. Naciśnij Alt+Tab, aby powrócić do OneNote. Kliknij przycisk **Wycinek ekranu** na karcie **Wstawianie** w grupie **Obrazy**. Okno OneNote zniknie, a druga aplikacja pojawi się „wyszarzona" na pierwszym planie, zaś kursor myszy zmieni kształt na celownik.
4. Umieść celownik w punkcie, który ma być narożnikiem tworzonego wycinka (na przykład w lewym dolnym rogu okna dialogowego) i kliknij przyciskiem myszy.
5. Przeciągnij do przeciwnego narożnika prostokąta, który chcesz skopiować.

   OneNote pokaże ramkę wokół aktualnie zaznaczonego obszaru i jego wnętrze nie jest już wyszarzone.
6. Po zwolnieniu przycisku myszy OneNote powróci na pierwszy plan, a na stronie pojawi się zrzut wybranego obszaru we wcześniej wskazanym miejscu na stronie OneNote.

Korzystanie z piór, markerów i kolorów

Wykorzystanie różnych kolorów pozwala zwiększyć czytelność notatek, ułatwia odnajdowanie elementów na stronie, a także umożliwia wyróżnianie kluczowych słów lub zwrotów lub odróżnianie od siebie różnych pomysłów. Na przykład tworząc notatki podczas wykładu możesz wykorzystać następujące kolory:

- Czarny dla ogólnych informacji.
- Czerwony dla tych rzeczy, nad którymi trzeba będzie popracować lub przejrzeć je przed innymi.
- Zielony dla przykładów lub koncepcji wskazujących, jak dany element można bezpośrednio zastosować w jednym z własnych projektów.
- Niebieski dla rozważań lub pytań, które pojawiły się podczas słuchania wykładu (jeśli na przykład podczas prezentowania metod ergonomicznej pracy chcesz zapamiętać doskonały sposób ilustrowania problemów i wykorzystać go podczas następnej prezentacji produktu u klienta).

Kolorowanie wpisywanego tekstu

1. Zaznacz tekst, który chcesz pokolorować, aby OneNote wyświetlił go z niebieskim tłem:
   - Kliknij pasek kontenera (górną krawędź), aby zaznaczyć całą zawartość.

- Litery, słowa lub fragmenty słów możesz zaznaczyć klikając przed pierwszą literą i przeciągając myszą do ostatniej litery, przytrzymując wciśnięty przycisk myszy.
- Podwójne kliknięcie słowa powoduje jego zaznaczenie.
- Potrójne kliknięcie wewnątrz akapitu zaznacza cały akapit. Ten sam efekt daje kliknięcie uchwytu akapitu (omówionego wcześniej).

2. Kliknij strzałkę przycisku **Kolor czcionki** na karcie **Narzędzia główne** w grupie **Tekst podstawowy** i wybierz kolor z palety.

   Istnieje także alternatywny sposób: po zaznaczeniu tekstu OneNote wyświetla półprzezroczysty mini-pasek narzędzi zawierający polecenia formatowania tekstu, bezpośrednio nad bieżącą pozycją kursora myszy (rysunek 6-2; mini-pasek jest słabo widoczny i jeśli mysz zostanie przesunięta w inną stronę, niż prosto do niego, zanika – z tego powodu wiele osób nawet nie zauważa go, szczególnie jeśli się spieszą; myślą, że to jest złudzenie optyczne lub błąd programowy ...). Przesuń kursor myszy w stronę paska narzędzi. Stanie się on nieprzezroczysty i wyraźny. Teraz kliknij strzałkę przy przycisku **Kolor czcionki** i wybierz odpowiedni kolor.

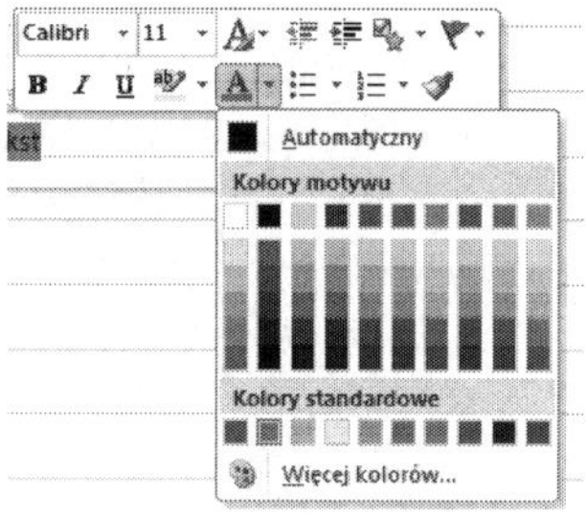

RYSUNEK 6-2 Mini-pasek narzędzi pozwala szybko zmienić kolor i inne atrybuty tekstu.

3. Jeśli nie chcesz kolorować samego tekstu, ale raczej jego tło, możesz użyć palety kolorów przycisku **Kolor wyróżnienia tekstu**, wyświetlanej po kliknięciu strzałki przycisku (aby usunąć takie wyróżnienie, zaznacz tekst i wybierz **Brak koloru** poniżej palety).

Korzystanie z zakreślaczy i piór

1. Otwórz kartę **Rysowanie** i kliknij wybrane pióro w grupie **Narzędzia**:

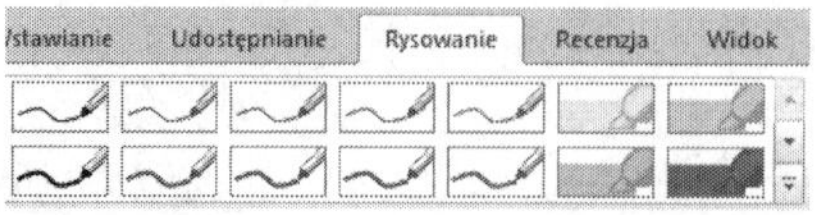

Kursor myszy zmieni kształt na pióro o wybranej grubości i kolorze. Zakreślacze tekstu to po prostu bardzo grube pióra z rozjaśnionym kolorem.

2. Kliknięcie myszą na stronie rozpoczyna rysowanie aż do momentu zwolnienia przycisku (przy korzystaniu z komputera typu tablet możesz użyć piórka i rysować wprost po ekranie, tak jak na papierze).
   - Aby wyjść z trybu pióra, kliknij **Zaznacz i wpisz** na karcie **Rysowanie**.
   - Aby usunąć cały rysunek, włącz narzędzie **Zaznacz i wpisz**, narysuj ramkę wokół rysunku przytrzymując przycisk myszy, po czym naciśnij Delete.
   - Aby usunąć tylko fragment rysunku (albo wtedy, gdy trudno jest narysować ramkę wokół czegoś, co leży pomiędzy innymi rysunkami), kliknij najpierw przycisk **Gumka**. Strzałka przycisku pozwala wybrać rozmiar gumki. Narzędzie to działa zgodnie z nazwą – usuwa rysunki i ślady zakreślacza kliknięciem na zamalowanym miejscu.

We wszystkich instrukcjach tego rozdziału zakładamy, że aktywny jest tryb Zaznacz i wpisz, o ile nie zostanie jawnie powiedziane inaczej. Z tego względu podczas lektury należy zawsze wracać do tego trybu po użyciu pióra.

Ustawianie obrazu jako tła

To, czy dodanie obrazu tła powoduje, że strona wygląda lepiej, jest kwestią gustu. Jednak opcja ta może się przydać, jeśli chcemy opisać fragmenty obrazu (dodać etykiety), obramować części obrazu narzędziami do rysowania, dodać strzałki, odręczne notatki lub wyróżnić jakiś element przy użyciu zakreślacza. OneNote wstawia obrazy do kontenerów, zatem jeśli na przykład tekst nad obrazem zostanie rozszerzony, obraz automatycznie przesunie się w dół, zachowując względną pozycję wobec tekstu. To zachowanie można jednak obejść, umieszczając obraz jako tło strony, dzięki czemu można po nim pisać i rysować. Łatwiej też będzie wtedy zaznaczać obiekty otaczające obraz bez przypadkowego zaznaczania lub przesuwania samego obrazu, gdyż nie można przenosić lub zaznaczać obrazu tła, o ile nie usunie się jego kotwicy.

1. Najpierw wstaw obraz zgodnie z wcześniejszym opisem i kliknij go, aby wyświetlić ramkę zaznaczenia dookoła.
2. Przeciągnij obraz z kontenera do wybranej pozycji poza nim (ważne: *nie* do pustego miejsca w innym kontenerze).
3. Kliknij obraz prawym przyciskiem myszy i wybierz polecenie **Ustaw obraz jako tło** z menu podręcznego.
4. Teraz możesz umieszczać tekst, rysunki i odręczne notatki bezpośrednio na obrazie (patrz rysunek 6-3). Jeśli zechcesz przesunąć go lub usunąć później, ponownie kliknij obraz prawym przyciskiem myszy i wyczyść zaznaczenie przy poleceniu **Ustaw obraz jako tło**.

Rysunek 6-3 Ustawianie obrazu jako tła pozwala rysować lub pisać po nim.

Dołączanie dokumentów jako obrazów

Jeśli często drukujesz dokumenty (na przykład teksty z programu Word) i następnie wykorzystujesz długopis lub zakreślacz do wyróżniania fragmentów tekstu, dodawania strzałek, symboli lub notatek na marginesach, możesz teraz robić to samo, ale w pełni elektronicznie w OneNote. Aby zagwarantować, że tekst zachowa miejsce i wygląd tak samo jak na papierze, nie ruszając się, gdy narysujesz nad nim strzałkę, po prostu ustaw go jako obraz tła.

1. Kliknij przycisk **Wydruk pliku** na karcie **Wstawianie** w grupie **Pliki**.
2. W oknie dialogowym **Wybieranie dokumentu do wstawienia** zaznacz odpowiedni dokument (na przykład plik programu Word, Microsoft PowerPoint, Microsoft Excel lub czysty plik tekstowy) i kliknij **Wstaw**.
3. OneNote wstawi hiperłącza do plików źródłowych, dzięki czemu będzie można szybko otworzyć oryginał. Poniżej OneNote wstawi poszczególne strony pliku jako obrazy (bez kontenera). Ustaw indywidualne obrazy jako tło, usuwając te strony, które nie są potrzebne.

   Teraz możesz pracować nad dokumentem używając zakreślaczy, piór, wpisów tekstowych lub odręcznych notatek we wszystkich dostępnych kolorach, tak jak na papierze, ale jednocześnie móc korzystać ze wszystkich dodatkowych funkcji OneNote, takich jak funkcja odwoływania zmian (Ctrl+Z), Gumka i wiele innych.

Zalety komputerów typu tablet

OneNote jest jeszcze bardziej praktyczny na komputerach typu tablet (przenośny komputer z dotykowym ekranem, na którym można posługiwać się specjalnym piórkiem lub po prostu palcami – choć piórko jest bardziej precyzyjne). Piórka można używać jako uzupełnienia myszy:

- Ponieważ piórem pisze się lub rysuje bezpośrednio na ekranie, wrażenie jest takie jak przy pracy na papierze, gdy dodaje się notatki do obrazów lub dokumentów lub po prostu coś zapisuje – tyle że tym razem robisz to od razu w cyfrowym formacie.
- Sporządzanie odręcznych notatek wymaga mniej uwagi; potrzebujesz tylko jednej ręki i znacznie mniej miejsca (niż w przypadku laptopa z klawiaturą).
- Funkcje wyszukiwania OneNote potrafią również odnajdywać liczby lub słowa wpisane odręcznie – nawet jeśli pozostawimy je w tej postaci. Przy pisaniu odręcznym postaraj się trzymać linii tła, na ile to jest możliwe. Pozwala to zwiększyć dokładność rozpoznawania znaków.
- Jeśli chcesz wpisać wiele tekstu, możesz zawsze przełączyć się na klawiaturę (co zapewnia szybsze pisanie i mniej problemów z rozpoznawaniem). Z drugiej strony odręczne wpisy na komputerze typu tablet leżącym na stole nie tworzy żadnej „bariery" pomiędzy tobą a osobą naprzeciw (w przeciwieństwie do otwartego laptopa, na którym piszesz), pozwala słuchać uważnie i – w odróżnieniu od klawiatury – nie powoduje żadnego hałasu podczas pisania.

Protokoły zebrań w OneNote

OneNote jest doskonale dostosowany do przygotowywania i prowadzenia zebrań, pokazów, ważnych rozmów telefonicznych, negocjacji i wielu innych działań biznesowych. W tym podrozdziale pokażemy najważniejsze wskazówki, które mogą być również przydatne w innych zastosowaniach, jak przygotowywanie projektu lub gromadzenie informacji, których nie potrzebujesz na spotkanie, ale po prostu do własnej pracy.

Utwórz stronę dla każdej ważnej rozmowy i wykorzystaj OneNote do wcześniejszego zgromadzenia pomysłów, przemyśleń i notatek, aby lepiej się przygotować. Podczas rozmowy rób notatki na temat uzgodnień, pytań, wyników i innych powiązanych informacji. Po zakończeniu zdefiniuj dalsze działania przy użyciu znaczników lub (najlepiej) jako pojedyncze zadanie dla każdego z nich, synchronizując je z programem Outlook. W razie potrzeby notatki możesz przekazać innym osobom i wykorzystać je do śledzenia i archiwizowania informacji, dzięki czemu wszystkie szczegóły będą nadal dostępne nawet po upływie wielu miesięcy.

Wykorzystanie konspektu podczas przygotowań

Konspekt tekstowy składa się z wielu poziomów – przykładem może być rozbudowany porządek dzienny, gdzie każdy punkt zawiera wiele elementów informacji, pytań lub sugestii. Dla każdej z nich może być wiele stwierdzeń, konsekwencji, przykładów i tak dalej.

Aby uzyskać szybki przegląd elementów porządku dnia i związanych z nimi sugestii lub by zobaczyć, które główne tematy zostały wybrane na briefing zespołu przed targami, możesz zwinąć konspekt, aby wyświetlany był tylko najwyższy poziom. Można także pokazać wszystkie detale podrzędnego elementu, ukrywając pozostałe informacje (patrz rysunek 6-4).

Oprócz szczegółowych planów spotkań, konspekty mogą być przydatne także w innych sytuacjach:

- Przygotowywanie prezentacji, raportów lub złożonych dokumentów.
- Zbieranie i ocenianie argumentów i kontrargumentów, zalet i wad, wymagań, warunków, kosztów i wyników lub decyzji.
- Pisanie raportów postępów/wyników lub protokołów z zebrań czy seminariów.
- Pisanie strukturalnego podsumowania koncepcji i uwag na określony temat.
- Definiowanie częściowych celów, małych kroków i indywidualnych celów dla długoterminowych przedsięwzięć lub planów, a także tworzenie wstępnych szkiców rozbudowanych projektów.

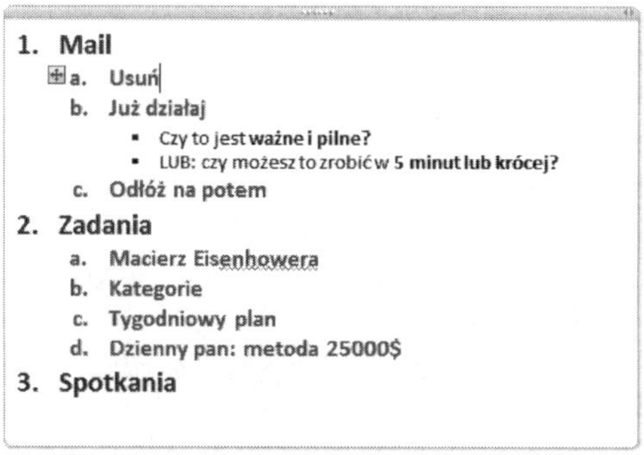

Rysunek 6-4 Wykorzystanie konspektu do nadania czytelnej struktury przygotowaniom do prezentacji

Tworzenie konspektu

1. Kliknij bezpośrednio przed pierwszym znakiem w wierszu (jeśli jeszcze nie wpisałeś żadnego tekstu, będziesz musiał utworzyć nowy kontener tekstowy).

Kursor znajduje się na początku wiersza. Jak dotąd, wszystkie wiersze mają poziom 1.

2. Aby wciąć wiersz o jeden poziom (czyli poziom 2, później 3 i tak dalej), naciśnij klawisz Tab. Alternatywnie kliknij przycisk **Zwiększ wcięcie** w grupie **Tekst podstawowy** na karcie **Narzędzia główne**. To można zrobić przy kursorze znajdującym się w dowolnym miejscu wiersza.

3. Aby dodać punktory lub numerowanie, wykorzystaj odpowiednie przyciski w grupie **Tekst podstawowy**.
4. Aby utworzyć nowy wpis na bieżącym poziomie, umieść kursor na końcu wiersza/akapitu (lub w określonym miejscu wewnątrz, aby podzielić bieżący akapit) i naciśnij klawisz Enter.
5. Aby przenieść nowy lub istniejący wiersz jeden poziom w lewo (na przykład po ukończeniu wpisywania podpunktów na poziomie 2 chcesz przejść do kolejnego punktu na poziomie 1), naciśnij klawisze Shift+Tab. Możesz także użyć przycisku **Zmniejsz wcięcie**.

Zwijanie i rozwijanie poziomów oraz zaznaczanie tekstu na określonym poziomie

- Aby zwinąć lub rozwinąć podpunkty wybranej pozycji konspektu, pozostawiając inne bez zmian, przesuń kursor myszy do wiersza z tą pozycją i podwójnie kliknij uchwyt akapitu na lewo od wiersza. Podpunkty zostaną ukryte, a obok pozycji pojawi się podwójny uchwyt akapitu (wyglądający tak, jakby rzucał cień). Ponowne podwójne kliknięcie rozwija element, ukazując jego podpunkty (patrz rysunek 6-5).

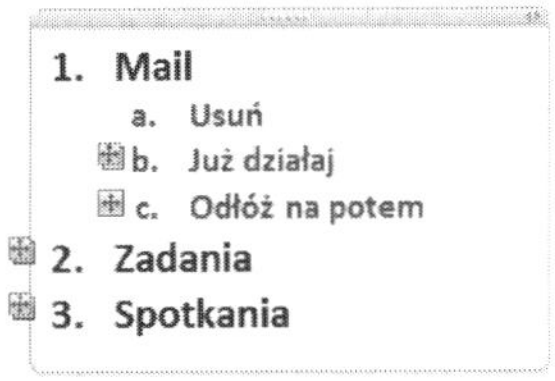

Rysunek 6-5 Zwinięcie konspektu pozwala zobaczyć równocześnie wszystkie elementy wyższego poziomu.

- Aby zaznaczyć cały tekst na określonym poziomie konspektu, najpierw zaznacz cały konspekt (na przykład klikając górną belkę kontenera), po czym kliknij go prawym przyciskiem myszy. W menu podręcznym kliknij **Wybierz**, a następnie **Wszystko na poziomie (numer)** w podmenu. W ten sposób można zaznaczyć wszystkie podpunkty na poziomie 3, aby ustalić ich formatowanie, na przykład niebieski kolor. Aby zaznaczenie było możliwe, poziom musi być widoczny (rozwinięty). Jeśli zwiniesz konspekt do poziomu 1, nie będziesz mógł zaznaczyć elementów poziomu 3.

Wskazówka Aby zwinąć/rozwinąć cały konspekt do określonego poziomu, zaznacz cały konspekt (na przykład klikając górną „belkę" kontenera) i naciśnij Alt+Shift+3 dla trzeciego poziomu (lub inną cyfrę pomiędzy 1 a 9 dla innych poziomów). Skrót Alt+Shift+0 rozwija wszystkie poziomy konspektu. Jeśli nie zaznaczysz całego konspektu, ale klikniesz wiersz zawierający jeden z nadrzędnych wpisów, skrót ten spowoduje zwinięcie/rozwinięcie podpunktów tego punktu konspektu.

Jeśli dodasz odręczne notatki lub szkice do konspektu, po czym rozwiniesz lub zwiniesz konspekt, tekst konspektu zmieni położenie. Jednak dodane szkice pozostaną w tym samym miejscu (to samo dotyczy obszarów wyróżnionych zakreślaczem). Możesz jednak uniknąć takiego zachowania w następujący sposób:

- Nie zwijać elementów konspektu, jeśli zawierają one uwagi lub dodatki wykonane narzędziami rysunkowymi.
- Jeśli tekst konspektu nie będzie już ulegał zmianie, skopiuj go naciskając Ctrl+C i wstaw kopię (Ctrl+V) poniżej lub na innej podstronie, na której będzie można rozwijać/zwijać poszczególne gałęzie, podczas gdy oryginał z notatkami będzie pozostawać całkowicie rozwinięta.
- Jeśli nie potrzebujesz notatek, a tylko chcesz wyróżnić kolorem fragment tekstu, możesz użyć narzędzia **Kolor wyróżnienia tekstu** w grupie **Tekst podstawowy** na karcie **Narzędzia główne**, zamiast zakreślacza. W ten sposób położenie koloru względem tekstu nie będzie się zmieniać.

Tworzenie tabel w OneNote

Aby jednoznacznie przedstawić informacje (na przykład założone cele finansowe dla każdego miesiąca roku i dotychczas uzyskane dochody), można użyć tabeli na bieżącej stronie OneNote. W tym celu możesz posłużyć się poleceniami w menu przycisku **Tabela** na karcie **Wstawianie** lub użyć klawiszy skrótów:

1. Umieść kursor na prawo od tekstu lub szkicu, który chcesz umieścić w pierwszej komórce tabeli (lewej górnej). Ważne: kursor *musi* być na prawo od tekstu (jeśli kursor znajdzie się na lewo od tekstu lub nic jeszcze nie zostało wpisane, OneNote wygeneruje kolejny poziom konspektu).
2. Naciśnij klawisz Tab, aby wstawić tabelę i przejść do kolejnej komórki (tabela początkowo ma tylko jeden wiersz i dwie kolumny; OneNote zaczyna drugą

kolumnę od znaku na prawo od bieżącej pozycji kursora). Alternatywnie możesz kliknąć **Wstaw tabelę** w menu przycisku **Tabela** na karcie **Wstawianie**.

3. Wpisz dane dla następnej komórki, po czym naciśnij Tab, aby utworzyć nową kolumnę/komórkę, a na koniec wiersza tabeli naciśnij Enter, aby wstawić nowy wiersz tabeli i umieścić kursor w pierwszej komórce nowego wiersza. Jeśli kursor nie znajduje się na końcu ostatniego wiersza tabeli, ale wewnątrz którejś komórki, naciśnięcie wstawia złamanie wiersza w tej komórce.
4. Jeśli bieżąca komórka jest ostatnią w ostatnim wierszu i chcesz wstawić złamanie wiersza, naciśnij Alt+Enter.
5. Naciśnięcia klawisza Tab pozwalają przechodzić do kolejnych komórek tabeli (z zaznaczeniem całej zawartości następnej komórki), a Shift+Tab powoduje ruch w przeciwną stronę (kursor przechodzi do poprzedniej komórki z zaznaczeniem całej zawartości).
6. Aby wstawić nową kolumnę po lewej lub po prawej stronie bieżącej kolumny, naciśnij Ctrl+Alt+E lub Ctrl+Alt+R odpowiednio.
7. Aby wstawić nowy wiersz poniżej aktualnego położenia kursora, naciśnij Ctrl+Enter.
8. Gdy klikniesz wewnątrz tabeli i przez cały czas, gdy kursor tekstowy tam się znajduje, OneNote wyświetla we wstążce kartę kontekstową **Narzędzia tabel/Układ**. Zawiera ona polecenia pozwalające zaznaczać wybrane wiersze/kolumny, ukryć obramowania lub zmienić wyrównanie tekstu i tak dalej.

Utrzymywanie dalszych działań i ważnych informacji na widoku

Znaczniki pozwalają wyświetlić informacje, które są rozproszone po wielu stronach, takie jak pytania bez odpowiedzi lub najważniejsze kluczowe zwroty. Elementy te są oznakowywane małymi kolorowymi znacznikami. Następnie można wyszukiwać te znaczniki na różnych stronach i zebrać cały tekst nimi oznaczony.

Ustawianie i usuwanie znaczników

1. Kliknij wiersz tekstu lub odręczną notatkę albo zaznacz rysunek.
2. Na karcie **Narzędzia główne** wybierz jedną z możliwości dostępnych w grupie **Znaczniki**. Dwie strzałki na prawo od listy znaczników pozwalają przewijać listę w górę i w dół, zaś strzałka poniżej powoduje rozwinięcie całej listy.

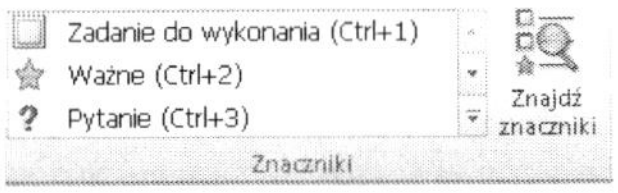

Możesz także użyć klawiszy skrótów pokazywanych obok nazw znaczników (od Ctrl+1 do Ctrl+9) do przypisywania odpowiednich znaczników.

3. Powtórz krok 2 z tym samym znacznikiem i zaznaczonym wpisem, aby usunąć znacznik. Możesz także usunąć wszystkie znaczniki z aktualnie wybranego wpisu poleceniem **Usuń znacznik** (na końcu w pełni rozwiniętej listy) lub naciskając Ctrl+0.

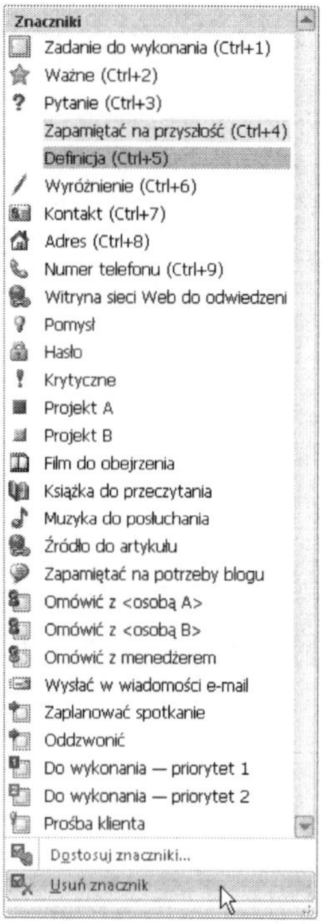

4. Po ustawieniu znacznika zawierającego pole wyboru (na przykład **Zadanie do wykonania**) można je włączyć – na przykład w celu oznaczenia zadania jako ukończonego. Ponowne przypisanie tego samego znacznika (drugi raz) również powoduje zaznaczenie pola wyboru.

Dostosowywanie dostępnych znaczników

1. Kliknij **Dostosuj znaczniki** w rozwiniętej liście dostępnych znaczników.

   OneNote otworzy okno dialogowe Dostosowywanie znaczników.

2. Kliknij wybrany znacznik i przenieś go w pożądane miejsce na liście, używając przycisków ze strzałkami w prawym górnym rogu okna dialogowego. Pierwszych dziewięć pozycji na liście ze zmienionym porządkiem może być przypisywanych za pomocą klawiszy skrótów.

3. Kliknij przycisk **Modyfikuj znacznik**, aby dokonać większych zmian. Dostępne możliwości obejmują nazwę znacznika, symbol (ikonę), kolor czcionki i wyróżnienia.

UWAGA Do jednego wpisu można przypisać wiele znaczników równocześnie. Blok tekstu może mieć wiele znaczników, ale tylko jeden kolor czcionki i wyróżnienia. Trzeba więc zachować ostrożność przy stosowaniu kolorowych zakreślaczy, aby się nie pogubić.

4. Potwierdź kliknięciem **OK** (znaczniki już nadane nie zostaną zmienione – modyfikacje dotyczą tylko nowo nadawanych znaczników).

Szybkie wyszukiwanie elementów opatrzonych znacznikami

1. Kliknij **Znajdź znaczniki** na karcie **Narzędzia główne** w grupie **Znaczniki**.
2. OneNote otworzy okienko zadań **Podsumowanie znaczników** w prawej części okna programu. Ukazuje ono wybrany tekst, odręczne notatki i rysunki, o ile mają one przypisane znaczniki.

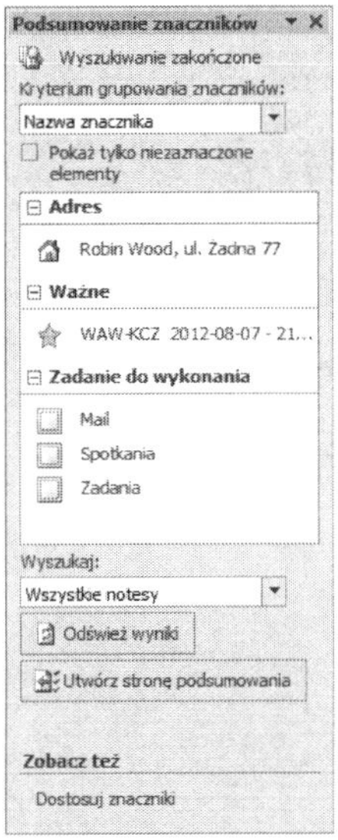

- Kliknięcie jednego z wymienionych wpisów powoduje skok bezpośrednio do strony, na której się znajduje, pozwalając zobaczyć kontekst i wykonać edycję.
- Podobnie jak w widokach grupowanych w programie Outlook, możesz ukryć lub wyświetlić wszystkie elementy podsumowania, klikając symbol przed jego nazwą.

- Na liście **Kryterium grupowania znaczników** umożliwia wybranie innych warunków grupowania wyników.
- Lista **Wyszukaj** umożliwia określenie, czy OneNote ma przeszukiwać cały bieżący notes, wszystkie notesy, strony zmienione lub dodane w minionym tygodniu czy po prostu bieżącą sekcję.
- Kliknięcie przycisku **Utwórz stronę podsumowania** powoduje, że OneNote tworzy nową stronę zawierającą kopię tekstu (rysunków czy też obrazu) wszystkich oznakowanych elementów w oryginalnym układzie. Strona taka pozwala na przykład wyświetlić otwarte zadania zapisane podczas spotkań na targach wraz z odpowiednimi nazwiskami i numerami telefonów z sekcji zawierającej wszystkie notatki z targów, dzięki czemu będziesz mógł je przenieść do kontaktów programu Outlook. Wskazanie wpisu na stronie podsumowania powoduje wyświetlenie łącza do oryginalnego oznakowanego wpisu (mała purpurowa ikona OneNote na lewo od uchwytu akapitu). Kliknij tę ikonę, aby przejść bezpośrednio do oryginalnego wpisu.

Korzystanie z wyszukiwania pełnotekstowego

W dobrze zbudowanej strukturze notesu zazwyczaj szybciej odnajdzie się konkretny temat wiedząc, gdzie się znajduje i po prostu klikając dwa lub (co najwyżej) trzy razy, niż korzystając z funkcji wyszukiwania, jednak ta funkcja jest świetnym uzupełnieniem, jeśli coś ci świta, że określony temat został omówiony na spotkaniu dwa lata temu, ale nie umiesz sobie przypomnieć, w której części notatek go zapisałeś.

1. Kliknij pole **Wyszukaj we wszystkich notesach** (na prawo od zakładek sekcji):

   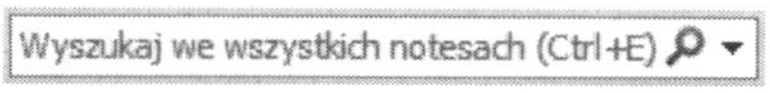

2. Kliknij strzałkę w prawo obok ikony lupy, aby zmienić obszar przeszukiwania w razie potrzeby.

3. Wpisz poszukiwany tekst. Wyszukiwanie rozpocznie się natychmiast i w trakcie pisania zaczną pojawiać się wstępne wyniki.

   Poniżej pola wyszukiwania OneNote wyświetla pomocniczy panel mieszczący w sobie tytuły wszystkich stron zawierających wyszukiwany tekst, jednocześnie wyróżniając kolorem trafienia bezpośrednio na aktualnie wyświetlanej stronie. Panel ten można nazwać „nawigatorem wyników".

4. Możesz teraz użyć klawiszy ze strzałkami lub myszy, aby przemieszczać się pomiędzy wynikami – po ich zaznaczeniu lub kliknięciu w głównym oknie pojawi się wyszukana strona z zaznaczonym trafieniem.

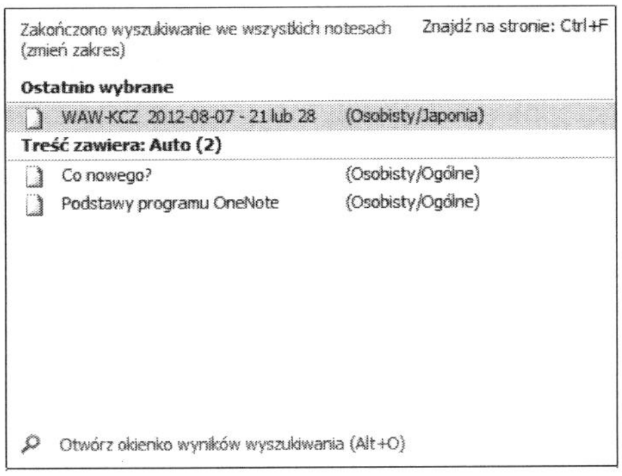

Łączenie informacji: wykorzystanie tandemu Outlook-OneNote

OneNote doskonale współpracuje z innymi komponentami pakietu Microsoft Office. Na przykład można utworzyć wykres aktualnych wyników kwartalnych w programie Excel i skopiować go do strony przygotowań do zebrania w OneNote, gdzie w ciągu minionych tygodni gromadziłeś pomysły, które chcesz przedyskutować z kolegami. Ktoś mógł przesłać ci dokument Word zawierający raport, który wstawiasz do OneNote jako obraz. Następnie możesz posłużyć się narzędziami rysunkowymi, aby wyróżnić określone części i dodać odręczne komentarze (patrz procedura „Dołączanie dokumentów jako obrazów" wcześniej w tym rozdziale). Podczas zebrania dopiszesz do tej strony wnioski i wszystkie wynikające z nich zadania, po czym udostępnisz stronę współpracownikom za pośrednictwem obszaru roboczego spotkania w witrynie SharePoint (patrz rozdział 5, „Jak planować zebrania, aby były wygodne, efektywne i przyjemne") jako protokół zebrania. Na koniec skopiujesz zadania, za które jesteś odpowiedzialny, do swojej osobistej listy zadań w programie Outlook, zaledwie jednym kliknięciem na zadanie.

Transferowanie zadań do programu Outlook

1. Prawym przyciskiem myszy kliknij akapit w OneNote, który chcesz przenieść – pomocne będzie tu przypisanie znaczników do szczególnych wpisów (takich jak zadania) podczas ich wpisywania, aby można było je natychmiast rozpoznać po znacznikach (albo automatycznie przejść do nich lub zgromadzić zadania z wielu stron, co opisaliśmy wcześniej).
2. W menu podręcznym kliknij **Zadania programu Outlook**, a następnie odpowiednią opcję spośród wyświetlanych (możesz także użyć skrótów: Ctrl+Shift+1 tworzy zadanie na dziś, Ctrl+Shift+2 na jutro i tak dalej). Zadanie zostanie wstawione do listy w programie Outlook z wybraną datą ukończenia.

3. Polecenie **Zadania programu Outlook/Niestandardowe** powoduje otwarcie formularza zadania w Outlook, w którym można ręcznie wprowadzić datę i inne uzupełniające informacje.

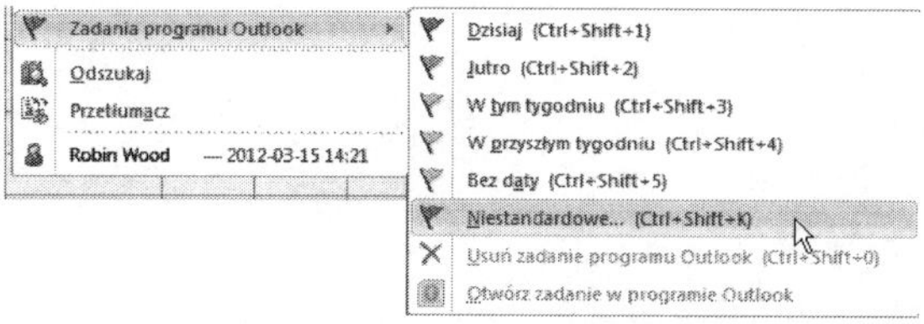

Zmiany statusu wykonania oraz daty ukończenia są synchronizowane automatycznie pomiędzy OneNote i Outlook (zależnie od wydajności i ustawień systemu może jednak potrwać od kilku sekund do kilkunastu minut, zanim zmiany pojawią się w drugim programie).

Po otwarciu zadania w programie Outlook w jego własnym oknie (na przykład podwójnym kliknięciem) zobaczysz łącze do OneNote w polu notatki. Podwójne kliknięcie tego łącza spowoduje otwarcie oryginalnej notatki w OneNote. Z drugiej strony w OneNote można kliknąć prawym przyciskiem myszy czerwoną flagę, która została dodana przed nazwą zadania, aby zmienić datę ukończenia z menu podręcznego, oznaczyć zadanie jako wykonane, usunąć zadanie z programu Outlook lub je otworzyć.

WAŻNE W Office 2010 późniejsze zmiany treści tematu nie są synchronizowane: jeśli zmienisz temat zadania w programie Outlook, OneNote nadal będzie wyświetlał stary tekst. Także edycja tekstu w OneNote również zostanie zignorowana w zadaniu programu Outlook, które zostało już utworzone. Jednak obydwa wpisy nadal są powiązane: zmiany daty ukończenia i status wykonania są ciągle synchronizowane, podobnie jak nadal działają łącza do drugiego programu.

Outlook i OneNote mogą się również komunikować w inny sposób:

- W programie OneNote, na karcie **Narzędzia główne** w grupie **Outlook** kliknij **Szczegóły spotkania** i wybierz jeden z wpisów z dzisiejszego kalendarza z rozwiniętego menu lub polecenie **Wybierz spotkanie z innego dnia**, aby móc wprowadzić lokalizację, uczestników, dzień i godzinę oraz inne szczegóły wezwania na spotkanie lub terminu.

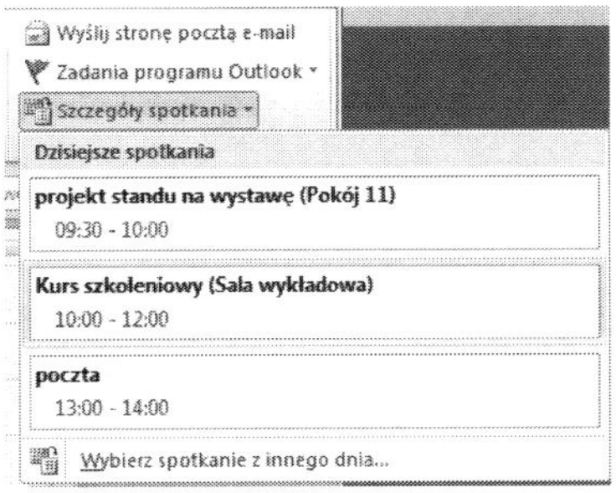

Tworzenie notatki do kontaktu/terminu z programu Outlook

Otwórz termin lub kontakt w programie Outlook podwójnym kliknięciem. Na karcie **Termin** (albo **Spotkanie** lub **Kontakt**) w grupie **Akcje** kliknij **OneNote**. Outlook utworzy nową stronę w OneNote, której tytułem będzie temat terminu lub nazwisko kontaktu, uzupełniony o datę i godzinę jej utworzenia (patrz rysunek 6-6). Na stronie tej znajdzie się tabelka z najważniejszymi danymi kontaktu (adres, numer telefonu) lub spotkania (data, czas i lokalizacja) oraz inne uwagi.

Od tego momentu można użyć przycisku OneNote w programie Outlook, aby przejść bezpośrednio do tej strony, co oznacza, że można łatwo odczytać dodane w OneNote notatki na temat kontaktu lub spotkania wprost z programu Outlook. Na stronie OneNote dostępne jest hiperłącze **Połącz z elementem programu Outlook**, otwierające odpowiedni wpis w programie Outlook.

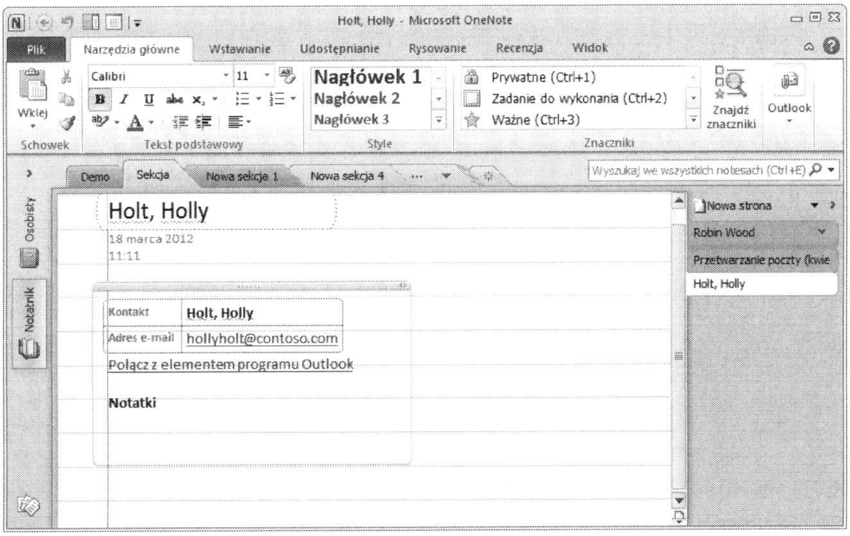

Rysunek 6-6 Łączenie kontaktów/terminów programu Outlook ze stronami OneNote.

Ostrzeżenie Niestety łącze to nie działa poprawnie, jeśli data terminu zostanie zmieniona w programie Outlook (a przynajmniej tak jest we wczesnej wersji OneNote 2010). Pamiętaj, że tworząc połączenie z OneNote tworzysz kopię danych, jakie istniały w momencie utworzenia strony łączącej (dane nie są synchronizowane).

Ostrożnie ze zmianami w połączonych terminach

Jeśli zmienisz w programie Outlook datę terminu, który już jest połączony ze stroną w OneNote, kliknięcie przycisku OneNote po tej zmianie utworzy nową stronę, zamiast otwarcia już istniejącej (łącze z OneNote poprawnie będzie odwoływać się do zmienionego terminu). Zmiany podstawowych danych, takich jak numer telefonu kontaktu, temat i lokalizacja lub czas spotkania nie są transferowane z programu Outlook do OneNote. Po utworzeniu strony z elementu programu Outlook dane te stają się statyczne i nie są synchronizowane. Możesz więc spokojnie przygotowywać się do zebrania w OneNote rankiem i widzieć godzinę 11:00 jako czas rozpoczęcia, choć w międzyczasie została ona zmieniona na 9:00... Aby zachować aktualność, musisz albo ręcznie przenieść zmiany do OneNote, albo przyzwyczaić się nie ufać informacjom przesłanym z Outlook i sprawdzać w nim samym, by przekonać się, czy nie nastąpiły jakieś modyfikacje.

Eksportowanie wiadomości z programu Outlook

- Prawym przyciskiem myszy kliknij wiadomość w skrzynce odbiorczej (lub dowolnym innym folderze) programu Outlook i wybierz **OneNote** z menu podręcznego. Jeśli otworzysz wiadomość w jego własnym oknie, możesz użyć przycisku **OneNote** w grupie **Przenoszenie** na karcie **Wiadomość** (jednak w przeciwieństwie do tego, co sugeruje nazwa grupy, wiadomość jest kopiowana, a nie przenoszona).

Tworzenie hiperłączy do stron/akapitów w OneNote

Hiperłącza umożliwiają bezpośrednie skoki do określonych akapitów lub stron w OneNote z innej strony OneNote lub z innego programu obsługującego hiperłącza (na przykład po to, by móc otworzyć szczegóły planowania budżetu z przeglądowej strony projektu za pomocą jednego kliknięcia).

Kliknij prawym przyciskiem myszy na zakładce strony (po prawej stronie), do której chcesz utworzyć łącze i z menu podręcznego wybierz **Kopiuj łącze do strony**. Aby utworzyć łącze do akapitu lub obrazka, kliknij prawym przyciskiem myszy tekst (obraz) i wybierz **Kopiuj łącze do akapitu**. OneNote skopiuje łącze do schowka, skąd można je później wstawić na innej stronie OneNote w pozycji kursora, naciskając Ctrl+V. Kliknięcie tego łącza otwiera wybrany element.

Wskazówka Można dostosować tytuły wstawianych hiperłączy: zamiast używania oryginalnego tekstu łącza (które może być dośc długie i zawierać mało zrozumiałe ciągi znaków), można skrócić tekst łącza do zrozumiałych słów kluczowych lub czegoś w rodzaju „Szacowane koszty składowania 2010" lub „Szczegóły książki". Jeśli program, do którego wkleiłeś łącze, obsługuje edytowanie hiperłączy, kliknij je prawym przyciskiem myszy i z menu podręcznego wybierz Edytuj hiperłącze. W wyświetlonym oknie dialogowym pozostaw adres nienaruszony, ale zmień tekst w polu Tekst do wyświetlenia i potwierdź przyciskiem OK.

Udostępnianie notatek i protokołów innym osobom

Raporty i notatki możesz przesłać innym osobom w celach informacyjnych lub wymiany koncepcji. Po przygotowaniu zebrania w OneNote i sporządzeniu protokołu możesz go od razu przesłać do innych uczestników:

1. Wykonaj szybkie sprawdzenie, aby upewnić się, że informacje na stronie protokołu są zrozumiałe dla innych (Czy twoje pismo jest czytelne? Czy rysunki pokazują, co miałeś na myśli i czy wszyscy je zrozumieją?), czy wszystkie niezbędne szczegóły są obecne (Czy trzeba wyjaśnić skróty, wstępne informacje, limity czasowe lub finansowe?) i czy wszystkie elementy są istotne dla pozostałych osób (jeśli niektóre fragmenty są ważne tylko dla ciebie samego, skopiuj stronę, usuń te części i przekaż tylko kopię).
2. Aby przesłać kilka stron, przytrzymaj klawisz Ctrl i zaznacz odpowiednie strony, klikając ich tytuły w pasku zakładek po prawej stronie. Następnie zwolnij klawisz Ctrl.
3. Przejdź do karty **Plik** i kliknij **Wysyłanie**.

   Możesz teraz wybrać, czy strona ma zostać przesłana jako mail (z elementami OneNote skopiowanymi do treści wiadomości), jako załącznik (plik, który odbiorca będzie mógł otworzyć w swojej kopii OneNote, zachowując wszystkie specjalne funkcje programu) lub jako plik PDF (w tym wypadku zostanie zachowany wygląd strony i jest to najlepsze wyjście, jeśli odbiorcy nie dysponują OneNote i nie potrzebują możliwości edytowania elementów tekstowych w przyszłości). OneNote utworzy nową wiadomość, którą można będzie wysłać do odbiorców z książki adresowej programu Outlook.
4. Wpisz adresy i wyślij wiadomość.

Uwaga Szybka wskazówka dla zaawansowanych użytkowników (bardziej szczegółowe omówienie wykraczałoby poza ramy tego rozdziału): możliwe jest współużytkowanie strony OneNote z innymi, tak że wszyscy mogą widzieć i edytować tę samą stronę. Przykładem może być protokół z zebrania, w którym poszczególni uczestnicy mogą znaleźć swoje dalsze zadania i później dopisać efekty, dzięki czemu wszyscy mogą od razu je zobaczyć, bez korzystania z przesyłania dziesiątków maili w tę i z powrotem. Wszystko zlokalizowane jest centralnie w notesie OneNote (na przykład w witrynie SharePoint lub w Windows Live SkyDrive). Przy użyciu karty Udostępnianie można udostępnić swój bieżący notes lub utworzyć nowy, wyświetlić wszystkie zmiany, jakie pojawiły się w określonym czasie (na przykład od wczoraj lub w ciągu minionych siedmiu dni) i wyszukiwać wpisy określonego autora (kolegi, który coś dodał).

Sprawdzanie, kiedy element był edytowany ostatnio

Zaznacz element (taki jak tekst lub szkic) i kliknij go prawym przyciskiem myszy, aby otworzyć menu podręczne. W jego ostatnim wierszu zobaczysz, kto ostatnio edytował ten wpis i kiedy.

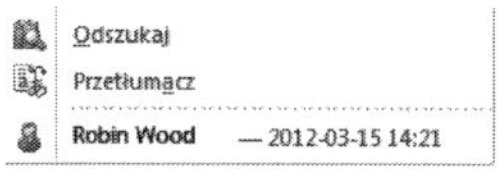

Kliknięcie prawym przyciskiem myszy pozwala zobaczyć, kto i kiedy ostatnio edytował stronę (odpowiada to informacji wyświetlanej dla ostatnio dodanego lub zmienionego elementu strony). Funkcję tę możesz wykorzystać do sprawdzenia, czy zmieniłeś już jakiś tekst na stronie otrzymanej od innej osoby. Jeśli zaś są uzasadnione wątpliwości, szybko możesz sprawdzić, czy naprawdę wpisałeś najświeższe wartości w grudniu, czy też z powodu całego zamieszania świątecznego zapomniałeś o tym i liczby na stronie pochodzą z początku listopada...

Tworzenie szablonów stron i list kontrolnych

Jeśli często używasz list kontrolnych lub ustalonych formularzy, możesz utworzyć dla nich puste szablony do wypełniania później. Przykładem może być protokół zebrania zespołu współpracowników lub lista kontrolna przygotowań do seminarium, którą będziesz sprawdzać z organizatorem imprezy podczas rozmowy telefonicznej.

Tworzenie szablonu

1. Utwórz stronę zawierającą wszystkie potrzebne nagłówki, znaczniki dla dalszych działań i tak dalej.
2. W menu przycisku **Nowa strona** wybierz **Szablony stron**.

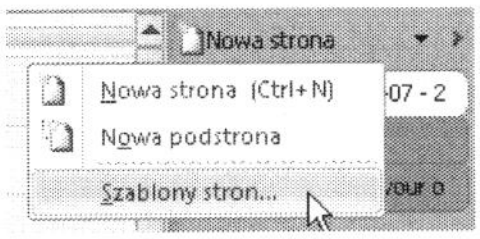

3. Teraz kliknij **Zapisz bieżącą stronę jako szablon** w dolnej części okienka zadań **Szablony**, które pojawiło się po prawej stronie okna programu.
4. W wyświetlonym oknie dialogowym wpisz nazwę i potwierdź klikając **Zapisz**. Możesz także zaznaczyć pole wyboru **Ustaw jako szablon domyślny dla nowych stron w bieżącej sekcji** – od tej chwili każda nowo utworzona strona w tej sekcji będzie oparta na tym szablonie.

Funkcja domyślnego szablonu jest bardzo przydatna, jeśli na przykład w ramach notesu dotyczącego wystawy lub targów tworzysz oddzielne sekcje dla rozmów, przygotowań, katalogów dla nowych klientów lub formularzy zużycia sprzętu. Każda nowa strona w danej sekcji będzie wówczas automatycznie oparta na odpowiednim szablonie. Aby włączyć tę funkcję bez tworzenia nowego szablonu, powtórz krok 2 i wybierz szablon z listy **Wybierz szablon domyślny**. Domyślne ustawienie tej opcji to **Brak szablonu domyślnego**, co oznacza, że nowe strony są po prostu puste.

Tworzenie nowej strony na podstawie szablonu

1. Kliknij strzałkę obok przycisku **Nowa strona** i wybierz **Szablony stron** z wyświetlonego menu.
2. Rozwiń jedną z dostępnych kategorii i wybierz odpowiedni szablon. Nowa strona zostanie utworzona automatycznie. Jeśli wybrałeś niewłaściwy szablon, prawym przyciskiem myszy kliknij zakładkę nowej strony (jej tytułem jest domyślnie nazwa szablonu) i wybierz **Usuń**.
3. Po wstawieniu potrzebnej strony zamknij okienko zadań **Szablony** kliknięciem symbolu (×) w prawym górnym rogu.

Pomysły i cele zawsze na widoku

Szczegółowe notatki pomagają w lepszym precyzowaniu długoterminowych celów, dzięki czemu łatwiejsze jest utworzenie planu pozwalającego je zrealizować i wprowadzić w życie (plan taki może mieć na przykład formę konspektu). Gromadź rozwiązania, wizje, sformułowania celów i wykorzystaj OneNote do zapisania swoich marzeń – tego co zawsze chciałeś zrobić, wraz z przemyśleniami, dlaczego to jest ważne i jak mógłbyś to zrealizować. Im częściej będziesz widział te cele przed sobą, tym mocniej twoja podświadomość będzie się nimi zajmować. Jeśli trafi się okazja przekształcenia marzeń w rzeczywistość (nawet za kilka miesięcy lub nawet lat), będziesz już miał gotowe potrzebne materiały – na przykład do napisania własnej książki. Albo zauważysz, że naprawdę *możesz* wziąć cztery miesiące wolnego, aby zrealizować swoje marzenie o podróży dookoła świata i że będziesz mógł sobie na to pozwolić, jeśli zrobisz trzy trudne, ale wykonalne kroki.

Wykorzystaj OneNote jako centrum kontroli i miejsce gromadzenia wszystkich przemyśleń na określony temat. Dołącz informacje z innych aplikacji, rejestrując tekst i tworząc połączenia do większych dokumentów bezpośrednio ze swoich notatek.

Łączenie dokumentów z notatkami

Wystarczy jedno kliknięcie, aby otworzyć arkusz danych technicznych lub plan ustawienia stoiska targowego – bezpośrednio z notatek. Jeśli nie potrzebujesz oglądać określonych informacji jako skopiowanego tekstu lub obrazka, możesz oszczędzić miejsce wstawiając zamiast nich hiperłącze. W ten sposób zawsze będziesz miał przed sobą ostatnią wersję danych, a nie ich kopię – na przykład prezentację Microsoft PowerPoint, która w międzyczasie mogła zostać wielokrotnie przerabiana i aktualizowana.

1. Wywołaj okno Eksploratora Windows na pierwszy plan, ale nie pozwól mu całkowicie wypełnić ekranu (jeśli pracujesz w trybie pełnoekranowym, przełącz się do trybu zwykłego okna).
2. Kliknij wybrany plik w Eksploratorze Windows, na przykład arkusz programu Excel lub dokument programu Word, aby go zaznaczyć (nie otworzyć).
3. Przeciągnij wybrany element do docelowej pozycji na stronie OneNote, aby wstawić kopię. OneNote wyświetli okno dialogowe, w którym możesz wybrać pomiędzy wstawieniem łącza a kopii pliku (o ile wybrany element nie jest obrazem). Wybierz opcję **Wstaw łącze do pliku oryginalnego** i kliknij **OK**. Dokumenty Office udostępniają jeszcze trzecią opcję – wstawianie jako obrazy (co umożliwia dodawanie odręcznych notatek, zgodnie z omówieniem w procedurze „Dołączanie dokumentów jako obrazów" wcześniej w tym rozdziale).

„Drukowanie" – eksportowanie danych z dowolnego programu

Czasami zamiast wstawiania indywidualnych bloków tekstu i obrazów z innych obrazów wygodniej byłoby mieć przed sobą cały złożony dokument, tak jak na papierze. W takim przypadku można po prostu „wydrukować" zawartość z dowolnego programu bezpośrednio na stronę OneNote. Następnie można, podobnie jak na papierze, posłużyć się zakreślaczami, dodawać nowy tekst albo (jeśli używasz komputera typu tablet lub tabliczki dotykowej podłączonej do innego typu maszyny) notatki odręczne i szkice (patrz „Korzystanie z piór, markerów i kolorów" wcześniej w tym rozdziale). W ten sposób OneNote może w pełni wyeliminować sporządzanie papierowych wydruków, dając te same możliwości pracy redakcyjnej co tradycyjny wydruk, ale połączone z zaletami formy cyfrowej, takimi jak funkcje wyszukiwania, cofania zmian i tworzenia łączy do innych danych.

„Drukowanie" z dowolnej aplikacji do OneNote

Program instalacyjny OneNote samoczynnie tworzy w systemie operacyjnym wirtualną drukarkę. Wywołaj funkcję drukowania w wybranym programie, po czym w oknie dialogowym druku (jego nazwa i dostępne ustawienia mogą się bardzo różnić zależnie od programu) wybierz **Wyślij do programu OneNote 2010** zamiast domyślnej drukarki. Zależnie od ustawień systemowych, aplikacja, z której drukujesz, może pozostać na pierwszym planie. Na pierwszy rzut oka może się wydawać, że nic się nie stało i że eksport się nie powiódł. Jednak chwilę później OneNote otworzy okno, w którym będziesz mógł wybrać odpowiednią docelową sekcję dla drukowanej strony.

W trakcie drukowania tekst jest wstawiany do OneNote jako obraz w oryginalnym układzie. Z tego względu nie można w OneNote edytować ani kopiować tekstu. Aby móc później wyszukiwać w tekście określone słowa kluczowe lub móc skopiować jakiś fragment do edycji, możesz użyć nowej funkcji optycznego rozpoznawania znaków (optical character recognition – OCR) w obrazach (patrz „Czytanie między wierszami – OCR obrazów" w dalszej części tego rozdziału).

Zapisywanie witryn sieci Web z przeglądarki do OneNote

Podczas długiego lotu lub jazdy pociągiem bez łącza internetowego można nadal zapewnić sobie dostęp do wybranych potrzebnych informacji. Jeśli trzeba zrobić recenzję witryny, przyda się możliwość wyróżniania poszczególnych miejsc za pomocą narzędzi OneNote lub zapisania stanu witryny dla późniejszych badań (aby sprawdzić, czy zawartość się zmienia). Wszystko co musisz zrobić, to wyeksportować witrynę do OneNote. Przy korzystaniu z przeglądarki Windows Internet Explorer dostępne są trzy opcje eksportu do OneNote:

- Wykorzystanie funkcji drukowania zgodnie z wcześniejszym opisem. Zalety: począwszy od wersji Internet Explorer 7 szerokość strony jest dopasowywana, aby wszystkie elementy zostały odpowiednio przeskalowane względem siebie i zmieściły się na stronie. Oryginalny układ witryny jest zachowywany. Do OneNote wstawiany jest obraz i można teraz użyć narzędzi rysunkowych, aby dodać notatki lub szkice, jak na papierze.
- Internet Explorer dysponuje nową funkcją **Wyślij do programu OneNote** (zależnie od wersji i ustawień Internet Explorer konieczne może być wyświetlenie paska poleceń, aby odpowiedni przycisk był widoczny: prawym przyciskiem

myszy kliknij niebieskie logo programu – znak *e* przed polem, w którym wpisuje się adresy URL – i wybierz **Pasek poleceń** z menu podręcznego). Za jednym kliknięciem OneNote kopiuje witrynę do swojej strony (Internet Explorer pozostaje otwarty na pierwszym planie – musisz przełączyć się do OneNote, aby ujrzeć rezultat). Wadą tej metody jest to, że oryginalny układ strony zostaje zniekształcony; tekst może zawijać się inaczej, obrazki zmienić pozycję, a łamy tekstu zmieniają swoją długość i szerokość (niekiedy w ekstremalny sposób). Za to możliwe jest bezpośrednie edytowanie tekstu, kopiowanie obrazków i przeszukiwanie lub kopiowanie tekstu bez konieczności stosowania dodatkowego przetwarzania lub rozpoznawania OCR.

- Wreszcie można zaznaczyć fragmenty tekstu lub obrazy z witryny i umieścić je w bieżącej stronie OneNote metodą przeciągania lub kopiowania i wklejania. OneNote automatycznie wstawia łącze do źródłowej witryny poniżej skopiowanej wartości. Zalety i wady tego podejścia są takie same, jak w metodzie drugiej, ale lepiej się ono sprawdza, jeśli potrzebujesz użyć tylko niewielkiego fragmentu strony Web, a nie jej całej zawartości.

Czytanie między wierszami – OCR obrazów

OneNote wykorzystuje funkcję OCR (optycznego rozpoznawania znaków) do „czytania" obrazów i przekształcania zawartego w nich tekstu na „prawdziwy tekst". Może się to przydać, jeśli masz kolekcję kart wizytowych, które chcesz zeskanować lub papierowe dokumenty, które należy dołączyć do notatek, a także wtedy, gdy dołączysz dokument innego programu jako obraz do strony OneNote. Następnie będzie można przeszukiwać rozpoznany tekst i skopiować go do późniejszej edycji, na przykład by wstawić dane nadawcy skanowanego listu biznesowego jako odbiorcy, gdy piszesz list z odpowiedzią, albo by wstawić te informacje do programu Outlook jako nowy kontakt.

Prawym przyciskiem myszy kliknij obraz i kliknij **Kopiuj tekst z obrazu** (patrz rysunek 6-7) w menu podręcznym, aby wydobyć tekst i umieścić go w schowku (później możesz nacisnąć Ctrl+V, aby wstawić go w innej lokalizacji). Jeśli nie potrzebujesz użyć tekstu w innym miejscu, ale po prostu chcesz móc go przeszukiwać przy użyciu funkcji wyszukiwania OneNote, zaznacz opcję **Zezwalaj na wyszukiwanie tekstu w obrazie**, po czym w menu podrzędnym wybierz język tekstu (jeśli wcześniej użyłeś polecenia **Kopiuj tekst z obrazu**, OneNote automatycznie oznaczył tekst jako przeszukiwalny).

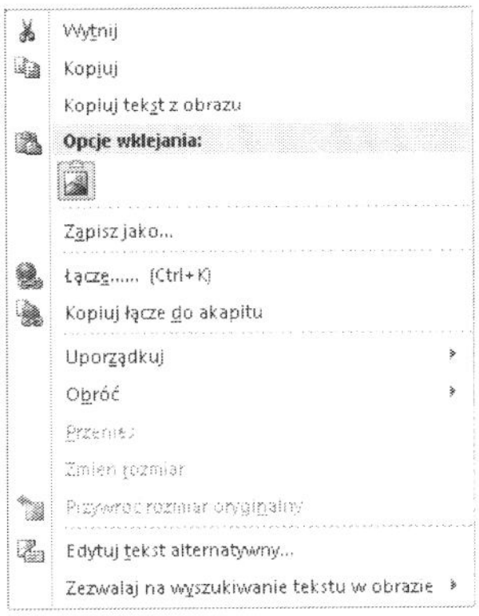

Rysunek 6-7 OneNote umożliwia wydobywanie tekstu z obrazów – w przypadku czcionek o czystych konturach na białym tle działa to bardzo dobrze. Jednak bardzo małe lub skondensowane kursywy bądź czcionki ozdobne nie dają się łatwo odczytywać.

OCR obrazów wykonywanych aparatami w telefonach komórkowych

Funkcja OCR daje najlepsze wyniki w przypadku dokumentów innych programów zapisanych jako obrazy („drukowanie" do OneNote) oraz przy czysto zeskanowanych, czarno-białych stronicach druku, które zostały starannie wyrównane na skanerze. Jeśli wykorzystasz aparat wbudowany w telefon, aby zrobić zdjęcie rozkładu jazdy lub tabliczki adresowej, błędy rozpoznawania będą zdecydowanie liczniejsze – większość aparatów zintegrowanych z telefonami komórkowymi ma kiepskie obiektywy i stosunkowo niską rozdzielczość, przez co obiekty oddalone o więcej niż metr są rozmazane, obraz zawiera wiele szumu, a dodatkowo zostaje zapisany w formacie używającym kompresji stratnej, powodując degradacje, które może nie są od razu widoczne gołym okiem, ale powodują znaczącą utratę jakości z punktu widzenia potrzeb rozpoznawania znaków. Jeśli jednak masz nowy typ smartfonu z przyzwoitym aparatem oferującym dobre funkcje autofocusu (takim jak BlackBerry Torch), będziesz mógł uzyskać zadowalające rezultaty z OCR zdjęć wykonanych tym aparatem. Należy tylko zadbać, by zdjęcie nie było poruszone i było dostatecznie dobre światło lub użyć lampy błyskowej.

Wybieranie celów dla siebie – nie tylko dla swoich zysków

Wiele osób przeszacowuje to, jak wiele mogą zrobić w ciągu dwóch lub trzech godzin czy w ciągu dnia. Z drugiej strony większość z nich zbyt nisko ocenia to, co mogą osiągnąć w ciągu kilku tygodniu, miesięcy lub lat. Kluczem do prawdziwych osiągnięć, zrealizowanych marzeń, zrównoważonego życia i długoterminowego sukcesu jest jasne sformułowanie celów na piśmie.

- Jeśli dokładnie wiesz, dokąd chcesz dojść, możesz określić drogę i jej poszczególne kroki.
- Jeśli masz cel na widoku, znacznie łatwiejsze jest trzymanie się go w trudnych chwilach i zbieranie energii. Motywuje to do podejmowania nawet tych niewygodnych lub wyczerpujących działań.
- Często zdarza się, że coś idzie niezupełnie zgodnie z planem. Jeśli masz jednoznaczny cel, możesz szukać innej drogi, aby go osiągnąć: skoro ścieżka w lewo nie pozwala obejść góry dookoła, spróbuj tej w prawo.

Jednoznaczne cele pomagają także kontrolować własne postępy: Czy już udało się pokonać więcej niż połowę drogi, a może prawie już jesteś na miejscu? Czy istnieją jakieś obszary, które powinieneś ulepszyć lub więcej nad nimi popracować, aby dotrzeć tam, gdzie chcesz, zanim będzie za późno? Czy musisz skorygować swój cel, czy też nadal jest on realistyczny?

Pomyśl, jak wiele możesz osiągnąć małymi krokami w dłuższym czasie

Czy twój cel wydaje się zbyt naciągany? Na przykład, możesz sobie wyobrazić, że przebiegniesz cały maraton (42 kilometry 195 metrów)? Co byś powiedział, gdybyś usłyszał, że ktoś w wieku blisko 50 lat, z 20 kilogramami nadwagi, zadyszką i fatalną kondycją zdecydował się pobiec w maratonie?

Joschka Fischer, były minister spraw zagranicznych Niemiec, zaczął biegać, gdy ważył 110 kilogramów – wszystko, na co było go stać, to było niepełne okrążenie budynku Bundestagu (około 500 metrów). Wielu uznałoby, że nawet ten dystans jest dla niego absurdalny. Rok później wystartował w swoim pierwszym maratonie. Wielu nadal sądziło, że nigdy nie powinien próbować takich rzeczy. Po półtora roku treningu (całego, rozpoczętego w 1998 w wieku 50 lat), przebiegł cały maraton w Hamburgu w czasie 3 godzin 42 minut – tracąc w sumie 35 kilogramów.

Perfektes Lauftraining (Munich: Südwest, 1999), autorstwa Ulricha Pramanna i Herberta Steffny'ego, który trenował Fischera przed maratonem.

Jeśli cel wydaje się nieosiągalny, możesz spróbować ustalić, co ci umyka lub co stoi ci na przeszkodzie. Następnie możesz albo próbować obejść te przeszkody, albo uczynić je celami pośrednimi: na przykład, nadal brakuje ci 5000 dolarów? Zastanów się, czy twój cel jest tyle wart. Jeśli tak: znajdź sposób na zdobycie tych pieniędzy (na przykład odczekaj cztery lata i odkładaj 105 dolarów co miesiąc) lub alternatywę (czy dasz sobie radę z odroczoną płatnością lub wzięciem kredytu, który będziesz spłacał następnych kilka lat?).

Joschka Fischer nie jest urodzonym sportowcem ani nie miał do dyspozycji całego czasu świata na trening. Miał dostatecznie wiele innych rzeczy do zrobienia. Jednak dzięki jasno określonemu celowi, konsekwentnie realizowanym planom osiągania tego celu małymi krokami oraz żelaznej dyscyplinie, uzyskał zachwycające wyniki (patrz ramka obok), coś, co mało kto mógł sobie wyobrazić jako możliwe. To, czego potrzeba, aby osiągnąć szczyt sprawności, to jasno sprecyzowane cele, dla których można określić realistyczne cele pośrednie i poszczególne kroki. Następnie trzeba po prostu zrobić pierwszy krok, nie tracąc celu z oczu, i postępować w jego kierunku z silną wolą i wielkim zapasem dyscypliny. Dobrze jest znaleźć kogoś, kto będzie wspierał – dobrego przyjaciela lub doświadczonego trenera – przy sprawdzaniu realności celów i postępów, służącego zachętą, ale i (w razie potrzeby) reprymendą i pomagającego zmienić kurs, gdy to konieczne.

Zdecyduj, czy zaangażowanie się i związanie z wybranym celem na długi czas jest dostatecznie wiele warte dla ciebie. Zapisz swój cel. Zacznij pracować nad nim krok po kroku. Wszyscy mamy ograniczenia, ale w dłuższej skali możemy osiągnąć więcej, niż nam się wydaje. Śnij odważnie! Ale nie ograniczaj się do snów – przeżyj je!

Nie chcielibyśmy dać tu niewłaściwego wrażenia: cel nie musi koniecznie być wyczynem sportowym lub profesjonalnym, wykraczającym poza twoje osobiste ograniczenia. Małe i osobiste cele też są potrzebne. Cele nie tylko pomagają osiągnąć doskonałe wyniki, ale pozwalają jaśniej zobaczyć, co jest ważne na dłuższą metę i zachować równowagę.

Definiowanie celów przy użyciu reguły 3M: Możliwe, Mierzalne, Motywujące

Istnieje wiele kryteriów definiujących cele, ale wszystkie można wyprowadzić z trzech najważniejszych. Sformułuj swoje cele używając prostej reguły 3M. Cele muszą być:

- **Możliwe do realizacji** Niektóre firmy nie traktują celów we właściwy sposób. Wielu pracowników otrzymuje zupełnie nierealistyczne dyrektywy, takie jak: „Musisz podwoić zeszłoroczne zyski, nawet jeśli popyt maleje z dnia na dzień, budżet został obcięty o połowę i zwolniono trzecią część personelu twojego działu… Och, na pewno dasz radę – i biada ci, jeśli nie!". Ktoś tak potraktowany koncentruje się wyłącznie na sprawach krótkoterminowych i czasem nawet uda mu się coś w rodzaju „kreatywnej księgowości" – na przykład przesunięcie zapłaty za wielkie zamówienie z przyszłego roku (kiedy pieniądze faktycznie przyjdą) na ten rok, dzięki czemu nie ląduje zbyt nisko w stosunku do żądanych liczb. Na dłuższą metę ten sposób postępowania sprawia jednak, że problemy stają się coraz gorsze, a przede wszystkim niszczy pracowników, a w ostatecznym efekcie całą firmę. Nawet w najbardziej niewinnych przypadkach nierealistyczne cele zniechęcają i w efekcie obniżają wydajność i zadowolenie pracowników. Z tego względu warto sprawdzać w regularnych odstępach czasu, czy wyznaczone cele nadal są możliwe do realizacji i korygować je na czas. Nie ma nic złego w sięganiu do gwiazd, jak długo udaje się trzymać obie nogi twardo na ziemi. Miej wielkie cele, ale pozostań realistą. Przypomnij sobie przypadek Joschki Fischera i zaufaj swoim możliwościom.

- **Mierzalne** Kto? Co dokładnie i w jakich ilościach? Kiedy? Gdzie? (Niekiedy odpowiedź na to ostatnie to po prostu „wszędzie", podczas gdy inne rzeczy można zrobić tylko w biurze lub w domu – a może celem jest własny dom w wybranym mieście). Cele muszą być skonkretyzowane i wymierne.
- **Motywujące** Ten element ma kilka aspektów:
  - Sformułowane pozytywnie (bez negatywnych zwrotów) i zorientowane na działanie (zamiast „mógłbym", „powinienem" „chciałbym" użyj czasu teraźniejszego i siebie jako działającej osoby). Zamiast „Ten okropny bałagan powinien naprawdę się skończyć kiedyś niedługo" napisz „10 września mam wysprzątane biurko z co najwyżej pięcioma otwartymi dokumentami. Zapisuję ważne uwagi w OneNote na moim tablecie i potrafię je później znaleźć. Znajduję papierowe dokumenty w moich szufladkach i natychmiast odkładam je na właściwe miejsce, gdy skończę poprawki". W ten sposób twoja podświadomość może uzyskać właściwy obraz i poprowadzić cię do sukcesu.
  - W przypadku niektórych celów ich opłacalność (uzyskiwane korzyści) są oczywiste od pierwszego spojrzenia. Jednak do innych trzeba dodać powód. Pomoże to zacząć i nadal robić niewygodne rzeczy, które są jednak niezbędne dla realizacji marzeń lub osiągnięcia celów. Jeśli nie umiesz w prosty sposób sformułować przyczyny, dla której ten cel wart jest wysiłku: przemyśl to dokładnie i jeśli nadal nie będziesz umiał wskazać dobrego powodu, porzuć to.
  - Upewnij się, że twój cel naprawdę odpowiada temu, co chcesz (patrz punkt „Miearzalne" wcześniej) i sprawdzaj to regularnie. Torturujesz się bieganiem, choć tego nie znosisz, by po prostu zrobić coś dla zdrowia? Może jeżdżenie na rowerze lub tańczenie salsy będzie lepszym ćwiczeniem i bardziej przyjemne dla ciebie!

- Ponownie pomyśl o przypadku Joschki Fischera: od czasu jego maratonu ponownie nabrał sporo wagi... To też jest powód, dla którego jest on doskonałym przykładem dla dyskusji o właściwym określaniu celów: cel wyznaczony jako „przebiegnięcie maratonu" wydaje się znacznie trudniejszy, niż po prostu „zrzucić trochę kilogramów". Jeśli jednak zdołasz przebiec maraton, osiągnąłeś już swój cel i to wszystko – jeśli potem będziesz postępował tak jak wcześniej, wszystkie pozytywne efekty zdrowotne znikną po paru miesiącach. Zrobienie czegoś dla zdrowia i zrzucenie wagi jest wprawdzie łatwiejsze, niż trenowanie do maratonu, ale przy właściwym zdefiniowaniu celu będzie trwało znacznie dłużej, dzieki czemu można będzie cieszyć się ciągłym sukcesem.

Przekształcanie decyzji w dobrze sformułowany cel

Co można zrobić, jeśli nie da się określić jednoznacznej miary realizacji celu, na przykład jak zmierzyć coś takiego, jak „Będę lepszym ojcem"? Zastanów się, jak możesz zdefiniować „bycie lepszym ojcem": „Nie spędzam dostatecznie wiele czasu z córką i rzadko zdarza się nam okazja, by porozmawiać". Następnie użyj reguły 3M, by określić cel: „Od teraz w każdą sobotę w porze lunchu wspólnie z córką zaplanuję termin wspólnego meczu tenisa z córką na przyszły tydzień. Na kort pojedziemy razem". (W ten sposób będziesz miał czas na rozmowę z nią bez wprowadzania do planu tygodniowego „godzin konwersacji", co brzmiałoby zbyt naukowo i psychologicznie). Następnie poproś żonę, by cię kontrolowała – „bycie lepszym ojcem" nie ma precyzyjnego znaczenia, ale jeśli zaczniesz unikać cotygodniowego spotkania lub wybierać inne rzeczy w tym czasie, problem stanie się widoczny natychmiast (dobrze, jeśli nastąpi to we właściwym momencie, gdy będziesz planował swój kolejny tydzień).

OneNote jest doskonałym miejscem do notowania swoich celów: zapewnia dość miejsca i swobody, aby móc umieścić wszystkie potrzebne i powiązane informacje, opisy, motywujące zwroty lub obrazki (takie jak zdjęcie wymarzonego domu lub szczytu górskiego, o którego zdobyciu myślisz od lat) bezpośrednio na stronie zawierającej sformułowanie jednego lub kilku celów. Zdefiniuj dla swoich celów dostosowany znacznik, aby móc łatwo wyświetlić wszystkie takie strony. Wpisz listę wymaganych działań do osiągnięcia każdego celu jako zadania przy każdym z nich (oznaczonych jako zadania programu Outlook, aby pojawiały się również tam) albo utwórz konspekt, jeśli cel jest bardziej rozbudowany i złożony. Indywidualne zadania rozmieszczane są na najniższym poziomie konspektu. Kontroluj i rejestruj swoje postępy na tej stronie. Możesz także gromadzić w OneNote ogólnikowe postanowienia i pomysły i dołączać je tak długo, aż będziesz gotów do precyzyjnego sformułowania swojego celu.

Wskazówka Warto spoglądać na swoje cele raz dziennie, aby zaprogramować swą podświadomość. Włącz swoje cele (łącznie z nadrzędnym planem omówionym w następnym podrozdziale) do planowania tygodniowego – po prostu przenoś kolejne kroki do programu Outlook jako zadania do wykonania.

Tworzenie planu nadrzędnego

W rozdziale 3 przedstawiliśmy koncepcje postaci życiowych i kluczowych zadań w kontekście zrównoważonego planowania czasu. Teraz przyszedł czas na definiowanie długoterminowych celów dla tych postaci życiowych. Można następnie wybrać cele pośrednie i odpowiadające im mniejsze kroki do wykonania. W ten sposób powstanie tak zwany *plan nadrzędny* – kulminacja wszystkich działań planowania przedstawionych do tej pory w celu utrzymania życia w równowadze, osiągania wielkich rzeczy i realizowania marzeń.

Plan nadrzędny można utworzyć na przykład jako sekcję w OneNote, w której każdy długoterminowy cel będzie oddzielną stroną, a ewentualne cele podrzędne wstawisz jako podstrony. Jeśli potrzebujesz bardziej rozbudowanej struktury lub chcesz móc zobaczyć wszystko jednym rzutem oka, utwórz konspekt (patrz rysunek 6-8) dający wygodniejszy wgląd w zawartość (przypomnijmy, że można szybko ukrywać lub rozwijać poszczególne punkty konspektu – cele pośrednie i ich zadania). Możesz też utworzyć oddzielne strony dla poszczególnych celów. Dobrze działający horyzont czasowy zależy od wielu czynników. Zależnie od wieku, typu psychiki, statusu rodzinnego, zawodu i wielu innych czynników niektórzy ludzie planują cele życiowe, podczas gdy inni nie sięgają dalej niż pięć czy siedem lat w przyszłość. Możesz zacząć na przykład od trzech lat jako długoterminowego horyzontu, ustalając jeden rok jako jeden krok i definiując jeden lub dwa cele dla każdej postaci życiowej. Nie wszystkie takie wpisy muszą sztywno wpasować się w taką siatkę: być może trzyletni cel w zakresie zdrowia jest tym samym, co cel jednoroczny. Niektóre trzyletnie cele nie są jeszcze sprecyzowanymi celami, ale raczej postanowieniami. Dla jednej postaci życiowej sformułowałeś trzy długoterminowe cele, a dla innej tylko jeden – nie szkodzi. Ważne jest, abyś poświęcił trochę czasu wszystkim obszarom życia, przekształcił pragnienia w cele i w sposób ciągły dążył do ich realizacji.

W tworzeniu planu nadrzędnego może pomóc następujący eksperyment myślowy: wyobraź sobie, że za trzy lata od dziś oglądasz pogrzeb. To twój pogrzeb. Siedem osób wygłasza krótkie, ale poruszające mowy: twój menedżer, jeden z twoich klientów, żona, jedno z dzieci i tak dalej (po jednej na każdą życiową postać; w przypadku zdrowia i sensu życia twój najlepszy przyjaciel lub współmałżonek może przemówić drugi raz). W zaledwie kilku zdaniach każdy z tych mówców podsumowuje, dlaczego byłeś ważny dla nich i co dla nich znaczyłeś. Napisz dwie mowy dla każdej osoby: jedną zawierającą to, co chciałbyś, aby ta osoba powiedziała o tobie za trzy lata oraz drugą, którą ta osoba wygłosi, jeśli nic nie zmienisz i będziesz postępował tak, jak dotąd (na przykład „Mój tata zawszy był do dyspozycji swojej pracy i jego klientów, ale nigdy nie miał czasu dla mnie. Całe życie spędził w biurze lub na lotniskach"). Napisanie takich słów powinno być wystarczająco bolesne, by cię obudzić już teraz, dzięki czemu będziesz mógł zmienić działanie i (na przykład) spędzić więcej czasu z córką. Choć mamy nadzieję, że masz przed sobą więcej lat, niż tylko trzy...

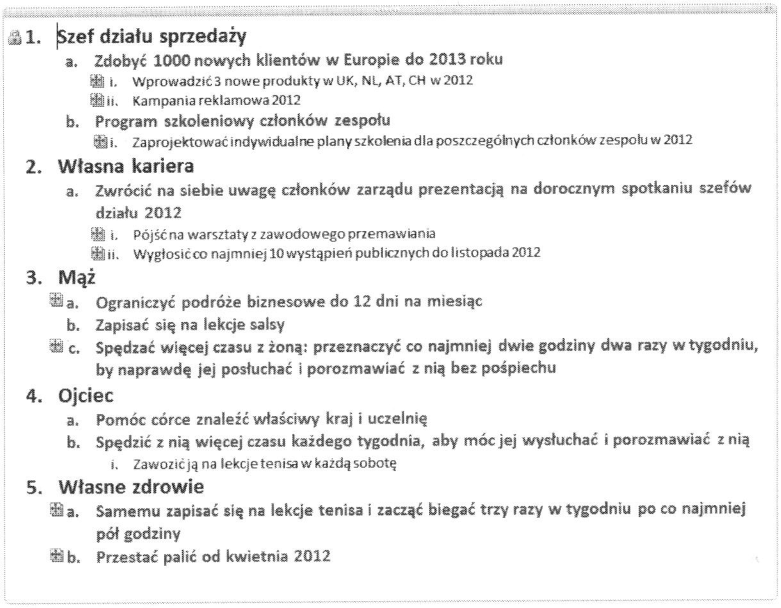

RYSUNEK 6-8 Zbuduj swój nadrzędny plan – funkcja konspektu w OneNote może w tym bardzo pomóc.

Twoje odpowiedzi posłużą jako podstawa do budowy nadrzędnego planu (rysunek 6-8 zawiera przykłady celów).

Teraz twój ruch

1. Utwórz strukturę notesów i sekcji. Na przykład rozpocznij od zaplanowania spotkań i długotrwałych rozmów telefonicznych OneNote i sporządzania tam notatek z tych rozmów.
2. Wstaw obrazek na stronę. Wyróżnij część tego obrazka zakreślaczem tekstu.
3. Utwórz konspekt o przynajmniej trzech poziomach i dwóch podpunktach na każdym poziomie.

Zwiń cały konspekt do poziomu 2. Rozwiń pierwszy podpunkt do poziomu 3. Pokoloruj wszystkie elementy poziomu 2 na niebiesko (wszystkie jednocześnie) i wytłuść tekst.

4. Utwórz dostosowane znaczniki dla celów (pola wyboru mogą być zaznaczone, gdy zadanie jest wykonane). Ustaw znaczniki w sekcji dla przynajmniej czterech zadań i dwóch otwartych pytań, po czym wyświetl podsumowanie znaczników. Wykorzystaj je, aby przechodzić do wyświetlanych zadań (jednego po drugim) i utwórz po jednym połączonym zadaniu programu Outlook dla każdego.
5. Utwórz pięć hiperłączy do różnych elementów na stronach OneNote (jeden do obrazu z zadania 2, drugi do konspektu z zadania 3 i tak dalej). Wstaw trzy z tych hiperłączy do rożnych stron OneNote, jedno do pola notatki w zadaniu programu Outlook i jedno do terminu w kalendarzu Outlook. Użyj tych łączy do otwarcia połączonych elementów.
6. Sformułuj cel z jednego z niezrealizowanych postanowień lub realistycznych marzeń. Zaplanuj wymagane działania. Rozpocznij w tym tygodniu, by osiągnąć cel najdalej w ciągu sześciu miesięcy.
7. Utwórz swój plan nadrzędny (poświęć na to co najmniej 30 minut).

ROZDZIAŁ 7

Jak wynieść prawdziwą korzyść z lektury tej książki

W tym rozdziale pokażemy, jak:

- Zastosować opanowane strategie i techniki.
- Przejąć kontrolę nad własnym czasem.
- Stworzyć swój własny, osobisty plan działania.

„Kiedyś wreszcie trzeba zacząć!"

DO TEGO MOMENTU NAUCZYŁEŚ się już wiele na temat zarządzania czasem i jego implementacji przy użyciu Microsoft Outlook i Microsoft OneNote. A może postanowiłeś oszczędzić sobie trochę czasu, czytając najpierw ostatni rozdział? Jeśli tak jest, w poprzednich rozdziałach znajdziesz następujące treści: najlepsze i wypróbowane koncepcje, strategie, techniki i wskazówki oparte na praktycznym doświadczeniu i sukcesach uczestników naszych seminariów, stale rozwijane i udoskonalane przez lata. Teraz twoja kolej, aby wdrożyć je we własnym życiu. Jednak nie powinieneś się obawiać: będziemy tu stale, aby pomóc ci na początku drogi, a pomogliśmy już dziesiątkom tysięcy ludzi skutecznie wdrożyć te strategie zarządzania czasem.

Rozdział ten jest zauważalnie krótszy od pozostałych. Warto jednak przeczytać go w całości i zacząć działać od razu! Wystarczy na to 25 minut ciszy i skupienia. Jeśli teraz nie jesteś do tego gotów, przerwij lekturę i utwórz spotkanie ze samym sobą, aby zrobić to później w odpowiednim otoczeniu bez żadnych zakłóceń – ale zrób to w tym tygodniu!

U Robina tak czy inaczej większość rzeczy NIE działa

Robin był kompletnie zszokowany podczas ostatniego lotu powrotnego z Nowego Jorku: obok niego usiadł Neil Black, który w podnieceniu pokazał mu swój kalendarz i listy zadań w programie Outlook i pokazał, jak zdołał doprowadzić, że wszystkie jego sprawy zostały w pełni uporządkowane w ciągu minionego roku, zwłaszcza podczas wszystkich podróży. Neil używa telefonu jako mobilnego uzupełnienia programu Outlook, tak więc ma wszystko pod ręką, nawet gdy nie jest w pobliżu swojego laptopa. On i jego siedmiu kolegów wzięło udział w seminarium na temat zaawansowanego zarządzania czasem prowadzonego przez eksperta. Później wspierali się nawzajem podczas implementacji rozwiązań i zajęło im parę miesięcy, zanim wdrożyli wszystko, czego się nauczyli. Jednak wysiłek był tego wart i dostrzegli doskonałe wyniki i wiele korzyści w porównaniu do wcześniejszego okresu. Robin poprosił Neila, aby powiedział mu więcej.

Neil opowiedział mu szczegółowo, jak zdołał poradzić sobie ze wszystkimi mailami. W jaki sposób potrafi teraz skoncentrować się na tych sprawach, które są naprawdę ważne, używając strukturalnego planowania i określając priorytety. Jak znowu odnalazł równowagę w życiu dzięki tygodniowemu planowaniu. Teraz spędza znacznie więcej czasu z rodziną, znalazł czas na sport, lepiej sypia i – ogólnie – jest szczęśliwszy i spokojniejszy. Jak określił swoje długoterminowe cele i używa planów dziennych, tygodniowych i zadaniowych, aby mogły one się urzeczywistnić. Jak skorzystał nie tylko osobiście, ale również zawodowo dzięki temu, że może zrobić więcej i z lepszym wynikiem, choć spędza w biurze mniej czasu, niż poprzednio.

Oczywiście, Robin chciał wypróbować to od razu. Zamówił komputer typu PC z OneNote i najnowszą wersją Outlook. Był zdeterminowany i stwierdził „Naprawdę mogę inaczej zajmować się mailami, zdefiniować kilka zadań, zaplanować pracę na tydzień i jakoś zaplanować dzień. Mogę użyć wszystkich tych dodatkowych funkcji w którymś momencie, no i oczywiście tego tabletu do robienia notatek…". Spróbował wcisnąć wszystko na raz i „jakoś pomiędzy" w kolejnym gorączkowym tygodniu. Wszystko to wbrew całej masie spraw, które kumulowały się w biurze w ciągu dziewięciodniowej podróży. Planował przyjrzeć się bliżej poszczególnym częściom „gdy tylko trafi się odrobina czasu…może".

Po dwóch tygodniach zrezygnował. W jakiś sposób nic z tego wszystkiego nie zadziałało. Miał po prostu zbyt wiele innych rzeczy do zrobienia, więc nigdy nie znalazł więcej niż cztery minuty na poznanie swoich nowych narzędzi, a tym samym po prostu nie mógł zacząć – ewidentnie, tak to już z nim jest…

Zacznij to zmieniać!

Oto kilka ważnych kroków do sukcesu, jeśli nie chcesz skończyć tak jak Robin:

- Stwórz plan działania. Zdefiniuj jasne i zrozumiałe cele dla samego siebie.
- Zajmuj się tylko jednym zagadnieniem na raz, ale zrób to porządnie (zamiast bez przekonania próbować 10 różnych rzeczy jednocześnie).
- Znajdź kogoś, kto cię wesprze, doda odwagi i w razie czego pociągnie do odpowiedzialności.
- Sprawdzaj swoje postępy i nie rezygnuj. W ciągu następnych miesięcy pracuj konsekwentnie nad optymalizowaniem swojego zarządzania czasem – w małych, ale ciągłych krokach. Ulepszenie zarządzania czasem i równowagi życiowej to trudna praca i raczej nie dla ludzi o słabym sercu, ale rezultaty naprawdę warte są wysiłków!

Opanuj swój czas

Teza, że planowanie (przy użyciu programu Outlook lub w dowolny inny sposób), trzymanie się harmonogramu lub ciągłe sporządzanie notatek zabija kreatywność, jest często głoszona przez ludzi, którzy tego nie robią – przez tych, którzy często zapominają o krytycznych zadaniach, przeoczają terminy i nie potrafią znaleźć ważnych informacji, gdy ich potrzebują, którzy są z tego powodu ciągle przepracowani i zestresowani, nie mają już czasu na to, co *jest* ważne i nadmiernie angażują się w drobne i nieważne sprawy. Tak więc ostatecznie, NIE używając tych narzędzi, w rzeczywistości NIE mają czasu (albo tylko odrobinę) na kreatywność, przyjaciół i wszystko inne, co jest dla nich najważniejsze.

Niektórzy uważają, że nic nie mogą z tym zrobić (nawet jeśli, co zadziwiające, inni w tym samym środowisku i z takimi samymi potrzebami mistrzowsko zarządzają swoim czasem). Wszystko pójdzie źle, nawet jeśli spróbują. Po prostu mają za wiele maili. Z ich punktu widzenia wina zawsze leży po stronie innych („źli klienci", „wściekli partnerzy" lub „durni współpracownicy"). Za bałagan winią nieszczęśliwe zewnętrzne okoliczności albo wręcz pech. Na pozór, znacznie prościej jest winić szefa, pogodę lub gwiazdy na niebie za każde niepowodzenie – jeśli nie da się nic z tym zrobić, jeśli po prostu nie masz wyboru, jeśli nie istnieje inny sposób, w jaki mógłbyś osiągnąć sukces, bez względu na to jak bardzo byś się starał, nikt nie będzie mógł cię winić. A tym samym niczego nie możesz zrobić, aby to zmienić.

Naturalnie, nie jest twoją winą, jeśli wpadniesz w 10-kilometrowy korek, którego zwykle nie ma w tym miejscu i o tej porze, i spóźnisz się godzinę. Nie da się też powiedzieć, co mógłbyś na to poradzić. Ale, o dziwo, są tacy ludzie, którzy, jak się zdaje, nieustannie zderzają się z takimi problemami, którzy zawsze się spóźniają i za każdym razem z innego (ale szczerze!) powodu, podczas gdy takie rzeczy (niemal) nigdy nie zdarzają się ich kolegom poruszającym się w tym samym środowisku, którzy zmierzają na te same zebrania. Oto przyczyna: może nawet nie spowodowałeś zdarzenia, które wyzwoliło problem lub opóźnienie i być może nie miałeś wpływu na te okoliczności, ale jesteś odpowiedzialny za to, jak sobie z nimi poradziłeś, do jakich sytuacji byłeś przygotowany i jak na nie zareagowałeś. Faktem jest, że raz na jakiś czas trafia się nieoczekiwany korek... I nie jest to twoja wina, ale niewątpliwie jesteś odpowiedzialny za to, że nie byłeś na to przygotowany. Zamiast się tłumaczyć, więcej sensu miałoby skupić się na tym, jakie mogłeś mieć inne opcje. A następnie przyznać, że często to ty jesteś winien – nie tego, co się stało, ale tego, jak na to zareagowałeś i – w konsekwencji – końcowego rezultatu.

Na początku takie samooskarżenie może być trochę niewygodne i to jest powód, dla którego wolimy się oszukiwać i wmawiać sobie, że to nie jest prawda. Jednak przy drugim spojrzeniu ujawnia się wielka korzyść: skoro to jednak twój błąd, następnym razem możesz coś z tym zrobić, działając inaczej – chociażby wyruszając wcześniej. Jeśli zebranie było naprawdę ważne, powinieneś zostawić sobie dostateczny zapas czasu, aby poradzić sobie z dowolnym korkiem lub opóźnieniem lotu. Zatem gdy będzie zbliżać się kolejne ważne spotkanie, daj sobie pewien margines, tak na wszelki wypadek.

Sięgnij do podstaw

Jako przykład, rozważmy Charlie Keena, który stale gubi papierowe dokumenty. W pierwszym momencie przyczyną wydaje się kompletnie zawalone biurko. Jednak posprzątanie nie pomaga. Dwa tygodnie później jego biurko znów wygląda tak samo. Jest to po prostu symptom problemu na głębszym poziomie. Pytanie więc brzmi: jaki jest rzeczywisty problem i jakie są jego przyczyny?

Odpowiedź: problem polega na tym, że Charlie nie ma systemu porządkowania przychodzących dokumentów papierowych. Dlaczego więc nie stworzył jakiegoś? Gdyż jest zbyt zajęty. Dlaczego? Gdyż woli zajmować się pilnymi, prostymi sprawami o niskim priorytecie, które jednak są fajne, zamiast niewygodnymi i trudnymi zadaniami o wysokim priorytecie i wpływie na inne sprawy.

Dlatego też rozwiązaniem będzie wdrożenie systemu zadań z rozsądnym określaniem priorytetów, w którym utworzenie metody porządkowania dokumentów otrzyma wysoki priorytet. Będzie go to kosztowało pięć godzin (raz!), które zwrócą się w ciągu paru tygodni, gdyż nie będzie już więcej marnował czasu szukając zgubionych papierów. Zaś konsekwentne i natychmiastowe porządkowanie zajmuje mniej czasu, niż ciągłe szukanie.

Życie w 10% składa się z tego, co ci się zdarza, a w 90% z tego, jak na to reagujesz.

– Charles Swindoll

Powyższe nie dotyczy oczywiście tylko korków na drogach, ale wielu innych zagadnień. Problemem nie są wiadomości mailowe ani liczba zadań, które musisz zrealizować (to są tylko wyzwalacze), nie jest nim też przepełniona skrzynka pocztowa, zapomniane odpowiedzi lub bałagan na biurku (to są rezultaty): sam jesteś odpowiedzialny za to, jak sobie z tym radzisz, a więc to ty możesz to zmienić. Może to być długa, trudna wyprawa, zwłaszcza jeśli już przywykłeś do pewnych wzorców postępowania, takich jak robienie wszystkiego na ostatnią chwilę, wciskanie różnych spraw na szybko przed czymś innym, czy wychodzenie na spotkanie w ostatnim momencie. Ale możesz zmienić te zachowania i stać się punktualnym i przewidywalnym w ciągu zaledwie kilku tygodni lub miesięcy.

Kolejne kroki

Outlook daje ci system planowania czasu, który zapewnia potrzebne wsparcie i pomaga utrzymać się na wybranej drodze, nawet jeśli musisz sobie radzić z wielką liczbą zadań przez długi czas. Masz również tę książkę oraz wideo online (zajrzyj do Wstępu, aby dowiedzieć się, jak uzyskać dostęp do tych nagrań), które pokazują, jak to wszystko działa. Wszystko, co musisz zrobić teraz, to zacząć ich konsekwentnie używać. Daj sobie dość czasu na opanowanie wszystkiego, jeśli uczysz się na włąsną rękę. Albo idź na seminarium z kolegami o podobnych problemach, by skorzystać z wiedzy i wskazówek ekspertów.

Początek będzie trudny: wstępne planowanie zajmuje czas i możesz mieć wrażenie, że całe te plany stają się przeszkodą, a nie pomocą. Jednak już po trzech tygodniach zaczniesz zauważać pierwsze sukcesy, zaś planowanie stopniowo, ale nieuniknienie stanie się nawykiem, będzie łatwiejsze i coraz szybsze. Po pewnym czasie tworzenie dziennego planu zajmie tylko około 10 minut każdego dnia.

Po kilku kolejnych tygodniach będziesz w stanie zapisać i odnaleźć dowolną informację w dowolnej chwili zaledwie jednym lub dwoma kliknięciami. Jeśli zanotowałeś wszystkie podstawowe dane w uporządkowany sposób w Outlook lub OneNote, nie będziesz już musiał się martwić pojedynczymi zadaniami. Zamiast tego będziesz mógł skupić się na myśleniu kreatywnym i szybko dostosowywać swoje plany do dowolnych zmian. Nie będziesz musiał marnować energii na pamiętanie o tym, czym jeszcze musisz się zająć i o czym bezwzględnie nie możesz zapomnieć, gdyż jednym kliknięciem będziesz mógł zobaczyć wszystkie czekające sprawy, zgrabnie ułożone i łatwe do odczytania.

Zaledwie jednym rzutem oka będziesz mógł stwierdzić, czy dasz radę wcisnąć spontaniczną lub nieoczekiwaną aktywność bez tworzenia dodatkowych problemów, czy też wymagałoby to przesunięcia innych zaplanowanych elementów. Jeśli jakieś terminy nałożą się na siebie, bo coś niezależnego się zmieniło, będziesz mógł szybko ocenić, czy oryginalny plan jest dla ciebie bardziej ważny i czy lepszym wyjściem będzie wstawienie nowego zadania, czy też grzeczna, ale stanowcza odmowa.

Robin zdecydował się – i wygrał!

Trzy miesiące później Robin jest już ostatecznie wykończony całym tym stresem i chaosem, a także tym, że w ciągu ostatnich trzech tygodni tylko dwukrotnie widział się z własną żoną i w dodatku tylko po pięć godzin za każdym razem... Bliski załamania nerwowego, walnął pięścią w stół i krzyknął – Musi być jakiś lepszy sposób!

Odważył się na jeszcze jedną próbę: zatrudnił eksperta jako osobistego trenera do ulepszenia zarządzania czasem – z wykorzystaniem tego nowego tabletu i Outlooka. Po analizie sposobu pracy Robina i tego, jak sobie on radzi ze swoimi zadaniami, ekspert omówił wszystkie szczegóły z Robinem i wspólnie wypracowali plan naprawy. Najważniejsze: na początek dał Robinowi tylko jedną pracę domową na czterotygodniowy okres wstępny – najpierw konsekwentnie zapisywać wszystko, co się dzieje. Cztery tygodnie później Robin skupił się na priorytetyzowaniu swoich celów i zadań. Następnie pracował nad listami zadań z kategoriami i dopasowywał widoki do swoich potrzeb. Raz w tygodniu trener dzwonił do Robina, aby porozmawiać o postępach i dać mu wskazówki lub odpowiedzieć na pytania. Gdy Robin osiągał kolejny zamierzony cel po trzech lub czterech tygodniach, przechodził do kolejnego tematu – jeden po drugim, ale konsekwentnie. Trzymając się tej metody, pracowali sześć miesięcy nad ulepszeniem zarządzania czasem...

Dziś mija osiem miesięcy od momentu, gdy zaczęli pracować razem. Robin nie przypomina człowieka, którym był rok temu – pracuje teraz znacznie efektywniej. Jest znowu tym Robinem, którym był dawno temu, gdyż wrócił mu entuzjazm, zapał do podejmowania wyzwań, kreatywność i wyobraźna. Teraz jednak te działania są zaplanowane i uporządkowane. Nieprzyjemne lub mozolne zadania są tymi, od których zaczyna dzień, kończąc je przed lunchem, zamiast lokowania ich po godzinach lub spychania do 11 wieczór z nieprzyjemnym uczuciem na żołądku. Najpierw skupia się na tym, co jest ważne, co pomaga mu robić większe postępy i dotrzeć dalej. Raz na jakiś czas jakieś rzeczy nadal się nie udają, ale znacznie rzadziej niż przedtem. I nie bierze ich sobie tak bardzo do serca. Nawet teraz, raz na jakiś czas zdarza się, że musi zostać w pracy nieco dłużej, ale w każdym tygodniu rezerwuje sobie czas dla żony, córki, najlepszych przyjaciół i ćwiczenia. Tych terminów zawsze dotrzymuje – i czuje się zrównoważony i znacznie szczęśliwszy, niż przez długi czas wcześniej.

Przetestuj bieżącą wersję Office za darmo

Książka ta opiera się na Microsoft Office 2010 – choć Outlook 2007 i Microsoft Office Outlook 2003 również są omówione. Jednak Outlook 2010 oferuje kilka nowych, praktycznych funkcji. Jeśli nadal korzystasz ze starszej wersji pakietu Office (lub samego programu Outlook), możesz pobrać darmową, limitowaną czasowo wersję próbną z poniższej witryny i od razu zacząć z niej korzystać:

http://office.com/try

Jeśli zechcesz zakupić nową wersję Office i uniknąć niewygodnego rozpakowywania i instalacji z dysku DVD, możesz ją pobrać z poniższego adresu:

http://office.com/buy

Dodatkowe informacje na temat Office Web Apps oraz Windows Live SkyDrive są zlokalizowane pod następującym adresem:

http://office.com/web-apps

Weź odpowiedzialność – zrób to teraz!

Teraz piłka jest po twojej stronie. Masz przed sobą długą i trudną drogę, jeśli zdecydujesz się zoptymalizować swoje zarządzanie czasem. Ale jeśli będziesz ją pokonywał odcinek po odcinku i posuwał się do przodu małymi, ale nieustannymi krokami, mając dobrze zdefiniowany cel, dzień po dniu i tydzień po tygodniu, znajdziesz sposoby, aby pokonać wszystkie przeszkody i ostatecznie ukończyć całą drogę. Naprawdę jest tego warta!

Jak można zauważyć, Robin Wood zupełnie zmienił swój sposób pracy – choć nie zmieniły się jego problemy i doświadczenia! Nie zajmujemy się tylko pomocą dla dobrze uporządkowanych menedżerów. Towarzyszyliśmy też licznym uczestnikom seminariów i wspieraliśmy klientów, którzy musieli sobie poradzić nawet z większą liczbą trudności, niż Robin Wood w swojej drodze do udanego zarządzania czasem. Żaden przypadek nie jest beznadziejny, dopóki ta osoba ma wolę i gotowość do zmian. Ty też możesz to zrobić. A gdy już będziesz miał kontrolę nad swoim czasem: zrób następny krok, wykorzystaj to, by zrobić coś niebywałego. Pomyśl o tym, co zrobił Joschka Fischer (patrz „Wybieranie celów dla siebie – nie tylko dla swoich zysków" w rozdziale 6, „Jak wykorzystać OneNote do zapisywania celów, pomysłów i przechowywania notatek"). Nie musisz się ograniczać – to co ważne, to jasne cele, priorytety, dyscyplina i ciężka, ciągła praca.

Zarządzanie czasem to samodyscyplina

Po pierwsze i przede wszystkim, zarządzanie czasem sprowadza się do samodyscypliny – planowanie zorientowane na cele i działanie przy przestrzeganiu jednoznacznych priorytetów. Brak celów, niewiedza, co należy zrobić, niejasne priorytety lub wymawianie się od przyjęcia odpowiedzialności i oskarżanie innych lub okoliczności zewnętrznych to największe przeszkody. Jeśli podjąłeś wyzwanie i zacząłeś postępować, jak pokazaliśmy, wygrałeś już część walki przeciwko brakowi samodyscypliny. Na koniec jest wielki i trudny krok: nauczyć się odrzucać to, co rozprasza, ale zajmować się najważniejszymi sprawami w skoncentrowany i zdyscyplinowany sposób – nawet jeśli te sprawy są niewygodne i niezbyt przyjemne. Pamiętaj: warto poświęcić się ciężkiej pracy i dyscyplinie, jeśli prowadzi to do większej wolności i umożliwia sięgnięcie po większe cele, zdobyć więcej czasu dla siebie i swojej rodziny i mieć na koniec więcej frajdy i zadowolenia.

Nie wystarczy wiedzieć; trzeba użyć.
Nie wystarczy chcieć; trzeba działać.

– Johann Wolfgang von Goethe

Zbuduj swój osobisty plan działania

Zawsze zajmuj się tylko jedną rzeczą na raz. To lepsze, niż przeładowywanie się pracą, utrata motywacji i dążenie do porażki. Miej oko na własną żywotność i zużycie czasu – sukces wymaga czasu i pracy. Kolejne kroki mogą być niewielkie, ale ciągłe.

Twój plan działania (rysunek 7-1) pomoże to osiągnąć, gdyż sam definiujesz swoje cele, a na ich podstawie indywidualne kroki. Jest to również najlepszy sposób narzucenia sobie dyscypliny. Będziesz wiedział, jakie działanie jest potrzebne. Zaglądaj do niego codziennie i postępuj odpowiednio. Zdefiniuj, co ulepszysz w swoim zarządzaniu czasem w następnych sześciu miesiącach. Ustal cel na każdy miesiąc (patrz rozdział 6) i określ pośrednie kroki, wpisując je jako sekcję z sześcioma stronami (jedna na każdy miesiąc) lub konspekt w OneNote. Następnie określ cel na następny miesiąc i zaplanuj działania na pierwszy tydzień.

Sprawdzaj postępy każdego tygodnia. Jeśli osiągniesz cel na koniec miesiąca, daj sobie nagrodę (na przykład idąc do kina lub na koncert) i przejdź do kolejnego celu. Jeśli celu nie udało się osiągnąć, znajdź przyczynę niepowodzenia (patrz ramka „Sięgnij do podstaw" wcześniej w tym rozdziale).

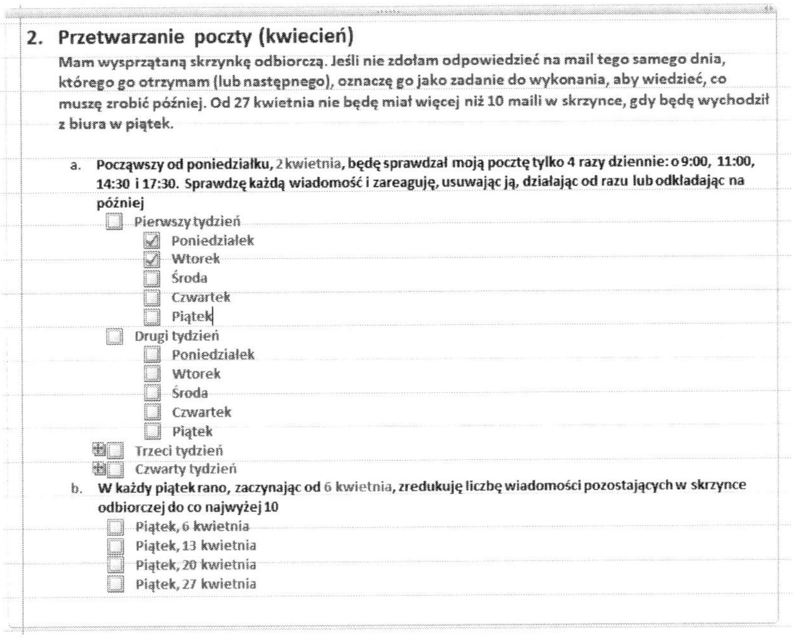
2. Przetwarzanie poczty (kwiecień)

Mam wysprzątaną skrzynkę odbiorczą. Jeśli nie zdołam odpowiedzieć na mail tego samego dnia, którego go otrzymam (lub następnego), oznaczę go jako zadanie do wykonania, aby wiedzieć, co muszę zrobić później. Od 27 kwietnia nie będę miał więcej niż 10 maili w skrzynce, gdy będę wychodził z biura w piątek.

a. Począwszy od poniedziałku, 2 kwietnia, będę sprawdzał moją pocztę tylko 4 razy dziennie: o 9:00, 11:00, 14:30 i 17:30. Sprawdzę każdą wiadomość i zareaguję, usuwając ją, działając od razu lub odkładając na później
- [ ] Pierwszy tydzień
  - [x] Poniedziałek
  - [x] Wtorek
  - [ ] Środa
  - [ ] Czwartek
  - [ ] Piątek
- [ ] Drugi tydzień
  - [ ] Poniedziałek
  - [ ] Wtorek
  - [ ] Środa
  - [ ] Czwartek
  - [ ] Piątek
- [ ] Trzeci tydzień
- [ ] Czwarty tydzień

b. W każdy piątek rano, zaczynając od 6 kwietnia, zredukuję liczbę wiadomości pozostających w skrzynce odbiorczej do co najwyżej 10
- [ ] Piątek, 6 kwietnia
- [ ] Piątek, 13 kwietnia
- [ ] Piątek, 20 kwietnia
- [ ] Piątek, 27 kwietnia

RYSUNEK 7-1 Stwórz plan działania z konkretnymi celami i odnotowuj postępy.

Znajdź towarzysza podróży

Wiele osób stwierdza, że trudno jest zdobyć się na niezbędną dyscyplinę na własną rękę, szczególnie na początku. Poszukaj kogoś, kto będzie cię wspierał, motywował, kontrolował i dodawał otuchy. Kogoś, kto dopilnuje, abyś trzymał się drogi i szturchnie cię w razie potrzeby. W taki sposób wszystko będzie łatwiejsze. Najlepszym towarzyszem byłby oczywiście doświadczony trener.

Jednak dobry kolega lub przyjaciel może równie dobrze odegrać tę rolę, o ile będziesz go traktować poważnie, zgodzisz się na wzajemną kontrolę i szczerość. Wydrukuj plan działania ze swoimi celami dla swego partnera i podpisz go – jak kontrakt. W ten sposób będziesz czuł się bardziej zobligowany. Zgódź się na nagrodę za osiągnięcie miesięcznego celu i karę za niepowodzenie (na przykład będziesz musiał umyć jego rower po wycieczce do lasu) – zależnie od tego, co najlepiej zadziała. Możliwe jest też wspólne utworzenie planu działania lub dobranie się z innym dwuosobowym zespołem, aby lepiej móc motywować się nawzajem i dzielić się wspólnymi doświadczeniami.

Zacznij zaraz i trzymaj się tego!

Klucz do większej ilości wolnego czasu, równowagi, zadowolenia, sukcesu i spokoju ducha leży w twoich rękach. Masz zarówno możliwość, jak i dość czasu, by zmienić swoje zarządzanie czasem – i całe swoje życie. Każdego dnia masz dokładnie 24 godziny – sam decydujesz, jak chcesz je wykorzystać. Nie odkładaj swoich marzeń i najważniejszych zawodowych czy osobistych celów na lata. Któregoś dnia może się okazać, że jest już zbyt późno.

Wskazówka Pamiętasz powiedzenie: „Życie rozdaje karty, ale to ty decydujesz, jak nimi grać". Zdecyduj, dokąd chcesz zabrać swoje życie. Zdecyduj, co jest naprawdę ważne dla ciebie. A później działaj. Jeśli nie teraz, to kiedy?

Jak napisał Szekspir (*Juliusz Cezar*, Akt I, Scena ii): „To nasza tylko, nie gwiazd naszych wina…*". To samo dotyczy twoich szans, marzeń i potencjału. Jesteś tym, od kogo zależy twój los. Możesz po prostu dryfować i patrzeć – albo płynąć, niekiedy nawet pod prąd, który spycha cię w złym kierunku. Weź swoją przyszłość we własne ręce. I zrób to już teraz!

* W przekładzie Leona Ulricha (przyp. tłum.).

DODATEK

Zalecane lektury

Zebraliśmy listę książek, z którymi warto się zapoznać.

W języku polskim:

- Covey, Stephen R. *7 nawyków skutecznego działania*. Rebis, 2006.
- Covey, Stephen R., A. Roger Merrill i Rebecca R. Merrill. *Najpierw rzeczy najważniejsze*. Wydawnictwo Rebis, 2005.
- Seiwert, Lothar. *Spiesz się Powoli. Więcej Czasu w Zwariowanym Świecie*. Wydawnictwo KOS, 2009.
- Stack, Laura. *Superkompetencja. Sześć fundamentów, dzięki którym osiągniesz pełnię swoich możliwości*. Helion, 2011.

i w angielskim:

- Kustenmacher, Tiki, and Lothar Seiwert. *How to Simplify Your Life: Seven Practical Steps to Letting Go of Your Burdens and Living a Happier Life*. New York: McGraw-Hill, 2004.
- McGee-Cooper, Ann, with Duane Trammell. *You Don't Have to Go Home from Work Exhausted! A Program to Bring Joy, Energy, and Balance to Your Life*. New York: Bantam Books, 1992.
- McGhee, Sally. *Take Back Your Life: Using Microsoft Outlook to Get Organized and Stay Organized*. Redmond, WA: Microsoft Press, 2005.
- Morgenstern, Julie. *Never Check E-Mail in the Morning: And Other Unexpected Strategies for Making Your Work Life Work*. New York: Fireside, 2005.
- Morgenstern, Julie. *SHED Your Stuff, Change Your Life: A Four-Step Guide to Getting Unstuck*. New York: Fireside, 2009.
- Seiwert, Lothar. *Managing Your Time (Business Action Guides)*. London: Kogan Page, 1992.
- Seiwert, Lothar. *Time Is Money: Save It*. Homewood, IL: Dow Jones-Irwin, 1989, and London: Kogan Page, 1991.
- Stack, Laura. *Find More Time: How to Get Things Done at Home, Organize Your Life, and Feel Great About It*. New York: Broadway Books, 2006.

- Stack, Laura. *Leave the Office Earlier: The Productivity Pro Shows You How to Do More in Less Time...and Feel Great About It.* New York: Broadway Books, 2004.
- Stack, Laura. *The Exhaustion Cure: Up Your Energy from Low to Go in 21 Days.* New York: Broadway Books, 2008.

O autorach

Prof. dr Lothar Seiwert, CSP, jest jednym z najbardziej znanych europejskich ekspertów w dziedzinie gospodarki czasem. W 2007 roku niemiecka Training and Development Federation doceniła jego pracę, przyznając mu swoją *Lifetime Achievement Award*. W tym samym roku otrzymał również inną ważną nagrodę dla najlepszych wykładowców, gdy został przyjęty do *German Speakers Hall of Fame*. Przez cały rok 2008 trwał niekończący się deszcz nagród i wyróżnień, z których najbardziej godna uwagi jest *Conga Award* przyznana przez Association of German Event Organizers. W 2010 w Orlando na Florydzie został uhonorowany najbardziej cenionym międzynarodowym wyróżnieniem dla profesjonalnych mówców: *Certified Speaking Professional (CSP)*, przyznawanym przez National Speakers Association (NSA). Książki jego pióra regularnie goszczą na szczycie list bestsellerów. Jego światowy mega-seller *Simplify Your Life* (napisany wspólnie z Tiki Kuestenmacher) pozostał na liście bestsellerów magazynu *Der Spiegel* przez blisko 300 (!) tygodni.

Karierę zawodową rozpoczął od pracy w działach HR i szkoleniowych dwóch wielkich korporacji, a później jako specjalista do spraw zarządzania w znanej firmie konsultingowej. Kolejnych 12 lat spędził wykładając na różnych uczelniach w Europie i Ameryce, między innymi na St. Gallen University. Obecnie kieruje własną firmą szkoleniową i konsultingową *Seiwert Keynote-Speaker Ltd.* z siedzibą w Heidelbergu, która w ciągu minionych 20 lat wyspecjalizowała się w dziedzinach zarządzania czasem, Life-Leadership® oraz problemami równowagi pomiędzy pracą a życiem prywatnym. Od 2009 do 2011 pełnił funkcję przewodniczącego German Speakers Association (GSA), jest też członkiem Global Speakers Federation (GSF) for Professional Speakers.

Oficjalna strona internetowa prof. Seiwerta to *www.Lothar-Seiwert.de*

Holger Woeltje jest wiodącym ekspertem w dziedzinie produktywności wspomaganej elektronicznie. Swój własny biznes w dziedzinie konsultingu i szkoleń prowadzi od 2002 roku i jest autorem lub współautorem siedmiu bestsellerów. Współpracuje z kilkoma spośród największych światowych firm, takich jak Credit Suisse, Hewlett Packard, Microsoft, Lufthansa i ThyssenKrupp, zwiększając produktywność ich personelu. Internetowa strona jego firmy to *www.technoproductivity.com*.

Jego prezentacje są porywające i zabawne. Profesjonalne strategie biznesowe i wskazówki techniczne przekazuje w humorystycznej formie, wraz z wieloma przykładami z realnej praktyki. Pasjonuje się podróżami i ułatwianiem życia dzięki technologii. Ma również certyfikat instruktora salsy. Jego autorstwa są stowarzyszone z książką darmowe kursy wideo dotyczące Microsoft Outlook, dostępne pod adresem *www.technoproductivity.com/outlookvideo*.

Indeks

Symbole i liczby

, (przecinek) w nazwach kategorii *79*
; (średnik) w nazwach kategorii *79*
25000$, metoda
  bufory czasowe *132*
  dzienne planowanie *127*
  oczekujące działania *130*
  omówienie *54-58*
3M, reguła *212*
60:40, reguła *132*
80-20, reguła *38*

A

„A", klasa priorytetu zadań
  godziny produktywności *118*
  omówienie *40*
adresy, zapisywanie *43*
akapity, puste wiersze pomiędzy *31*
akcje, Kreator reguł *31*
aktualizacje statusu, wyświetlanie *10*
aktywności. *Zobacz* zadania
akustyczne powiadamianie o nowych wiadomościach *6*
alarmy
  oflagowywanie wiadomości *24-27*
  otrzymywanie wiadomości alarmowych *25*
alokowanie czasu
  dla postaci życiowych *90*
  limity i możliwości *37*
  planowanie tygodniowe *63, 86*
archiwizowanie wiadomości mailowych *13-14*
Asystent planowania *137, 143*
Autokorekta, opcja *50*
automatyczne formatowanie *120*
Automatyczne formatowanie, okno dialogowe *102*
automatyczne kolorowanie *72*
automatyczne pobieranie nowych wiadomości *7*
automatyczne wstawianie świąt do kalendarza Outlook *125*

B

„B", klasa priorytetu zadań
  Godziny produktywności *118*
  omówienie *40*
badanie, SharePoint Web Parts *171*
biblioteki dokumentów *167*
BlackBerry
  oznaczanie wiadomości jako zadań *18*
  przypisywanie kolorowych flag do wiadomości *24*
  sporządzanie notatek *178*
  usuwanie maili *12*
Blok zadań
  konwertowanie wpisów na terminy *100*
  korzystanie z *132*
bloki
  omówienie *7*
  przetwarzanie poczty *12*
  wiadomości mailowych *11*
bufory czasowe, planowanie dnia *132*

C

„C", klasa priorytetu zadań *41*
całodzienne wydarzenia *161*
cele
  definiowanie *210*
  długoterminowe cele i plany tygodniowe *63, 214*
  kategorie dla *79*
  konspekty *192*
  zebrań *139, 164*

chmura, aplikacje Office oparte na *165*
cofanie, grupowanie listy zadań w kategorie *84*
cyfrowy notes: OneNote *179, 181*
czas do ukończenia, szacowanie dla oczekujących działań *130*
czas oczekiwania, bloki przetwarzania poczty *8*
Czas pracy (całkowity), pole *130*
Czas pracy (rzeczywisty), pole *130*
czas reakcji na wiadomości pocztowe *5*
czas trwania, szacowanie dla nadchodzących działań *130*
czcionki, kolor *188*
czerwone flagi, data ukończenia zadania *134*
czerwony kolor, wyłączanie dla przeterminowanych zadań *123*

D

„D", klasa priorytetu zadań *41*
dane
  wymienianie danych *180*
  znaczniki notatek *180*
Data rozpoczęcia, formularz Zadanie *45*
delegowanie zadań do innych *14*
długoterminowe cele
  kategorie dla *79*
  plany tygodniowe *63*
do wykonania, elementy w wiadomościach pocztowych *32*
dodawanie krótkich notatek i przypominaczy do wiadomości *26*
dokumenty
  biblioteki dokumentów *167*
  dla zebrań *139*
  dodawanie jako obrazów *190*
  łączenie z notatkami *206*
  obszar roboczy spotkania *166*
  tworzenie konspektu *192*
  wstawianie kopii *47*
  zarządzanie *174*
Domyślny szablon, funkcja *205*
Dostosowywanie widoku, okno dialogowe *102*
Dostosuj widok bieżący, polecenie *119, 127, 134*
drukowanie *206-208*
dzienna krzywa wydajności *109*
dzienne protokoły *115*
dziennik dla półautomatycznych protokołów czasowych *113*
Dziś, data ukończenia w filtrach *128*

E

edukowanie natarczywych nadawców *5*
edytor tekstowy w Outlook 2010/ Outlook 2007 *47-51*
Eisenhowera macierz *39-41*
eksportowanie
  OneNote *206-208*
  wiadomości mailowych *202*
elementy
  ostatnio edytowane *204*
  wyszukiwanie za pomocą znaczników *197*
emocjonalne czynniki w mailach *2*
Exchange, serwer *141*

F

Facebook
  aktualizacje *10*
  informacje kontaktowe *145*
filtry
  „do wykonania na dziś" *128*
  filtrowanie według kategorii *78-82*
  kategorii *78*
  kryterium „ten tydzień" *94*
  Lista zadań *18*
  ukrywanie ukończonych zadań *127*
  widoki *53*
Fischer, Joschka, trenowanie i utrata wagi *211*
foldery
  przenoszenie wiadomości do *22*
  sortowanie w programie Outlook *21*
  tworzenie i korzystanie z *20-23*
  wyszukiwania *27*
formatowanie
  automatyczne kolorowanie *120*

terminów *71*
Formatowanie tekstu, karta *47, 49-51*
frazowanie w wiadomościach mailowych *31*

G

główna lista kategorii *67*
czyszczenie w Outlook 2003 *75*
przeglądanie *68*
przypisywanie kategorii przy użyciu *74*
wypełnianie w Outlook 2003 *76*
główna lista zadań, nieukończone zadania *95*
Godziny produktywności
plany dzienne *127*
rozdzielanie zadań *130*
skupianie się na ważnych zadaniach bez przerw *116-118*
grupy
grupowanie widoku Ukończone w tym tygodniu według kategori *94*
używanie grup Znaczniki lub Opcje przy pisaniu wiadomości *25*
według kategorii *78-86*
Widok bieżący, grupa *127*
widoki kalendarza z pogrupowanymi tematycznie listami terminów *124*
zadań według kategorii *83*
zgrupowane widoki *83*
Znaczniki, grupa *66*

H

hiperłącza
tytuły *203*
w OneNote *202*
historia wersji dokumentów *168*
HTML, format wiadomości mailowych *31*

I

Internet Explorer *207*
istotność tekstu wiadomości dla odbiorcy *31*

J

jakość czasu *89*
jednoznaczność w pisanym tekście maila *31*

K

kalendarze
Kalendarz, przycisk *150*
nakładki kalendarzy i planowanie zebrań *147-163*
optymalizowanie dla wezwań na spotkanie *139*
przypisywanie kategorii *66*
udostępnianie kalendarzy *141*
wezwanie na spotkanie *158-163*
widok kalendarza jako tematycznie pogrupowanych list terminów *124*
widok zadań dla planowania tygodnia w kalendarzu *99*
widoki *126*
wyświetlanie obok siebie *145*
kasowanie znaczników *195*
Zobacz także usuwanie
kategorie
bloki zadań *110*
filtrowanie i grupowanie według kategorii *78-86*
grupowanie widoku Ukończone w tym tygodniu *94*
grupowanie zadań według *83*
kolorowe *69-78*
korzystanie w programie Outlook *47*
oflagowywanie wiadomości *23*
omówienie *64-69*
porządkowanie zadań według *83*
telefony *111*
ukrywanie zadań z kategorii blokowych *118*
„każdą kartkę bierz do ręki tylko raz", reguła *12*
Kiesel, zasada *86-91*
poświęcanie czasu na to, co jest ważne *90*
utrzymywanie życia w równowadze *86*
wspólne planowanie życia zawodowego i prywatnego *87-90*
kluczowe frazy *180*
kluczowe słowa, przypisywanie do zadań *64*
kolory
automatyczne kolorowanie terminów *102*
cyfrowe notesy *179*

kolory (*cd.*)
główna lista kategorii *67*
oflagowywanie terminów *160*
OneNote *187*
przypisywanie kolorowych flag do maili *24*
śledzenie kategorii *69-78*
terminów w Outlook 2003 *103*
użyteczność w zarządzaniu czasem *118*
wyróżnianie tekstu *195*
konspekt, tworzenie *192-195*
konspekt, widok *179*
kontakty
Facebook *145*
folder Kontakty: numery telefonów *8*
informacje osobiste i zdjęcia *9*
LinkedIn *10, 145*
moduły Web Part w SharePoint *171*
struktura folderów *21*
tworzenie wpisów kontaktów *15, 200*
wstawianie wiadomości i plików *48*
zapisywanie informacji *43*
kontenery w OneNote *185*
kontrakty, planowanie podczas tworzenia *41*
konwersacje
notatki *183*
strony *192*
konwertowanie wiadomości pocztowych na zadania i terminy *13-20*
kopiowanie
obrazów *186*
stron *184*
wiadomości mailowych *22*
Kopiuj tekst z obrazu, polecenie *208*
koszty zebrań *154*
kraje, święta *125*
Kreator reguł, przypomnienia kontrolowane przez nadawcę *26*
kreatywność *219*
krewni, czas dla *90*
kryteria
„w tym tygodniu", kryterium filtrowania *94*
klasy priorytetów *40*
kolorowanie zadań *123*
„kunktatorstwo" *108*

L

Lee, Ivy, na temat priorytetyzowania zadań *55*
LinkedIn *10, 145*
Lista akcji, kategoria blokowa *111*
Lista zadań
dostosowywanie *98*
ukrywanie lub wyświetlanie *98*
Lista zadań do wykonania
Pasek zadań do wykonania *58*
wyświetlanie zadań i wiadomości z wielu folderów w tym samym czasie *58*
listy
Czas *127*
Domyślny szablon *205*
dostosowywanie listy zadań *135*
główna lista kategorii *67*
kategorii *111*
Klawisz skrótu *67*
kontaktów *171*
Lista akcji *111*
Lista zadań do wykonania *98*
Rodzaj pozycji *113*
sekcji *183*
widoki kalendarza z pogrupowanymi tematycznie listami terminów *124*
zadań *43*
listy kontrolne, OneNote *204*
Live Meeting *157*
lokalizacje
jako podstawa kategorii *77*
struktura folderów *21*
Ludzie, panel *144*
łącza
synchronizacja OneNote i Outlook *201*
wstawianie do plików *48*
łączenie
dokumentów z notatkami *206*
plików *175*
łączenie zadań w bloki *109*

M

macierz Eisenhowera *39-41*
magazynowanie wiadomości *13-14*

mail. *Zobacz* poczta elektroniczna
malarskie narzędzia *179*
Microsoft Exchange Server *141*
Microsoft Office Live Meeting *157*
Microsoft Office. *Zobacz* Office
Microsoft OneNote. *Zobacz* OneNote
Microsoft Project *45*
Microsoft SharePoint *165*
mini-pasek narzędzi *50*
minimalizowanie Paska zadań do wykonania w Outlook 2010/Outlook 2007 *134*
Moje zadania, okienko *58*
motywy. *Zobacz także* kategorie
  przypisywanie do zadań *64*

N

nadawca, informacje *9*
Narzędzia zadań, karta Listy zadań *96*
następne działania
  notesy *183*
  OneNote *195*
  zasady zespołu *25*
natarczywi nadawcy *5*
nawigator daty *147*
negatywne filtry *78, 80*
„Nie", mówić częściej *41*
nieaktywny czas
  Lista akcji *111*
  planowanie wykorzystania *109*
niedokończone zadania *94*
Nieobecny, wartość *161*
niepowodzenia, przyczyny *107*
notatka, pole
  formatowanie tekstu *49*
  korzystanie w formularzu Zadanie *47*
notatki głosowe *178*
notatki. *Zobacz także* OneNote
  dodawanie krótkich notatek i przypominaczy do wiadomości *26*
  linie czasowe *176*
  łączenie z dokumentami *206*
  udostępnianie *203*
notesy w sieci Web *183*
notesy. *Zobacz także* OneNote
  papierowe notatniki *178*
  przeszukiwanie *198*
  struktura *181*
Nowe wezwanie na spotkanie, polecenie *146*
numery klientów, struktura folderów *21*
numery referencyjne, struktura folderów *21*

O

obcy język, słownik i tezaurus *50*
obrazy
  cyfrowe notesy *179*
  dodawanie jako dokumentacji *190*
  jako tło *189*
  OCR *208*
  w panelu Ludzie *145*
  wstawianie, przenoszenie i skalowanie w OneNote *186*
obsługiwanie
  przeszkód *4-8*
  wiadomości mailowych *4-11*
obszar roboczy spotkania *165-171*
ocenianie poprzedniego tygodnia *93*
OCR, udostępnianie tekstu na obrazach *208*
oczekiwania, jasne formułowanie w mailach *32*
oczekujące zadania
  metoda 25000$ *127*
  szacowanie czasu *130*
odbiorcy wiadomości mail *4*
odczytu, okienko, włączanie i wyłączanie w Outlook 2010 *51*
odpowiadanie na maile *2, 8*
odpowiadanie na maile akapit po akapicie *31*
odpowiedzialność
  dzięki planowaniu *41*
  przed sobą samym *109*
odręczne notatki
  cyfrowy notes *179*
  dodawanie do tekstu *194*
  komputery typu tablet i OneNote *191*
  na obrazach *190*
odrzucanie zadań klasy D *41*

Office
przetwarzanie w chmurze *165*
tematy i OneNote *200*
testowanie za darmo *223*
oflagowywanie
wiadomości mailowych *17, 23-29, 31*
zadania według daty ukończenia *134*
oflagowywanie wiadomości *23*
okna, przełączanie w programie Outlook *113*
OneNote *173-215*
dalsze działania *195-199*
eksportowanie i drukowanie *206-208*
kategorie (nazywane znacznikami w OneNote) *195-198*
korzystanie z *180-191*
łączenie z OneNote z innych aplikacji *200*
OCR tekstu z obrazów *208*
omówienie *176-180*
podstawy *175, 215*
protokoły zebrań *192-205*
tworzenie/łączenie zadań z/do Outlook *199*
ustalanie celów *210, 214*
wiadomości, dodawanie z programu Outlook *202*
znaczniki *195-198*
Opcje edytora, okno dialogowe *51*
Opcje wiadomości, okno dialogowe *69*
Opcje, grupa, pisanie wiadomości mailowych *25*
opóźnienia, planowanie na wypadek *109*
ostateczne terminy, struktura folderów *21*
otwarte pytania *180*
otwieranie stron i podstron *184*
Otwórz kalendarz udostępniony, polecenie *146*
Outlook 2003
czyszczenie głównej listy kategorii *75*
dodawanie krótkich notatek i przypominaczy do wiadomości *26*
dostrajanie widoku 25000$ *127*
kolor dla każdego terminu *103*
obszar roboczy spotkania *167*
odpowiadanie na wezwania na spotkanie *149*
OneNote *180*
Otwórz kalendarz udostępniony, polecenie *146*
Prywatne, pole wyboru *162*
przecinki i średniki w nazwach kategorii *79*
przypisywanie kategorii przy użyciu głównej listy *74*
przypisywanie kolorowych flag do wiadomości *24*
rozwijanie i zwijanie grup *85*
system kategorii *64, 73-78*
widok zadań do planowania tygodnia *99*
widoki *51*
widoki kalendarza *126*
wstawianie kopii dokumentów *47*
wstawianie wielu wiadomości do zadań i terminów *17*
wyłączanie automatycznego pobierania nowych wiadomości *7*
wyłączanie wizualnych i akustycznych powiadomień *6*
wypełnianie głównej listy kategorii *76*
wyświetlanie informacji o nadawcy *9*
Outlook 2007
Asystent planowania *143*
Dostosuj bieżący widok, polecenie *134*
dostrajanie widoku 25000$ *127*
edytor tekstowy *47-51*
główna lista kategorii *67*
kolorowanie terminów według kategorii *70*
Lista zadań do wykonania: wyświetlanie zadań z wielu folderów oraz wiadomości w tym samym czasie *58*
mini-pasek narzędzi *50*
obszar roboczy spotkania *167*
odpowiadanie na wezwania na spotkanie *149*
OneNote *180*
Opcje, grupa *25*
Otwórz kalendarz udostępniony, polecenie *146*
oznaczanie wiadomości jako zadań *17*
Pasek zadań do wykonania *132*
Prywatne, przycisk *162*
przecinki i średniki w nazwach kategorii *79*

przypisywanie kategorii do wiadomości *66*
przypomnienia *24*
rozwijanie i zwijanie grup *85*
system kategorii *64*
Śledzenie, przycisk *152*
Termin, widok *144*
widok zadań do planowania tygodnia *99*
widoki *51*
widoki kalendarza *126*
wielojęzyczne sprawdzanie pisowni i słownik obcego języka lub tezaurus *50*
wielojęzyczne sprawdzanie pisowni i słownik obcego języka *51*
wspólne planowanie zadań i terminów *96*
wstawianie kopii dokumentów *47*
wstawianie wielu wiadomości do zadań i terminów *17*
wyłączanie automatycznego pobierania nowych wiadomości *7*
wyłączanie wizualnych i akustycznych powiadomień *6*
Wyślij aktualizację, przycisk *152*
wyświetlanie informacji o nadawcy *9*
wyświetlanie kolorów kategorii *69*
wyświetlanie wielu kalendarzy *147*
Outlook 2010
Asystent planowania *143*
dostrajanie widoku 25000$ *127*
edytor tekstowy *47-51*
główna lista kategorii *67*
Kalendarz, przycisk *150*
kolorowanie terminów według kategorii *70*
Lista zadań do wykonania: wyświetlanie zadań z wielu folderów oraz wiadomości w tym samym czasie *58*
Ludzie, panel *145*
obszar roboczy spotkania *167*
odpowiadanie na wezwania na spotkanie *149*
Otwórz kalendarz, polecenie *146*
oznaczanie wiadomości jako zadań *17*
Pasek zadań do wykonania *132*
Prywatny, przycisk w grupie Znaczniki na karcie Termin *162*
przecinki i średniki w nazwach kategorii *79*
przypisywanie kategorii do wiadomości *66*
przypomnienia *24*
Śledzenie, przycisk *152*
Termin, widok *144*
Ustawienia widoku, polecenie *134*
widok zadań do planowania tygodnia *99*
widoki *51*
widoki kalendarza *126*
wiele kont Exchange *141*
wielojęzyczne sprawdzanie pisowni i słownik obcego języka lub tezaurus *50*
wspólne planowanie zadań i terminów *96*
wstawianie kopii dokumentów *47*
wstawianie wielu wiadomości do zadań i terminów *17*
wyłączanie automatycznego pobierania nowych wiadomości *7*
wyłączanie wizualnych i akustycznych powiadomień *6*
Wyślij aktualizację, przycisk *152*
wyświetlanie informacji o nadawcy *9*
wyświetlanie kolorów kategorii *69*
wyświetlanie wielu kalendarzy *147*
Znaczniki, grupa *25*
Outlook Social Connector *9*
oznaczanie zadań *120*

P

Pareto, zasada *38*
Pasek zadań do wykonania
omówienie *58*
Outlook 2010/Outlook 2007 *99, 132*
pełnotekstowe wyszukiwanie w OneNote *198*
pilność i priorytetyzacja *37, 40*
piórka
cyfrowe notesy *179*
komputery typu tablet *180*
korzystanie w OneNote *188*
OneNote *185, 187*
pisanie wiadomości w celu lepszego komunikowania się *31*
Pisownia, polecenie *51*

planowanie
  bloki *110*
  budowanie konspektu *192*
  obsługiwanie zależności *45*
  OneNote *181*
  reguła 60:40 *132*
  zadań w ciągu dnia *129*
  zapisywanie planów *37, 41*
  zebrania *139*
planowanie dnia *105-136*
  Blok zadań, okienko *132*
  bloki zadań *109-113*
  bufory czasowe *132*
  dostrajanie *127-130*
  dziennik dla półautomatycznych protokołów czasowych *113*
  krzywa wydajności i krzywa zakłóceń *115*
  Pasek zadań do wykonania *132-135*
  podstawy *109, 135*
  porządek musi być *118-123*
  skupianie się na ważnych zadaniach podczas godzin produktywności *116-118*
  terminy *123-126, 132*
Planowanie, przycisk *152*
plany działania, tworzenie osobistego *224*
Plik, karta *183*
pliki
  wstawianie łączy do plików *48*
  wstawianie wiadomości i plików do terminów i kontaktów *48*
pobieranie automatyczne nowych wiadomości *7*
poczta elektroniczna *1-34*
  adresy mailowe przy tworzeniu wpisów kontaktów *16*
  czas spędzany przez pracowników biurowych *1*
  eksportowanie wiadomości *202*
  foldery poczty *20-23, 178*
  frazowanie *31*
  i frustracje *3*
  oflagowywanie wiadomości *23-29*
  początki *4, 33*
  przypisywanie kategorii do wiadomości *66*
  rozpraszanie *4-8*
  skrzynka odbiorcza *11-20*
  tekst *31*
  wiersz tematu *32*
  wstawianie wiadomości i plików do terminów i kontaktów *48*
  zaproszenia na spotkania *141*
  zmienianie wzorca odpowiadania *8-11*
podfoldery, tworzenie *20*
podkreślanie w cyfrowych notesach *179*
podróże, planowanie
  notesy *183*
  tworzenie czasu produktywnego *118*
podstawy
  OneNote *175, 215*
  planowania dziennego *109, 135*
  planowania tygodniowego *63, 103*
  priorytetów *37, 59*
  przetwarzania poczty *4, 33*
  zadań *59*
  zarządzania czasem *217-226*
  zebrań *139, 171*
podstrony
  omówienie *182*
  OneNote *181*
  tworzenie *184*
podzadania, zależności pomiędzy *45*
Pokazuj jako, pole *160*
pokazywanie
  Grupuj według, pole *84*
  Lista zadań do wykonania *98*
pola, usuwanie z widoków *57*
porządek dzienny, opisywanie *192*
porządkujący system
  notatek *177*
  ograniczenia systemów papierowych *175*
  ważność *221*
  wiadomości mailowych *12-20*
powiadomienia, wyłączanie o nowych wiadomościach *5*
poza biurem, powiadomienia *5*
pozytywne filtry *78*
półautomatyczne protokoły czasowe, dziennik *113*

pracownicy biurowi, czas poświęcany na pocztę elektroniczną *1*
prezentacji, konspekty *192*
priorytety *35-41*
  25000$, widok *57*
  dostrajanie widoku 25000$ *54-58*
  Eisenhowera diagram i wiadomości *12*
  gaszenie pożaru *36*
  macierz Eisenhowera *39-41*
  Pareto, zasada *38*
  podstawy *37*
  sortowanie zadań według *83*
  struktura folderów *21*
  terminarz tygodniowy *62*
  ważność *35, 221*
  wiadomości *5*
  zadania na najbliższy tydzień *96*
  zapisywanie planów *41*
protokoły
  dzienne *115*
  dziennik dla półautomatycznych protokołów czasowych *113*
  konspekty *192*
  omówienie *165*
  OneNote *192-205*
  udostępnianie *203*
prywatność
  czas prywatny: planowanie *87*
  osobiste terminy *162*
przeciągnij i upuść, technika
  konwertowanie wiadomości na zadania *18*
  przenoszenie wiadomości do własnych folderów *22*
  sortowanie zadań przy użyciu kategorii *84*
przecinek (,) w nazwach kategorii *79*
przeglądanie głównej listy kategorii *68*
przełączanie się
  do zadań *18*
  okien w programie Outlook *113*
  stronami *179*
przenoszenie
  obrazów w OneNote *186*
  stron *184*
  wiadomości do folderów *22*
przerwy
  krzywa zakłóceń *109, 115*
  planowanie na wypadek *109*
  spotkania ze sobą samym *132*
przerwy podczas zebrań *164*
przerywanie
  odpieranie podczas godzin produktywności *117*
  planowanie na wypadek *109*
  podczas godzin produktywności *116-118*
  przez wiadomości pocztowe *1, 5*
przeszukiwanie
  pełnego tekstu w OneNote *198*
  skrzynek pocztowych *27*
  szybkość *175*
  tekstu wydzielonego przez OCR *208*
przeterminowane zadania, wyłączanie kolorowania na czerwono *123*
Przetłumacz/Minitłumacz, polecenie *51*
przetwarzanie. *Zobacz* obsługiwanie
przychodzące wiadomości, usuwanie *12*
przydzielanie zadań innym osobom *14*
przygotowywanie do zebrań *139*
przypisywanie kategorii
  do wiadomości mailowych *66*
  do zadań *65*
  przy użyciu głównej listy kategorii *74*
  w kalendarzach *66*
przypomnienia
  dodawanie krótkich notatek i przypominaczy do wiadomości *26*
  Kreator reguł i przypomnienia kontrolowane przez nadawcę *26*
  oflagowywanie wiadomości *24-27*
  zasady zespołu *25*
puste wiersze pomiędzy akapitami w wiadomościach pocztowych *31*

R

ramy czasowe, odpowiedzi na pocztę elektroniczną *5*
raporty
  konspekty *192*
  kontra komunikacja pocztowa *11*

Recenzja, karta 47
reguły wiadomości 30
rejestrowanie informacji 176
ręczne kolorowanie 72
Rodzaj pozycji, lista 113
rozmowy telefoniczne
  deaktywowanie podczas godzin produktywności 117
  kontra mail 5
  lista kategorii 111
  łączenie w kategorie 109
  obsługiwanie w blokach 109
  przygotowywanie i notatki 176
  ukrywanie indywidualnych krótkich rozmów wykonywanych w blokach 118
rozpowszechnianie zadań i terminów 107
rozrywki, planowanie 88
rozwiązania 213
rozwijanie grup 85
rozwijanie poziomów w OneNote 193
równowaga, utrzymanie życia w: zasada Kiesel 86
RSS, strumienie, wyświetlanie 10
rysowania, narzędzia 175, 179
rysunki
  na obrazach 190
  usuwanie 189

S

samodyscyplina a planowanie dzienne 109
schowki 177
Schwab, Charles Michael, o priorytetyzowaniu zadań 55
sekcje
  korzystanie z 183
  notesy 183
  OneNote 182
sekcje kontra notesy 182
sformatowane wiadomości, HTML 31
SharePoint 165
SharePoint Web Part, dla spotkań 171
skalowanie obrazów w OneNote 186
skanery i obrazy w OneNote 186
skróty klawiszowe, główna lista kategorii 67
skrzynka odbiorcza 11-20
  Godziny produktywności 118
  organizowanie poczty 4
  przetwarzanie w ramach bloku przy użyciu systemu UJDO 12
  rezerwowanie czasu na porządkowanie 33
  wstępne sortowanie przez program Outlook 29-31
skrzynki pocztowe, przeszukiwanie 27
słownik obcego języka lub tezaurus 50
SMS kontra mail 5
Social Connector, Outlook 2010: wyświetlanie bieżących informacji o nadawcy 9
sortowanie
  listy zadań 18
  według priorytetów 83
  wiadomości pocztowych 23
  zadań według kategorii 83
sprawdzanie pisowni 50
  narzędzia 47
sprawdzanie wiadomości 4, 7
Sprawdzanie/Poszukaj, polecenie 50
sprzątanie głównej listy kategorii w programie Outlook 2003 75
stały dzień odpoczynku na tydzień 101
status zebrań 152
strony
  hiperłącza w OneNote 202
  korzystanie z 183
  notatki z zebrań i rozmów 192
  OneNote 181
  przełączanie się pomiędzy 179
  przesuwanie obrazów po 186
  szablony w OneNote 204
  terminarze 181
  tworzenie 184
  wypełnianie 185
strukuralne porządkowanie 177
styl pisania w mailach 31
synchronizowanie OneNote i Outlook 201
szablony
  stron 204
  tworzenie w OneNote 205

szacowanie priorytetów *46*
szkice
  cyfrowe notesy *179*
  dodawanie do tekstu *194*
szkolenie natrętnych nadawców *5*
Szybkie części *49*
Szybkie tabele *49*

Ś

śledzenie wiadomości *2*
Śledzenie, przycisk *152*
śmieciowe maile *1*
średnik (;) w nazwach kategorii *79*

T

tabelaryczny widok w kalendarzu *123*
tabele
  edytor tekstowy *49*
  w OneNote *195*
tablet, typ komputera
  OneNote *191*
  piórka *180*
„Tak", dla tego co ważne *41*
tekst
  dodawanie rękopiśmiennych notatek lub szkiców *194*
  drukowanie do OneNote *207*
  formatowanie w polu notatki *49*
  kolor *187*
  mail *31*
  na obrazach *190*
  OneNote *185*
  przesuwanie wewnątrz kontenerów *185*
  wiele znaczników *197*
  wyróżnianie kolorem *195*
  zakreślacze tekstu w OneNote *187*
  zaznaczanie w OneNote *193*
telefoniczne numery
  odczytywanie *8*
  przy tworzeniu wpisów kontaktów *16*
  zapisywanie *43*
tematy
  formularz Zadanie *45*
  w OneNote i Office 2010 *200*
  wiadomości *32*
tematyka
  obsługiwanie w wiadomościach *32*
  podsumowywanie *192*
  struktura folderów *21*
  umieszczanie różnych tematów w oddzielnych wiadomościach *32*
„ten tydzień", kryterium filtrowania *94*
Termin, formularz *143*
Termin, widok *144*
terminy
  automatyczne kolorowanie *102*
  dzienne planowanie *123-126, 132*
  edytowanie *153*
    wprowadzanie do własnego kalendarza *159*
  formatowanie i kolorowanie *71*
  godziny produktywności *117*
  kolory w Outlook 2003 *103*
  kontra zadania *44*
  konwertowanie wiadomości pocztowych na *13-20*
  konwertowanie z Paska zadań do wykonania *100*
  konwertowanie z wiadomości pocztowych *14*
  oznaczanie jako prywatnych *162*
  pasek zadań *132*
  planowanie wspólnie z zadaniami *96-103*
  Pokazuj jako, pole *160*
  rozprowadzanie *107*
  tworzenie z poszczególnych części wiadomości mailowej *16*
  własne *98*
  wstawianie wiadomości i plików *48*
  wstawianie wielu maili *16*
  wyświetlanie w widoku tabelarycznym *123*
  zapisywanie *43*
  ze sobą samym *160*
tezaurus *50*
tło
  kolor *188*
  obraz jako *189*
tłumaczenia, język *51*

tłumaczenie na inny język *51*
towarzysze *225*
transferowanie zadań do programu Outlook *199*
Twitter, aktualizacje *10*
tygodniowe plany *61-104*
  co jest naprawdę ważne *62*
  daty ukończenia *46*
  kategorie *64-86*
  Outlook *93-103*
  podstawy *63, 103*
  zasada Kiesel *86-91*
tytuły, hiperłącza *203*

U

uchwyt akapitu *185*
uczestnicy zebrań *139*
udostępnianie
  informacji kontaktowych *16*
  notatek i protokołów *203*
  notesów *183*
udostępnione kalendarze
  planowanie zebrań *141*
  wyświetlanie obok siebie *145*
UJDO, system *12*
ukończenia, daty
  dla zadań *46*
  Dziś, w filtrach *128*
  w wiadomościach mailowych *33*
  zadania kontra terminy *44*
Ukończone w tym tygodniu, widok *93*
Ukończono %, pole *47*
ukrywanie
  indywidualnych krótkich rozmów przeznaczonych do wykonania w bloku *118*
  Listy zadań do wykonania *98*
  pola Grupuj według *84*
  ukończonych zadań *54, 127*
  zadań do wykonania w bloku *118*
usuwanie
  formatowania w polu notatki *49*
  przychodzących wiadomości *12*
  rysunków *189*
  wiadomości mailowych *18*
  zduplikowanych świąt *126*
  znaczników *195*
utracone notatki *177*

W

Warunkowe formatowanie, okno dialogowe *102, 120*
warunkowe kolorowanie *72*
ważne i pilne, priorytet *40*
wiadomości tekstowe kontra mail *5*
Wiadomość, formularz, odpowiadanie na wezwanie na spotkanie *149*
Widok bieżący, grupa *127*
Widok bieżący/Dostosuj widok bieżący, polecenie *127*
Widok/Ułóż według/Bieżący widok/Dostosuj bieżący widok, menu *127*
widoki
  25000$ *56, 128, 130, 132*
  definiowanie w programie Outlook *51*
  dla bloku rozmów telefonicznych *111*
  Dzień/Tydzień/Miesiąc - widoki kalendarza *66*
  filtry *53, 78-82*
  grupowanie widoków *83*
  kalendarza *124, 126*
  oflagowywanie wiadomości *27*
  protokół dzienny *115*
  Termin, widok *144*
  tworzenie wezwań na spotkania *145*
  Ukończone w tym tygodniu *93*
  ukrywanie zadań przeznaczonych do wykonania w blokach w widoku tygodnia/dnia *118-120*
  ustawienia *123, 134*
  usuwanie nadmiarowych pól *57*
  użyteczność do zarządzania czasem *118*
  Widok bieżący/Dostosuj widok bieżący, polecenie *127*
  widok zadań do planowania tygodnia *99*
  wyświetlanie terminów w widoku tabelarycznym *123*
wiele kont Exchange *180*

wielojęzyczne sprawdzanie pisowni *50*
Windows Explorer *206*
Windows SharePoint Services *165*
wirtualny cyfrowy system notatnikowy *179*
witryny, zapisywanie w OneNote *207*
wizualne powiadomienie o nowej wiadomości *6*
Wklej, polecenie *49*
Właściwości, okno dialogowe *69*
wolny czas, wyszukiwanie *141-147*
Wolny, wartość *161*
wstawianie
  kopii dokumentów *47*
  łączy do plików *48*
  obrazów w OneNote *186*
  tabel *195*
  wiadomości i plików do terminów i kontaktów *48*
  wielu wiadomości do zadań i terminów *16*
  zrzutów ekranu *186*
Wstawianie, karta edytora tekstu w Outlook 2010/Outlook 2007 *48*
Wstępna akceptacja, opcja odpowiedzi *151*
wstępne sortowanie skrzynki odbiorczej przez program Outlook *29-31*
Wstępnie zaakceptowane, wartość *161*
wstępny konspekt *192*
Wybór pola, okienko *130*
wydajności, krzywa *115*
wyłączanie
  automatycznego pobierania nowych wiadomości *7*
  powiadamiania o nowych mailach *5*
wyróżnianie tekstu kolorem *195*
wyszukiwanie
  elementów za pomocą znaczników *197*
  wiadomości mailowych *2*
Wyślij aktualizację, przycisk *152*
Wyświetl w trybie nakładki, polecenie *147*
wyświetlanie
  informacji o bieżącym nadawcy w Outlook 2010 *9*
  strumieni RSS i aktualizacji statusu *10*
  zadań i terminów w pasku zadań *132*

Z

zadania *43-58*
  bloki zadań *109-113*
  budowanie konspektu *192*
  cyfrowe notesy *180*
  dostosowywanie listy zadań *135*
  dostrajanie priorytetów *54-58*
  edytor tekstowy w Outlook 2010/Outlook 2007 *48-51*
  filtry *53*
  grupowanie według kategorii *83*
  koncentrowanie się podczas godzin produktywności *116*
  kontra terminy *44*
  konwertowanie wiadomości na *13-20*
  Lista zadań do wykonania: wyświetlanie zadań z wielu folderów oraz wiadomości w tym samym czasie *58*
  listy zadań *43*
  łączenie mniejszych codziennych zadań w kategorie *109*
  łączenie przy użyciu kategorii *64-86*
  metoda 25000$ i oczekujące zadania *127*
  nieukończone zadania *94*
  Outlook *44-48*
  oznaczanie *120*
  oznaczanie wiadomości jako zadań *17*
  planowanie dnia przy użyciu widoku 25000$ *129*
  planowanie tygodniowe *93-96*
  planowanie w ciągu dnia *129*
  planowanie wspólnie z terminami *96-103*
  przełączanie do *18*
  przesyłanie do programu Outlook *199*
  przydzielanie innym *14*
  przypisywanie kategorii *65*
  rozprowadzanie *107*
  scalanie w bloki *109*
  sortowanie lub filtrowanie listy *18*
  sortowanie według priorytetów *83*
  spotkania ze sobą samym *132, 160*
  tworzenie z indywidualnych części wiadomości pocztowej *16*
  tworzenie z wiadomości pocztowych *14*

ukrywanie *118-120, 127*
ustalanie wpływu *37*
widok zadań do planowania tygodnia *99*
widoki w programie Outlook *51*
zadania (*cd.*)
wstawianie wielu wiadomości *16*
wyłączanie kolorowania przeterminowanych zadań na czerwono *123*
wyznaczanie na dziś lub jutro *122*
zapisywanie *43*
Zadanie, formularz
kategorie *65*
otwieranie *74*
wprowadzanie danych *44*
Zajęty, wartość *160*
zakłócenia *4-8*
dzienne planowanie *107*
mail *4*
natarczywi nadawcy *5*
przetwarzanie poczty w blokach *7*
wyłącznie powiadamiania o nowych wiadomościach *5*
zakreślacze tekstu *175*
cyfrowe notesy *179*
korzystanie w OneNote *188*
wyróżnianie na obrazach *190*
zakreślanie w cyfrowym notesie *179*
zależności w złożonych planach *45*
zapisywanie notatek *177*
zaproszenia na spotkania *141*
Zarządzaj widokami, polecenie *124*
Zarządzanie wszystkimi widokami, okno dialogowe *124*
zastępcze zadania *41*
Zaznacz i wpisz, narzędzie *185*
zdjęcia kontaktów *9*
zebrania *137-172*
marnowanie czasu *138*
nakładki kalendarzy *147-163*
Outlook i wezwania na spotkania *141-147*
podstawy *139, 171*
protokół w OneNote *192-205*
przygotowywanie *163-171*
udostępnianie notatek *203*
wezwania na spotkanie *117, 143*
Wezwanie na spotkanie, formularz *144*
z określonymi kontaktami *10*
znaczniki notatek *180*
Znaczniki, grupa
korzystanie z *66*
pisanie wiadomości *25*
znaczniki, ustawianie i usuwanie *195*
zobowiązania, planowanie jako tworzenie *41*
zrzuty ekranu, wstawianie *186*
zużycie czasu, protokoły
dziennik dla półautomatycznych protokołów czasowych *113*
zwijanie grup *85*
zwijanie poziomów w OneNote *193*

Ż

„żółte karteczki" *134, 178*
życiowe postaci *90*

Microsoft® Official Academic Course

Pakiet Microsoft Office to najczęściej wykorzystywane oprogramowanie biurowe. Związana z nim certyfikacja Microsoft Office Specialist (MOS) to cenne poświadczenie kwalifikacji, weryfikujące umiejętności potrzebne do korzystania ze wszystkich elementów i funkcjonalności aplikacji Office.

Microsoft® Office Specialist

978-83-7541-083-9: **Microsoft Official Academic Course**
Egzamin 77-881: Microsoft Office Word 2010

Podręcznik „krok po kroku", przygotowujący do egzaminu MOS (Microsoft Office Specialist) 77-881. Zawiera wszechstronne omówienie wszystkich zagadnień wchodzących w zakres egzaminu, a także wiele praktycznych wskazówek i umiejętności przydatnych w codziennej pracy.

- Omówienie nowych funkcji wersji Word 2010.
- Ćwiczenia i przykłady nawiązujące do codziennych zadań.
- Pliki pomocnicze dostępne w stowarzyszonej z książką witrynie internetowej.

978-83-7541-084-6: **Microsoft Official Academic Course**
Egzamin 77-882: Microsoft Office Excel 2010

Podręcznik przygotowujący do egzaminu MOS (Microsoft Office Specialist) 77-882. Zawiera omówienie wszystkich zagadnień wchodzących w zakres egzaminu oraz praktyczne ćwiczenia „krok po kroku", wskazówki i umiejętności użyteczne zarówno na egzaminie, jak i w normalnej pracy.

- Omówienie nowych funkcji wersji Excel 2010 i zmian interfejsu użytkownika
- Ćwiczenia i przykłady.
- Pliki pomocnicze dostępne w stowarzyszonej z książką witrynie internetowej.

978-83-7541-085-3: **Microsoft Official Academic Course**
Microsoft Office Project 2010

Poznaj skuteczne narzędzia planowania i kontrolowania przebiegu projektów! Książka zawiera omówienie:

- nowego interfejsu programu
- nowych narzędzi i widoków
- metod zarządzania projektami

oraz setki praktycznych ćwiczeń i przykładów, dzięki którym można szybko opanować technikę pracy z programem Microsoft Project 2010.

Więcej ofert i informacji na stronie *www.ksiazki.promise.pl*

Zostań własnym doradcą na drodze do sukcesu zawodowego i osobistego

Gdziekolwiek pracujesz i bez względu na to z jakimi ludźmi, potrzebujesz pewności siebie – zarówno w komunikowaniu się z innymi, jak i w podejmowaniu decyzji. Dzięki samodzielnej pracy nad swym rozwojem i wzorowaniu się na najlepszych zbliżysz się do wyznaczonego sobie celu.

978-83-7541-060-0: **Decydujący czynnik**
Analiza podstawą właściwych decyzji

Książka ujawnia sekrety procesów podejmowania decyzji stosowanych przez najbardziej skuteczne przedsiębiorstwa. Zarówno członkowie gremiów decyzyjnych – w przedsiębiorstwach i rządach – jak i analitycy znajdą tu nieocenione przykłady i analizy przypadków.

978-83-7541-025-9: **Zostań swoim mentorem**

Możesz osiągnąć szczęście, spełnienie i sukces całkowicie samodzielnie – bez zatrudniania trenera. W książce *Zostań swoim mentorem* znajdziesz praktyczną formułę realizacji tego celu. Dowiesz się z niej, jak zostać własnym doradcą w procesie osiągania sukcesu zawodowego i osobistego. Czteroczęściowa formuła, prezentowana przez trenera zawodowego i życiowego Anne Bruce umocni Cię w rozwoju własnych talentów, podejmowaniu inteligentnego ryzyka i budowaniu pewności siebie, niezbędnej do maksymalnego wykorzystania własnego potencjału.

978-83-7541-011-2: **Perfekcyjne frazy, czyli jak sobie radzić z trudnymi osobami**
Setki fraz gotowych do użycia w konfliktach, konfrontacjach i interakcji ze skomplikowanymi osobowościami

Niezależnie od tego, gdzie pracujesz i czym się zajmujesz, jesteś skazany na interakcję z wieloma „barwnymi postaciami", które komplikują życie. Umiejętność radzenia sobie z nimi jest kluczowa dla Twojego sukcesu zawodowego. Jeśli pracujesz z przysłowiowym „szefem z piekła rodem", zarządzasz biurem pełnym osobowości lub balansujesz między nawiedzonymi klientami a nieznośnymi współpracownikami, to w tej książce znajdziesz słowa odpowiednie w każdej sytuacji